普通高等教育新形态教材

ELEMENTARY ACCOUNTING ◄

基础会计学

（第三版）

李 迪 赵 靖◎主 编

徐 娜 李 娟 黄麓璇◎副主编

清华大学出版社

北 京

内 容 简 介

本书结合财政部颁布的现行《企业会计准则》《企业会计准则——应用指南》及修订后的《企业会计准则》（2017），财政部发布的《关于印发 2019 年度一般企业财务报表格式的通知》，以及财政部、税务总局、海关总署发布的《关于深化增值税改革有关政策的公告》等最新修订的相关法律法规进行编写，以会计工作流程为主线，根据会计实际工作来设计内容结构，既突出了会计理论教学的重要性，又强化了各项会计操作的方法，有助于实现本科教育培养应用型人才的目标。

本书共十二章，具体包括总论、会计循环、会计要素与会计恒等式、会计科目与会计账户、复式记账法、工业企业主要经营过程的核算、会计凭证、会计账簿、财产清查、会计核算形式、财务会计报告、会计工作组织与管理等内容。为了方便教师教学和学生学习，本书在每章开头都提出了知识目标、技能目标和思政目标，设置了引导案例，以调动学生的学习兴趣。另外，每章末还配有复习思考、实战演练等类型的练习，以强化学生对理论知识的理解和把握。

本书可作为高等院校会计学和其他经济管理类专业"基础会计学"课程的教材，也可作为企业财会人员及各类管理人员的培训教材和参考书。

图书在版编目（CIP）数据

基础会计学 / 李迪，赵靖主编. -- 3 版. -- 北京 ： 清华大学出版社, 2025. 6.
(普通高等教育新形态教材). -- ISBN 978-7-302-69600-1

Ⅰ . F230

中国国家版本馆 CIP 数据核字第 202513L32J 号

责任编辑：付潭蛟
封面设计：汉风唐韵
责任校对：王荣静
责任印制：宋 林
出版发行：清华大学出版社
    网   址：https://www.tup.com.cn，https://www.wqxuetang.com
    地   址：北京清华大学学研大厦 A 座   邮   编：100084
    社 总 机：010-83470000   邮   购：010-62786544
    投稿与读者服务：010-62776969，c-service@tup.tsinghua.edu.cn
    质 量 反 馈：010-62772015，zhiliang@tup.tsinghua.edu.cn
    课 件 下 载：https://www.tup.com.cn，010-83470332
印 装 者：涿州市般润文化传播有限公司
经   销：全国新华书店
开   本：185mm×260mm   印 张：16   字   数：395 千字
版   次：2016 年 7 月第 1 版 2025 年 7 月第 3 版 印   次：2025 年 7 月第 1 次印刷
定   价：49.00 元

产品编号：110532-01

Preface 前 言

　　"基础会计学"是高等院校经济管理各专业的专业基础课，也是许多非财经管理类专业的选修课。本教材结合最新修订的相关法律法规进行编写，与实际工作完全相符。编著者汲取同类教材的长处，结合多年的课堂教学经验进行编写。教育部《高等学校课程思政建设指导纲要》中提到："落实立德树人根本任务，必须将价值塑造、知识传授和能力培养三者融为一体、不可割裂。全面推进课程思政建设，就是要寓价值观引导于知识传授和能力培养之中，帮助学生塑造正确的世界观、人生观、价值观，这是人才培养的应有之义，更是必备内容。"并且，为深入贯彻党的二十大关于"加快建设数字中国，加快发展数字经济"和"推动经济社会发展绿色化、低碳化"的有关精神，保证教学活动的顺利开展，本教材配套了丰富的数字化教学资源。因此，本教材是一本新形态且具课程思政特色的教材。

　　本教材特色亮点如下。

　　数字化教学资源丰富：为了顺应教育信息化趋势，本教材提供了丰富的配套资源——数字化教学资源，包括在线自测、微课视频等，为学生提供了灵活多样的学习路径。这些资源不仅有助于学生自主学习、巩固知识，还增强了学习的互动性和趣味性，提高了教学效果。

　　强化实操技能培养："实战演练"模块是本教材的又一大亮点。通过模拟真实的经济业务场景，将理论知识与实际操作紧密结合起来，使学生在解决实际问题的过程中，加深对会计原理和方法的理解，提升职业操作和判断能力。这种理实融合的教学模式，有助于缩短学生毕业后适应工作岗位的时间，可增强其就业竞争力。

　　内容结构清晰合理：全书十二章内容紧密围绕会计工作流程展开，从总论到会计工作组织与管理，层层递进，逻辑严密。这种结构安排既便于教师系统授课，也便于学生循序渐进地掌握会计知识和技能。

　　注重知识更新与拓展：随着会计准则和会计实务的不断变化，本教材及时更新相关内容，确保学生掌握的知识和技能与行业需求保持同步。同时，通过引导案例等方式，引导学生关注会计领域的最新动态和发展趋势，培养其终身学习和持续创新的能力。

　　本书由哈尔滨华德学院李迪、赵靖担任主编，新疆科技学院徐娜、哈尔滨华德学院李娟、广西医科大学黄麓璇担任副主编。具体分工如下：第一、二、三章由李迪编写，第六、八、十、十一章由赵靖编写，第四章由徐娜编写，第七、九章由李娟编写，第五、十二章由黄麓璇编写。全书由赵靖、李迪负责定稿工作。

　　由于编写时间仓促，书中难免存在疏漏及不当之处，恳请广大读者批评指正。

编者

2024 年 9 月

Contents 目　录

第一章　总　论

第二章　会计循环

第三章　会计要素与会计恒等式

第四章 会计科目与会计账户

第五章 复式记账法

第六章 工业企业主要经营过程的核算

第七章 会 计 凭 证

第八章　会 计 账 簿

第九章　财 产 清 查

第十章　会计核算形式

第十一章 财务会计报告

第十二章 会计工作组织与管理

1 第一章
Chapter 1 总 论

>>> **知识目标**

了解会计的产生与发展及会计的种类和学科体系；明确会计在经济社会发展中的重要作用；掌握会计的含义及会计的一些基本知识，包括会计的职能、会计的对象及会计的作用等。

>>> **技能目标**

树立学好会计学的信心；掌握学好会计学的基本方法；培养运用会计学的基本理论分析与解决实际问题的能力。

引导案例

高考前夕，甲、乙、丙、丁四名同学在讨论填报志愿时，对"什么是会计"这个问题各执一词。

甲：什么是会计？这还不简单，会计就是指一个人，比如，我爸爸公司的刘会计，是公司的会计人员。这里会计不是人是什么？

乙：不对，会计不是指人，会计是指一项工作。比如，我们常常这样问一个人：你在公司做什么？他说，我在公司当会计。这里会计当然是指会计工作了。

丙：会计不是指一项工作，也不是指一个人，而是指一个部门、一个机构，即会计机构。你们看，每个公司都有一个会计部或者会计处什么的。这里会计就是指会计部门，显然会计是一个机构。

丁：你们都错了，会计既不是一个人，也不是一项工作，更不是指一个机构，而是指一门学科。我哥哥就是学会计的，他当然是去学一门学科的。

结果，他们谁也说服不了谁。

问题：如果让你来谈谈什么是会计，你会怎么说呢？

第一节　会计概述

一、会计的定义

什么是会计？这是一个基本的概念问题。会计与社会经济密切相关，人们对会计概念的理解至今仍然处于不断发展变化之中。目前，可以将现代会计概念表述为：会计是以货币作为主要的计量尺度，以凭证为依据，运用一整套科学的专门方法全面、连续、系统、综合地反映和监督一个单位的经济活动，并能为信息使用者提供有用的会计信息的一种经济管理工作。

二、会计的对象

会计的对象是指会计反映和监督的内容，即会计工作的内容。从宏观上来说，会计对象是扩大再生产过程的资金运动，即企业、事业、行政单位在社会再生产过程中能以货币表现的经济活动。从微观上来说，会计对象是企业经营活动的资金运动，具体表现为资金的取得、周转、分配和积累的过程。

由于企业、事业和行政单位的经济活动的具体内容不同，资金运动的方式也有差别，这些单位所要核算和监督的具体对象也不一样。

▶ 1. 企业的资金运动

企业的资金运动包括工业企业的资金运动和商品流通企业的资金运动。由于工业企业的资金运动包括了再生产的全过程，而商品流通企业的资金运动只包括再生产过程的一部分，所以在这里只说明工业企业的资金运动过程。

工业企业的资金运动按其运动程序可分为资金投入、资金周转和资金退出三个环节。

（1）资金投入。工业企业的资金主要由投资者投入或债权人借入。资金进入企业后，根据生产经营的需要，以货币资金、储备资金、生产资金和成品资金等不同形态存在于企业生产经营的各个环节。

（2）资金周转。资金周转可分为供应、生产和销售三个过程。

①供应过程。企业以货币资金购买材料等各种生产资料，为进行生产而储备必要的物资，于是资金便从货币资金形态转化为储备资金形态。

②生产过程。企业为进行产品生产，必须拥有一定数量的劳动力、劳动对象和劳动资料。劳动者运用劳动资料对劳动对象进行加工，使劳动对象发生性质或形态上的变化，生产出产品。在这个过程中，由于材料投入生产，并以货币资金支付工资和其他费用，于是资金就从储备资金形态和货币形态转化为在产品、半成品形式的生产资金形态；此外，在生产过程中，厂房、机器设备等劳动资料因使用而发生磨损，其价值通过计提折旧方式转移到产品价值中，也构成生产资金的一部分，当产品生产完成后，资金又从在产品的生产资金形态转化为成品资金形态，这时，资金从生产过程进入了销售过程。

③销售过程。企业将产品销售出去，通过一定的结算方式，重新收回货币资金，这时，资金从成品资金形态转化为货币资金形态。企业的这部分资金包括资者投入的资金和通过生产经营活动取得的超过原有投资价值而形成的利润。企业利润扣除按国家规定上缴的税金便

是净利润，归投资者所有。

（3）资金退出。对于企业所实现的净利润，应按企业的有关规定进行分配，包括提取盈余公积和公益金、向投资者分配股利或利润，从而使资金退出企业的循环周转。

企业的资金从货币形态开始，依次经过供应、生产和销售三个过程，最后又返回到原来的出发点，这就是资金的循环。资金周而复始地循环，形成资金的周转。

工业企业的资金在整个生产经营活动中，随着供应、生产、销售过程的不断进行，沿着货币资金→储备资金→生产资金→成品资金→货币资金的轨道不断地改变其存在的形态，从而形成了工业企业资金的特定方面——企业的资金运动。

▶ 2. 行政事业单位的资金运动

行政事业单位是非营利性单位，是执行国家管理职能的单位。其从事业务工作所需资金来源主要是国家财政拨款。行政事业单位在正常的业务活动过程中所消耗的人力、物力和财力的货币表现即为行政费用和业务费用。一般来说，行政事业单位没有或只有很少一部分业务收入，很难做到以收抵支而获利。因此，行政事业单位一方面按预算从国家财政取得拨入的货币资金或其他形态的资金；另一方面又按预算以货币资金支付各项费用，其资金运动形式就是资金拨入→资金付出，不能产生资金回流。这种从收入到支出的运动方式称为单向直线运动。这种资金运动也就是行政事业单位会计对象的内容。当然，随着我国事业单位管理体制改革的深化，事业单位的收支及管理情形也在发生变化，其资金运动也日趋成熟。

综上所述，不论是企业还是行政事业单位都是社会再生产过程中的基层单位，会计核算和监督的对象都是资金运动，因此，会计对象可概括为社会再生产过程中的资金运动。本书是从企业会计的角度来讲述资金运动的。

三、会计的特点

会计作为一项经济管理活动，在会计核算中具有以下几个方面的主要特点。

▶ 1. 以货币为主要计量单位，对经济活动主要从价值方面进行核算和监督

对经济活动进行计量，可以用实物、劳动和货币三种计量单位，这三种计量单位会计核算都要采用。但是，实物计量单位和劳动计量单位不具有综合性，唯一具有综合性的是货币计量单位，因为它综合地反映了商品的价值，使用较为广泛。因此，在商品经济条件下，会计主要通过货币计量单位，从价值方面反映各项经济活动的状况。

▶ 2. 必须以合法的原始凭证为核算依据

会计的任何记录和计量都必须以会计凭证为依据，这就使会计信息具有真实性和可验证性。只有经过审核无误的原始凭证（凭据）才能据以编制记账凭证，登记账簿进行加工处理。这一特点也是其他经济管理活动所不具备的。

▶ 3. 对经济活动的反映具有连续性、全面性、系统性和综合性

连续性是指对各种经济业务应按发生时间的先后顺序依次进行登记，而不能有所中断；全面性是指凡属会计核算的所有经济活动都必须进行反映和监督，不允许取舍，不能遗漏；系统性是指会计信息的取得、加工、整理在科学分类的基础上形成相互联系的有序整体，不能杂乱无章、任意堆砌；综合性表现为能够提供综合反映各项经济活动情况的价值指标。

▶ 4. 会计核算有比较科学完整的核算方法

会计核算是对经济业务或经济事项确认、计量、记录和报告的方法，是实现会计目标的基本手段，是整个会计体系的基础。我国将会计核算概括为七种，即设置会计科目及账户、复式记账、填制和审核会计凭证、登记账簿、成本计算、财产清查和编制财务会计报表。这些方法是经过长期会计实践总结出来的，是其他管理方式所不用或很少采用的。

四、会计的职能

会计的职能是指会计在经济管理中所具有的功能或能够发挥的作用，是会计本质的体现。会计的职能很多，但其基本职能应当概括为两个方面，即会计核算（反映）和会计监督（控制）。其他会计职能是在会计基本职能的基础上体现的。

（一）会计的基本职能

▶ 1. 会计核算

会计核算是会计的传统职能和首要职能，也是全部会计工作的基础。会计核算主要是针对特定主体的经济活动，运用一系列专门方法，从数量方面对其经济活动过程和结果，进行确认、计量、记录和计算，综合反映主体单位已经发生或完成的各项经济活动，并进行公正报告的工作。

《中华人民共和国会计法》规定，各单位必须根据实际发生的经济业务进行会计核算，填制会计凭证，登记会计账簿，编制财务会计报告。会计核算职能具有以下特点。

（1）会计核算以货币为主要计量单位，主要从价值方面反映各单位的经济活动情况。会计对各单位的经济活动进行核算时，主要从数量方面而不是从质量方面进行反映。从数量方面反映经济活动，可以采用三种量度：实物量度、货币量度和劳动量度（劳动时间）。在市场经济条件下，为了进行有效管理，就必须广泛利用综合的价值形式，以计算生产资料的占用、劳动的消耗、销售收入的取得和利润的实现、分配等。会计在反映各单位的经济活动时主要使用货币量度，而实物量度和劳动量度只作为辅助的量度工具。因为只有货币量度，通过价值核算才能将不同类别的经济业务进行汇总，综合反映经济活动的过程和结果。

（2）会计核算主要记录已经发生或完成的经济业务。为了使企业所提供的会计信息真实可靠，会计都要运用专门方法，在每项经济业务发生或完成后，根据所取得的能够证明经济业务发生或完成情况的相关凭证登记账簿，编制财务会计报告，使会计信息具有可验证性。

（3）会计核算应具有连续性、完整性和系统性。只有依据连续、完整和系统的数据资料，才能全面、系统地反映各单位的经济活动情况，考核其经济效益。

▶ 2. 会计监督

会计监督是指按照一定的目的和要求，利用会计核算所提供的经济信息对特定对象经济业务的合法性、合理性和有效性进行审查、控制，使之达到预期目标的工作。会计监督职能具有以下特点。

（1）会计监督具有严肃性和强制性。会计监督的目的是保证会计主体经济活动的合法性与合理性。合法性的依据是国家颁布的财经法令、法规，合理性的依据是客观经济规律及经营管理方面的要求。

（2）对经济活动的有效性进行监督。它主要从单位内部提高微观经济效益出发，把监督贯穿于经济活动全过程，对每项经济活动进行事前、事中和事后监督，以评价各项活动能否提高经济效益，是否遵守节约原则，有无损失浪费现象。

（3）保证所有者财产的安全与完整。会计监督对贪污盗窃、营私舞弊等违法犯罪活动进行监督，以保证所有者财产的安全与完整。

会计核算和会计监督之间存在密切的内在联系，是相辅相成、辩证统一的。会计核算是会计监督的基础，没有会计核算就无法进行会计监督，只有正确的会计核算，会计监督才有真实可靠的依据；会计监督是会计核算质量的保障，只有会计核算没有会计监督，就不能发挥会计应有的作用，就难以保证会计核算所提供信息的真实性、可靠性。

（二）会计的其他职能

随着社会的发展、技术的进步、经济关系的复杂化和管理水平的提高，会计发挥职能的范围和作用不断发展、扩大，会计的新职能也随之而来，如参与经济预测与决策、分析考核、控制和调节等职能。

五、会计的作用

▶ **1. 会计工作能真实客观地提供会计信息**

资源的优化配置是市场经济的重要法则。我国要实现经济的高质量发展，就必须充分重视并做好资源的合理配置，把有限的资源用到产出高、效益好的行业和产品中去。哪些行业和产品成本低、产出高，哪些企业风险低、效益好，都需要依赖会计提供的基础信息来加以判断。会计工作通过真实反映企业财务状况、经营成果和现金流量，能够为生产者进行经营决策、为投资者做出投资决策、为政府部门制定宏观经济政策提供必要的依据。

▶ **2. 会计工作能够有效地防范和化解金融风险**

随着社会主义市场经济的发展，金融市场和金融机制在我国经济生活中发挥着越来越重要的作用。防范和化解金融风险成为经济管理工作中一项十分重要的任务。在防范和化解金融风险的措施和方法中，其中一个重要的方面就是加强财务会计监管，实现会计信息的充分披露和单位内部财务会计的严格监控。健全会计信息系统对于防范和化解金融风险将起到有效的预警作用。

▶ **3. 发挥会计工作在经济管理中的信息和咨询作用，有助于建立现代企业制度**

建立以"产权清晰、权责明确、政企分开、管理科学"为特征的现代企业制度，是国有企业改革的目标。通过真实地反映企业权益结构，会计工作为处理企业与各方面的经济关系，考核企业管理人员的经营业绩、落实企业内部管理责任奠定了坚实的基础。如果没有近年来的会计制度改革，现代企业制度就无法顺利推进；同样，如果不能进一步推进会计制度改革和加强会计工作，现代企业制度的完善也将遇到障碍。

▶ **4. 会计工作是加强经济监督、规范经济秩序的重要手段**

会计监督是经济监督体系中的一个重要内容，企业会计实施的内部监督与注册会计师实施的外部监督相互配合，能够有效地规范经济秩序。企业会计是对企业经济活动全面系统的反映，渗透到经济活动的各个环节、各个阶段，通过建立内部控制制度，实施内部会计监督，可以有效制止经济舞弊和违法犯罪。同时，企业会计又为注册会计师的外部监督及政府部门的行政监督提供有用的信息和线索，从而使建立严密的经济监督体系成为可能。

第二节 会计的产生与发展

一、会计的产生

人类物质资料的生产活动是人类生存和发展的基础，它决定着人类其他的一切活动，也是人类会计行为产生的根本前提。但是人类的会计行为是社会生产发展到一定阶段的产物。在原始社会里，会计只是生产职能的附带部分，当社会生产发展到一定的水平，出现了私人占有财产以后，人们为了保护私有权和不断扩大其私有财产，对于生产过程的经济活动逐步过渡到以货币形式进行计量和记录，并使会计逐渐从生产职能中分离出来，成为独立的职能。在我国，会计的雏形早在原始社会末期就已经产生了。到了西周才有了较为严格的会计机构，但那时还并未产生规范的会计。直到西汉之后，才能把以货币计量的经济活动作为会计事项，从"会计"中分离出来。"会计"分离为会计和统计，从这个意义上讲，这时才开始出现真正的会计。

二、会计的发展

会计经历了一个由低级到高级、由简单到复杂的漫长发展历程。会计的发展大致经历了古代、近代和现代三个阶段。

▶ 1. 古代会计

15 世纪以前的会计，习惯上称为古代会计。文明古国如古代中国、古代巴比伦、古代埃及、古代印度与古代希腊等都曾留下了对会计活动的记载。早在公元前 1000 年前后，就有了简单的记录和计算。只是当时生产力水平低下，生产过程简单，没有必要将十分简单的计量、计算和记录交由专门的人进行。我国早在伏羲时期就有结绳记事、刻木计数的传说，黄帝、尧舜禹时期的书契（即用文字、数码刻记）的简单记录和计算方法，就是最早的、原始的、处于萌芽状态的会计记录与计量行为。人类最初的会计，都是直接生产者在生产之余把收入、支出等事项记载下来。马克思称此时的会计行为是"生产职能的附带部分"，生产还未社会化，独立的会计还未产生。随着生产规模的扩大、生产社会化程度的提高以及社会生产力水平的不断提高，生产活动日益频繁，需要计量、计算和记录的事项越来越多，经济管理对信息的要求也越来越复杂，简单的会计行为已经不能满足人们管理较为复杂的经济过程的需要。这使得会计必须从生产职能中分离出来，成为特殊的、专职人员的独立职能，这就是专职会计人员出现的原因，从而会计也成为了一项专门的管理工作。

据《周礼》记载，我国西周时期（公元前 1046 年—公元前 771 年）已出现"会计"一词，周王朝还设置了专门核算财赋收支的官职——司会，掌握周王朝全部会计账簿，定期对周王朝的收入和支出实行"月计""岁会"，考核王朝官吏管理地方的情况和他们经手的财务收支。

唐宋时期是我国会计全面发展的时期，有了比较健全的组织结构。唐代的会计有《国计簿》的报告形式，到了宋代发展成为《会计录》。在宋朝，会计又有了新的发展，出现了"四柱清册"，即把账簿分为"旧管""新收""开除""实在"四个部分。四柱之间的结算关系为：旧管＋新收－开除＝实在。四柱清册是我国古代会计的一个杰出成就，曾对我国会计的发展产生了深远的影响。

会计在国外也有很长的历史。据考察，在"原始的规模小的印度公社"里，已经有了"一个记账员，登记农业账目，登记和记录与此有关的一切事项"。在古埃及，法老设有专职"录事"，管理宫廷的税赋收入、俸禄、军饷等各项支出。古巴比伦精于组织管理，设置了"专门记录官"。古印度与古希腊出现铸币，并记录在账簿中。

由于这个时期的会计是同其他的计算活动、财政收支活动、财产保管活动混杂在一起的，计量方法上采用实物计量、货币计量和劳动计量，在记录方法上广泛采用文字叙述方式进行，最多采用单式记账法。

▶ **2. 近代会计**

一般认为从单式记账法过渡到复式记账法是近代会计形成的标志。1494 年，意大利数学家卢卡·帕乔利在《算术、几何、比及比例概要》一书中系统地阐述了复式记账的基本原理。这是会计发展史上的第一个里程碑，标志着近代会计的开端。卢卡·帕乔利也被称为"近代会计之父"。

18 世纪至 19 世纪，随着英国产业革命的兴起和发展，企业的所有权与经营权开始分离，引起了企业组织形式的变革——股份公司的出现，会计的内容也相应地有所发展，企业的会计需要接受外界的监督，于是英国出现了第一批以查账为职业的独立会计师。同时，成本计算、会计报表分析和审计等新的会计内容也相继应运而生。1854 年，在苏格兰的爱丁堡成立了世界上第一个注册会计师的专业团体——爱丁堡会计师协会。它的成立被认为是会计发展史上的第二个里程碑。

在我国明末清初之际，出现了以四柱为基础的"龙门账法"，用以计算盈亏。它把全部账目划分为"进""缴""存""该"四大类，运用"该＋进＝存＋缴"，或"进－缴＝存－该"的平衡公式计算盈亏，分别编制"进缴表"（即利润表）和"存该表"（即资产负债表）。这种双轨计算盈亏并检查账目平衡关系的会计方法被形象地称为"合龙门"，"龙门账法"因此而得名。"龙门账法"的诞生标志着中式簿记由单式记账向复式记账的转变。到了清代，会计制度又有了新的突破，即在"龙门账法"的基础上设计发明了"四脚账法"（天地合账）。四脚账法是一种比较成熟的复式记账方法，对每一笔账项既登记来账，又登记去账，而且来账和去账所记金额必须相等，以反映同一账项的来龙去脉，这种记账方法的基本原理已与西方复式记账法相同。

▶ **3. 现代会计**

20 世纪 30 年代以后，西方资本主义经济得到了长足的发展，随着现代数学方法和电子计算机进入会计领域，电子计算机在会计中得到普遍应用，这是会计发展史上一次划时代的重大革命。与此同时，会计的服务职能和内部管理职能逐步分离，从而形成了会计的两大分支——财务会计和管理会计。这是会计发展史上又一次历史性飞跃，从而使真正意义上的现代会计得以确立。

在我国，中华人民共和国成立以后，国家在财政部下设会计司，主管全国的会计事务，并引进苏联计划经济会计模式，对旧中国会计制度和会计方法进行改造和改革。

改革开放以后，为适应社会主义市场经济发展的需要，1985 年国家颁布实施《中华人民共和国会计法》，随后在 1993 年和 2000 年分别进行了两次修订。财政部于 1992 年发布《企业会计准则》和《企业财务通则》；2006 年财政部对《企业会计准则——基本准则》进行了修订，同时发布了38项具体准则，自2007年1月1日起实施；财政部于2014年陆续修改并制定了7项具体准则。2017年财政部陆续发布了修订后的《企业会计准则第22号——金融工具确认与计量》《企业会计准则第23号——金融资产转移》《企业会计准则第24号——套期会计》等6项具体准则。

总之，会计在发展进程中，经历了一个由简单到复杂、从原始记录计量到单式簿记再到复式簿记不断发展、不断完善的过程。

第三节　会计的分类

一、财务会计和管理会计

按会计信息使用者的不同，会计可分为财务会计和管理会计。

▶ 1. 财务会计

财务会计又称为对外会计，主要是通过传统的记账、算账并定期编制财务会计报表的专门方法，提供企业一定时期的财务状况，以及一定期间的经营成果和现金流量情况的会计。尽管财务会计也向本单位提供财务信息，以便加强财务管理，但它的服务主要是对外的，侧重于向企业外界有经济利害关系的团体和个人进行报告。例如，供企业投资者及潜在的投资者了解企业的财务状况和获利能力，以便评价业绩，做出投资决策；供银行及其他债权人了解企业的经营成果和偿债能力，做出信贷决策；供政府部门如财政部门、税务部门等机关核定企业的经营业绩和上缴税款；供证券监管机构实施证券管理等。财务会计侧重于过去的信息，为外部有关各方提供所需数据，因此，必须严格按统一的会计准则进行核算，力求准确。

▶ 2. 管理会计

管理会计又称对内会计，主要是通过一系列专门方法，利用财务会计提供的资料及其他有关资料进行整理、计算、对比和分析，使企业各级管理人员能对日常发生的一切经济活动进行规划和控制，并帮助企业领导做出各种专门决策的会计。这种会计主要是对内服务的，侧重于加强企业内部管理的需要，帮助各级管理人员预测经济前景，判断经营环境，确定最优的经营和投资方案；分析差异，控制成本，挖掘潜力，消除浪费；划分企业内部经济责任，并在评价和考核业绩的基础上奖勤罚懒，以便调动全体员工的工作积极性和创造性，为谋求最大经济效益的目标而努力。管理会计侧重于未来信息，为企业内部管理部门提供数据，因此，不受会计准则的约束，不要求绝对精确，并可选用灵活多样的方法。

财务会计提供关于企业财务状况、经营成果和现金流量的信息，是管理会计工作的基础和出发点；管理会计则是利用财务会计提供的信息进一步加工、整理，以满足内部经营管理的需要。本书主要介绍财务会计核算的基本原理。

二、企业会计和预算会计

按会计主体设立目的的不同，会计可分为企业会计和预算会计。

▶ 1. 企业会计

企业会计是指以营利为目的的经济组织的会计。企业主要包括工业企业、商品流通企业、交通运输企业、旅游饮食服务企业、房地产开发企业、农业企业、保险企业等。

▶ 2. 预算会计

预算会计是指不以营利为目的，开展公共管理、公益事业组织的会计，包括总预算会计、行政单位会计、事业单位会计等。

本书主要介绍企业会计核算的基本方法。

三、会计学科体系

要想完全合乎逻辑、十分周全地进行学科分类将是十分困难的。会计学科体系的构建，主要是会计学科类别的划分及其科学性。从会计学科体系的形成与发展过程中不难看出，首先，会计学科研究对象所具有的矛盾的特殊性是划分学科类别的客观依据；其次，会计学科类别的划分与会计学科形成与发展的历史时期是分不开的，不同历史时期的会计学科类别的划分也是不同的；最后，会计学科类别划分应从不同角度进行不同的分类，不同的分类应涵盖当前会计学科的全部内容，既应避免重复，又应避免遗漏，既能容纳中西方比较成熟的会计学科，又能充分反映会计新学科。我国会计学科体系的内容大致如图 1-1 所示。

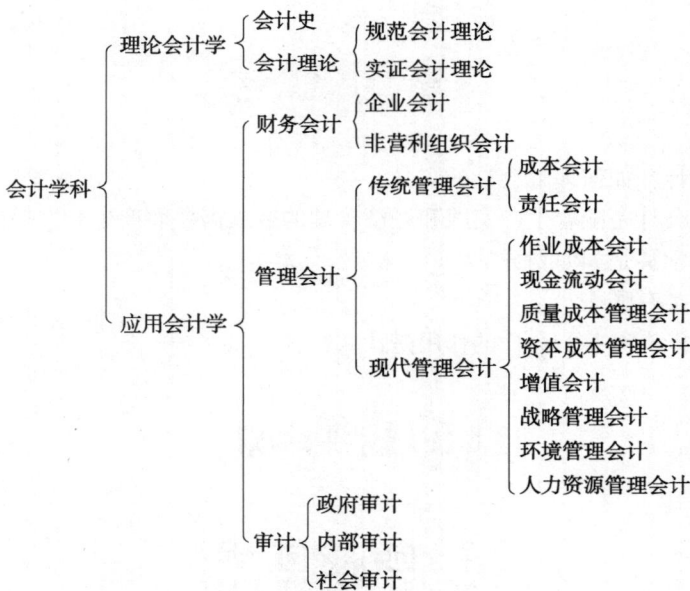

图 1-1 会计学科及其分支

拓展阅读

诚实守信——会计之本，职业之魂

会计作为一项经济管理活动，在维护社会主义市场经济秩序中具有重要的作用。因此，作为会计工作人员必须做到"诚信为本，质量先行"。"诚实守信"是会计之本，职业之魂。

"人而无信，不知其可。"习近平在《之江新语》中明确指出了信用的重要性，"企业无信，则难求发展；社会无信，则人人自危；政府无信，则权威不立"。朱镕基在视察上海国家会计学院时提出"不做假账"，他强调，"不做假账"是会计从业人员的基本职业道德和行为准则，所有会计人员必须以诚信为本，操守为重，遵守准则，不做假账，保证会计信息的真实、可靠。这些是对会计人员的职业操守提出的明确信用要求。

随着中国特色社会主义市场经济的逐步完善，中国进入社会主义建设新时代，社会对信用体系建设更加重视，会计诚信是新时代社会信用体系的重要组成部分。应以习近平新时代中国特色社会主义思想为指导，紧紧围绕统筹推进"五位一体"总体布局和协调推进"四个全面"战略布局，认真落实党中央关于全面推进依法治国决策部署，贯彻落实《中华人民共和国会计法》，以提高会计信息质量为着力点，坚持会计法治建设与会计诚信建设相结合，落实单位主体责任与强化外部监督相互促进，协同推进国家统一的会计制度贯彻实施工作，促进会计工作高质量发展。

"人无信不立，业无信不兴。"中国现代会计之父潘序伦先生也曾言道："立信，乃会计之本；没有信用，也就没有会计。"在我国加快构筑诚实守信经济社会环境的行动中，会计诚信的重要性越发凸显。因此，强化会计诚信工作的建设，逐步提高会计行业人员的公信力，是规范企业经济行为的合法操作，对保障中国特色社会主义经济正常运行具有非常重要的意义。

复 习 思 考

1. 什么是会计？如何理解会计的含义？
2. 为什么说会计是随着生产实践和经济管理的客观需要而产生和发展的？
3. 我国会计学科是如何划分的？
4. 会计的分类有哪些？
5. 会计的职能有哪些？会计的作用是什么？

在 线 自 测

自学自测

扫描此码

实 战 演 练

一、实训目的：了解不同职业岗位与会计信息的关系。

二、实训要求：按 5～7 个人将学生分组，举行学生专业技能与就业专题研讨会，讨论经济、管理类专业的职业岗位和职业生涯发展目标，以及不同角色（职业岗位）与会计信息的关系，并将讨论结果填入表 1-1。

表 1-1　职业岗位分析表

序号	组员姓名	职业岗位	职业生涯发展目标	与会计信息的关系
1				
2				
3				
4				
5				
6				
7				

2 第二章
Chapter 2 会计循环

>>> **知识目标**

了解会计循环的全过程；掌握会计循环中的核算方法；重点掌握会计循环中会计核算的基本前提、会计信息质量要求及会计核算基础。

>>> **技能目标**

能够充分理解和应用会计核算的基本前提和会计信息质量要求；培养运用会计学的基本理论分析与解决实际问题的能力。

引 导 案 例

刚毕业的大学生小王自主创业，开了一家"天瑞文教用品"商店。最初小王自己进货经营，并将日常消费支出与文教商店的现金收支分开，以计算文教商店的盈利情况。很快，生意做起来了，小王发现资金不足，人手也不够，就邀请同学小赵入伙，并用一个账本将文教商店每天收入和支出的现金记录下来。

小王和小赵共同经营文教商店之后，他们都满意这种合作经营方式。因此，在未来持续经营期间，如何计算文教商店的利润就成为一个问题。他们的办法是按照日历年度，每个月进行结账，计算文教商店的利润，年终汇总之后再对利润进行分配。

问题： 他们的这种做法体现了哪些会计核算的基本前提？

第一节　　会计循环概述

一、会计循环的定义

会计循环是指会计通过一系列的步骤和程序，把复杂多样的日常经济业务经过分类、归集，最终概括出简明扼要并能为企业管理及外部信息使用者所需要的财务会计报告的全过程。由于这一过程是随着企业经营活动的持续开展周而复始地进行，因而人们也会把会计的核算过程称为会计循环。

会计循环从每个会计期间的期初开始，到会计期间的期末为止，在整个企业经营过程中不断地循环进行。会计循环的基本步骤包括确认、入账、过账、结账、编制财务报表等一系列环节。同时，在会计循环中需采用一系列的方法来完成会计核算；在进行会计循环时要明确一定的前提条件，没有这些前提条件，会计循环就不能进行；在会计循环过程中应遵循一定的原则，这些原则对会计信息进行了一系列的规范，进一步保证了会计循环中的会计信息质量；另外，会计循环中要遵循会计记账基础。

二、会计循环的核算方法

为了保证会计核算的连续性、系统性、全面性和综合性，必须采用专门的方法来进行会计记录，这些方法互相配合，紧密联系，从而形成一个科学、严密、有条不紊的会计循环。这里所说的专门方法，是指会计核算的基本方法，在手工会计核算程序下，主要包括以下七种方法。

▶ 1. 设置会计科目及账户

设置会计科目及账户是对会计对象的具体内容进行科学分类的一种专门方法。会计对象所包含的内容种类繁多。为了更好地反映企业的经营活动，就要选择一定的标准对会计对象进行科学、具体的分类，设置会计科目及账户，以便向信息使用者提供各种会计信息。正确、合理、科学地设置会计科目及账户，是满足经营管理需要，完成会计核算任务的基础。

▶ 2. 复式记账

复式记账是对企业发生的每一项经济业务，都需要在两个或两个以上相互联系的账户中进行登记的一种方法。采用复式记账的方法使账户之间建立了一种平衡关系，这样就可以全面、真实地反映资金运动的来龙去脉，从而检查记录的正确性。例如，用银行存款购买原材料，一方登记银行存款减少，另一方登记原材料增加。其作用是既能相互关联地反映经济业务的全貌，又便于进行试算平衡。

▶ 3. 填制和审核会计凭证

填制和审核会计凭证，是为会计记录提供完整、真实的原始资料，保证账簿记录正确、完整的一种方法。会计凭证是记录经济业务、明确经济责任和作为记账依据的书面证明。会计凭证可以分为原始凭证和记账凭证，当企业发生经济业务时，必须由经办人或单位填制原始凭证，所有原始凭证经审核无误才能填制记账凭证。企业办理一切会计事项都必须以合法的会计凭证为依据，所有的会计凭证只有通过审核后才可以登记账簿。因此，填制和审核会计凭证是保证会计资料真实性、正确性的有效途径。

▶ 4. 登记账簿

登记账簿是根据审核无误的会计凭证，在账簿上进行全面、系统、连续记录的方法。账簿具有一定的格式，是用来记录各项经济业务的簿籍。设置必要的账簿，按一定的方法和程序进行登记，并定期进行对账和结账，就可提供完整的会计核算资料和会计信息。因此，账簿记录的各种数据资料，也是编制财务会计报表的重要依据。

▶ 5. 成本计算

成本计算就是将应计入一定对象上的全部费用进行归集、计算，以便确定该对象的总成本和单位成本的一种专门方法。成本计算是考核企业生产经营活动过程中各个阶段的费用和支出，寻求降低成本和节约支出的重要方法。这种专门的方法主要为企业的会计部门所采用。采用成本计算，有利于全面具体地考核和控制经营过程中的费用支出情况，对加强成本管理、考核经济活动过程中劳动的耗费程度、提高经济效益具有重要的作用。

▶ 6. 财产清查

财产清查就是通过对各项财产物资的实地盘点、往来款项的核对来查明实存数与账存数是否相符的一种专门方法。通过一定的财产清查方法，可以查明各项财产物资、债权债务的实存数，并与账存数进行核对，从而查明账实不符的原因，明确责任，进行账务处理。财产清查还可以防止各种材料物资的积压、毁损和防止应收、应付款项的长期拖欠不清等情况的发生。因此，财产清查是保证会计核算与会计信息质量、提高资金效率的有效手段。

▶ 7. 编制财务会计报告

编制财务会计报告是根据账簿的记录，定期以书面报告的形式，全面地反映各企业、事业单位经济活动情况及经营成果的一种专门方法。财务会计报告是企业对外报送的反映企业某一特定日期的财务状况和某一会计期间的经营成果、现金流量等会计信息的文件。编制财务会计报告是对日常核算的总结，是会计反映职能的具体体现，也是会计参与经济管理的重要方面。

会计循环与会计核算方法构成了一个完整的会计核算方法体系，这个体系具有显著的连续性特点。这种连续性体现在：各种会计核算方法之间相互联系、紧密结合，并且各种方法的运用是按照一定的顺序进行的。一般来说，每项经济业务的发生首先要填制和审核会计凭证。其次采用复式记账方法，登记在有关的账簿中。期末，根据账簿记录，运用成本计算的方法进行产品成本核算和财产清查，并在账实相符和账簿记录无误的基础上进行结账，并按规定编制财务会计报告。最后利用会计报告和其他相关资料提供的信息，可以发现管理中存在的问题并查找原因，采取相应措施，加强和提高管理的水平。

第二节　　会计核算的基本前提和记账基础

一、会计核算的基本前提

会计核算的基本前提又称会计假设，是在进行会计循环时，对会计核算中存在的某些尚未确定或无法论证的事物，根据客观的、正常的情况或趋势做出合乎逻辑的假设。市场经济活动的复杂性决定了资金运用也必然是多层次、多步骤的复杂过程，而会计是通过计量、记录、报告对资金运动进行核算和监督。因此，为保证会计信息质量及会计工作的正常进行，必须对会计核算的范围、内容、基本程序和方法等方面做出假设。会计假设是以人们无数次会计实践的正确认识为依据的，是人类智慧的结晶，但由于目前人们认识事物的能力还不足以对客观存在的基本前提做出证明，所以只能称为假设。

目前，《企业会计准则——基本准则》中提出的会计核算基本前提包括会计主体、持续经营、会计分期、货币计量四项。

▶ 1. 会计主体

会计主体又称为会计实体、会计个体，它是指会计人员所核算和监督的特定单位或组织。会计主体规范了会计确认、计量和报告的空间范围。在会计主体的假设下，企业应当对其自身发生的交易或事项进行确认、计量、记录、报告，反映企业自身所从事的各项生产经营活动。明确会计主体的意义在于：一是将特定主体的经济活动与该主体所有者及职工个人经济活动区分开来；二是将该主体的经济活动与其他单位或组织的经济活动区分开来。

会计主体的弹性很大，凡是有经济业务、实行独立核算、独立编制财务会计报表的企业、单位甚至个人，不论是独资还是合资经营都可以看作一个会计主体。但会计主体与法律主体并不是一个概念。一般来说，法律主体往往是会计主体，但会计主体不一定是法律主体。比如，从法律上看，独资及合伙企业在业务上的种种行为仍视其为个人行为，企业的利益与行为和个人的利益与行为是一致的，因此独资与合伙企业都不具备法人资格，不是法律主体。但是，独资与合伙企业都是经济实体、独立核算，在会计核算时必须将其作为会计主体，以便将企业的经济活动与其所有个人的经济活动以及其他实体的经济活动区分开来。再如，企业集团由若干具有法人资格的企业组成，各个企业既是独立的会计主体也是法律主体，但为了反映整个集团的情况，需要编制集团合并报表，因此，企业集团是会计主体但通常不是一个独立的法人。

以会计主体作为会计核算的基本前提，对会计核算的空间范围进行了有效的界定。如果不划定会计的空间范围，会计核算工作就无法进行，也不能正确反映一个经济实体所拥有的财产及承担的债务，从而提供准确的财务信息。

▶ 2. 持续经营

持续经营也称继续经营。它是指企业在可预见的未来，该会计主体将会按照正常的经营策略和既定的经营目标继续经营下去，不会停业，所持有的资产将正常运营，所负有的债务按时偿还。持续经营这一假设规范了会计核算工作的时间范围。在持续经营的前提下，会计主体在会计信息的收集和处理上所使用的会计处理方法才能保持稳定。持续经营这一基本前提的重要意义体现在它可以使会计确认及计量建立在非清算基础之上，从而为解决许多财产计价、收益、计量等问题提供理论依据。只有具备了这一前提，才能以历史成本作为企业资产的计价基础，固定资产的价值才能按照使用年限长短以计提折旧的方法分摊到各期的费用中。对一个企业来说，若持续经营这一前提不存在，那么一系列的会计准则及会计方法也会相应地丧失其存在的依据，因此，作为一个会计主体必须以持续经营作为前提条件。

当然，任何一个企业都有破产的可能性，因此，企业应定期对持续经营这一基本前提做出分析和判断。一旦进行破产清算，持续经营基础就将为清算基础所取代，如果企业不能持续经营时还坚持采用持续经营的会计处理方法，将不能客观反映企业财务状况及经营成果，将会误导信息使用者。即便如此，这也不会影响持续经营这个前提在大多数正常经营企业的会计核算中发挥作用。

▶ 3. 会计分期

会计分期也称会计期间。它是指将会计主体持续不断的经营活动期间人为地划分为若干相等的时间间隔。会计分期这一前提的重要意义在于：在会计分期的前提下，方便确认某个会计期间的收入、费用、利润以及会计期末的资产、负债、所有者权益，编制财务会计报表；会计期间的划分对于确定会计核算程序和方法也具有重要的意义。正是有了会计分期，才产生了本期与非本期的区别，进而产生了权责发生制与收付实现制的区别，有了会计记账的基础。

根据《企业会计制度》的规定，会计期间分为年度、半年度、季度和月度。年度、半年度、季度、月度均按公历起讫日期确定。

▶ **4. 货币计量**

货币计量是指会计主体在进行会计核算过程中，要以货币为计量单位，从而反映会计主体的财务状况、经营成果以及现金流量等。采用货币计量这个前提的重要意义在于，由于企业各类财产物资种类繁多，选择合理、实用又简化的计量单位，对提高会计信息的质量有至关重要的作用，货币则是会计计量的统一尺度。

货币计量前提实际上还包括另一个重要的前提，即币值稳定前提。在会计核算中，采用历史成本计价，就必须假定货币本身的价值是稳定不变的，或者变动幅度可以忽略不计。《企业会计制度》规定，我国会计核算是以人民币作为记账本位币，业务收支以人民币以外的货币为主的企业，也可选择其中一种货币作为记账本位币，但编制财务会计报告时应当折算为人民币。

上述四项会计核算的基本前提具有相互依存、相互补充的关系。会计主体确立了会计核算的空间范围；持续经营与会计分期确立了会计核算的时间范围；货币计量则为会计核算提供了必要的计量手段。没有会计主体，就没有持续经营；没有持续经营，就没有会计分期；没有货币计量，就不会有现代会计。

二、会计记账基础

会计记账基础是指会计主体在进行会计业务处理时对收入及费用确认的基础。由于会计分期的存在，企业在进行交易事项时，难免会有一部分收入和费用的收支期间与实际应该归属期间存在不一致的情况。如 12 月 20 日销售的商品符合收入确认的条件，但款项于下年的 1 月收回。那么该项收入是作为本年的收入确认，还是作为下年的收入确认呢？该项收入的确认有两种方法：一种是作为本年的收入确认，其依据是该项经营活动是在本年完成的；另一种是作为下年的收入确认，其依据是款项在下年收回。与此相适应，会计核算的记账基础有两种类型，分别是权责发生制和收付实现制。但我国《企业会计准则——基本准则》规定，企业应当以权责发生制为基础进行会计确认、计量和报告。

▶ **1. 权责发生制**

权责发生制是企业按收入的权利和支出的义务是否归属于本期来确认收入和费用的标准，而不是按款项的实际收支是否在本期发生。权责发生制要求：凡属于本期已经实现的收入和已经发生或应当负担的费用，无论款项是否收付，都应该作为本期的收入和费用，记入利润表；凡是不属于本期的收入和费用，即使款项已经在本期收付，也不作为本期的收入和费用。

采用权责发生制，可以正确反映各个会计期间所实现的收入和为实现收入而应负担的费用，从而可以把各期的收入与其相关的费用、成本配比，加以比较，更加真实地反映特定会计期间的财务状况及经营成果。

▶ 2. 收付实现制

收付实现制是以款项是否实际收到或支付作为确认收入和费用的依据。收付实现制是与权责发生制相对应的一种确认基础。收付实现制要求：凡是在本期实际收到的款项和已经支付的款项，不论其是否归属于本期，都应当作为本期的收入和费用；凡是在本期没有实际收到和已经付出的款项，即使应当归属于本期，也不应确认为本期的收入和费用。

收付实现制是按照现金流入或现金流出的时间作为收入、费用的确认标准。凡是本期收到的收入，都作为本期的收入；凡是本期支付的费用，都作为本期的费用，不存在对账簿记录期末进行账项调整的问题。这种确认方法的优点是会计核算手续简单，缺点是这种确认本期收入、费用的方法不符合配比要求，财务状况在不同时期缺乏可比性。因此，目前我国行政、事业单位多采用收付实现制。

由此可见，采用权责发生制核算虽然比较复杂，但反映本期的收入和费用比较合理、真实，可以正确地将收入和费用进行配比，正确计算损益。因此，企业一般以权责发生制作为会计记账的基础。

第三节　会计信息的质量要求

会计的主要作用是为会计信息使用者提供有用的会计信息。会计信息的质量要求是对企业财务会计报告所提供的会计信息质量提出的基本要求，是保证会计信息对其信息使用者决策有用所应具备的基本特征。《企业会计准则——基本准则》中关于信息质量的要求包括可靠性、相关性、可理解性、可比性、实质重于形式、重要性、谨慎性、及时性等。

一、可靠性

可靠性又称真实性，要求企业应当以实际发生的交易或事项为依据进行确认、计量和报告，如实反映符合确认和计量要求的各项会计要素及其他相关信息，保证会计信息真实可靠、内容完整。可靠性是对会计信息质量首要的、最核心的要求。可靠性要求会计人员应如实地按客观事物的本来面貌反映一切会计事项，不能有任何的歪曲和粉饰，必须忠实可靠地根据审核无误的原始凭证，采用特定的专门方法进行记账、算账、报账，保证所提供的会计信息的内容完整、真实可靠；会计工作应当正确运用会计原则、程序和方法，准确反映企业的实际情况；会计核算的结果应当经得起审核和验证。如果企业的会计核算不是以实际发生的交易或事项为依据，财务会计报告所提供的会计信息不可靠，没有如实反映企业的财务状况、经营成果和现金流量，会计工作就失去了意义，提供的会计资料不仅没有可靠度，甚至还会误导会计信息使用者，导致决策失误，侵害利益相关者的利益，扰乱社会经济秩序。

二、相关性

相关性又称有用性，要求企业提供的会计信息应当能反映企业财务状况、经营成果、现金流量等情况，满足会计信息使用者的经济决策需要。会计信息的重要性在于有助于会计信息使用者对企业过去、现在或者未来的情况作出评价和预测，与决策需要相关。相关性旨在强调会计信息的有用性，能够为会计信息使用者所使用。相关性的重要意义在于提高会计信息使用者的经济决策能力与预测能力。因此，会计工作在收集、处理、传递会计信息的过程中，要充分考虑各方会计信息使用者对会计信息的不同要求。如果会计信息提供以后，没有满足会计信息使用者的需要，对会计信息使用者的决策没有什么作用，就不具有相关性。

三、可理解性

可理解性又称明晰性，要求会计提供的会计信息应当清晰明了，便于财务会计报告使用者理解和使用。企业提供会计信息的目的在于使用，而要想让会计信息使用者有效地使用会计信息，则必须能让使用者了解会计信息的内涵，弄懂会计信息的内容。因此，就要求会计信息必须清晰明了，易于理解。例如，在编制财务会计报告时，项目钩稽关系清楚、项目完整、数字准确；对于某些复杂的信息，如交易本身较为复杂或者会计处理较为复杂，但其对使用者的经济决策是相关的，企业就应当在财务会计报告中予以充分披露。可理解性既是信息的一种质量标准，也是一个与信息使用者有关的质量标准。会计人员应尽可能传递和表达易于被人理解的会计信息。另外，鉴于会计信息的专业性较强，在强调会计信息可理解性要求的同时，应假定会计信息使用者具有一定的会计专业知识，并且愿意研究会计信息。对于复杂的会计信息，为便于理解，应在报告附注中披露。

四、可比性

可比性要求会计核算应当按照规定的会计处理方法进行，会计信息及相关指标应当口径一致，相互可比。可比性要求具有以下两层含义。

▶ 1. 同一企业在不同时期纵向可比

同一企业不同时期发生的相同或者相似的交易或事项，应当采用一致的会计政策，不得随意变更。需要变更的，应当在附注中说明。企业发生的交易或事项具有复杂性和多样性，对于某些交易或事项可以有多种会计核算方法。例如，存货的领用和发出，可以采用先进先出法、加权平均法、移动平均法、个别计价法等方法来确定其实际成本；固定资产折旧方法可以采用年限平均法、工作量法、年数总和法、双倍余额递减法等。可比性要求同一企业不同时期发生的相同或者相似的交易或事项应当采用一致的会计政策，如果在不同的会计期间采用不同的会计核算方法，将不利于会计信息使用者比较企业不同时期的财务报表，明确企业财务状况和经营业绩的变化趋势，不利于会计信息作用的发挥。

▶ 2. 不同企业在同一时期横向可比

不同企业发生的相同或者相似的交易或事项，应当采用规定的会计政策，确保会计信息口径一致、相互可比。不同的企业可能处于不同行业、不同地区，经济业务发生于不同时点，为了保证会计信息能够满足决策的需要，便于比较不同企业的财务状况、经营成果和现金流量及其变动情况，不同企业在同一会计期间发生的相同或者相似的交易或事项，应当按照规定的会计处理方法进行，确保会计信息口径一致、相互可比，以使不同企业按照一致的确认、计量和报告要求提供有关会计信息。

五、实质重于形式

实质重于形式要求企业应当按照交易或事项的经济实质进行会计确认、计量和报告，不应仅以交易或事项的法律形式为依据。在实际工作中，交易或事项的外在法律形式并不总能完全真实地反映其经济实质内容。例如，企业融资租入的固定资产，法律上的财产所有权并不属于承租企业，但承租企业根据租赁合同可以长期控制和使用，并为自身带来经济利益，符合资产的定义和确认条件，因而承租企业要将其确认为资产，列入企业的资产负债表。因此，会计信息要想反映其所反映的交易或事项，就必须根据交易或事项的实质和经济现实，而不能仅仅根据它们的法律形式进行核算和反映。如果企业的会计核算仅仅按照交易或事项的法律形式或人为形式进行，而其法律形式或人为形式又没有反映其经济实质和经济现实，那么，其最终结果将不仅不会有利于会计信息使用者的决策，反而还会误导会计信息使用者的决策。

六、重要性

重要性要求企业提供的会计信息应当反映与企业财务状况、经营成果和现金流量等有关的所有重要交易或事项。在进行会计核算时，应当根据交易或事项的重要程度采用不同的核算方式。对于重要的经济业务，对资产、负债、损益等有较大影响，并进而影响财务会计报告使用者据以作出合理判断的重要交易或事项，必须按照规定的会计方法和程序进行处理，单独核算，分项反映，力求准确，并在财务会计报告中予以充分、准确地披露；对于次要的会计事项，在不影响会计信息真实性和不至于误导财务会计报告使用者做出正确判断的前提下，可适当简化处理，以节省提供会计信息的成本。根据成本效益原则，会计信息的提供所产生的效益应该超过提供它的成本。换言之，如果判断信息所提供的成本大于其产生的效益，这种信息可视为不重要或不经济的信息。当然，重要性是相对而言的，如 1 万元的坏账准备对于一家小型企业显得很重要，而对于一家大型企业则并不重要。在评价某些项目的重要性时，很大程度上取决于会计人员的职业判断。一般来说，应当从质和量两个方面进行分析。从性质上来说，当某一事项有可能对决策产生重大影响时，就属于重要项目；从数量上来说，当某一项目的数量达到一定规模，可能对决策产生重大影响时，则该事项属于具有重要性的事项。

七、谨慎性

谨慎性又称稳健性，要求企业在面临不确定性因素的情况下做出职业判断时，对交易或者事项进行会计确认、计量和报告应当保持应有的谨慎，充分估计到各种风险和损失，既不高估资产或者收益，也不低估负债或者费用。谨慎性的要求体现于会计核算的全过程，在会计核算上的应用是多方面的。例如，要求企业对可能发生的资产减值损失计提资产减值准备、固定资产采用加速折旧法等，就体现了会计信息质量的谨慎性要求。遵循谨慎性的重要意义在于可以对企业存在的经营风险加以合理估计，对防范风险起到预警作用，有利于企业做出正确的经营决策，有利于保护投资者和债权人的利益，有利于提高企业在市场上的竞争能力。但是企业在运用谨慎性时不能滥用，绝不可损害可靠性。企业故意压低资产或收益，或者是故意抬高负债或费用，损害会计信息质量，扭曲企业真实的财务状况及经营成果，从而对会计信息使用者的决策产生误导，这是企业会计准则所不允许的。

八、及时性

及时性要求企业在进行会计核算时，应当及时进行，不得提前或延后。会计信息除了必须保证真实性、可靠性外，还应该保证时效性。会计信息的价值在于帮助所有者做出经济决策。如果不及时提供会计信息，对于使用者的效用就大大降低，甚至不再具有实际意义。为了保证所提供的会计信息的及时性，应该要求企业做到及时收集会计信息，即在经济业务发生后，及时收集整理各种原始单据；及时处理会计信息，即在国家统一的会计制度规定的时限内，及时编制财务会计报告；及时传递会计信息，即在国家统一的会计制度规定的时限内，及时将编制出的财务会计报告传递给财务会计报告使用者。

拓展阅读

苏格拉底甩胳膊的故事

古希腊哲学家苏格拉底，思想深邃，思维敏捷，关爱众生又为人谦和。许多青年慕名前来向他学习，听从他的教导，都期望成为像老师那样有智慧的人。他们当中的很多人天赋极高，天资聪颖者济济一堂。一次苏格拉底对学生说："今天我们只学一件最简单也是最容易的事，每个人都把胳膊尽量往前甩，然后再尽量往后甩。"苏格拉底示范了一遍，说："从今天起，每天做300下，大家能做到吗？"学生们都笑了，这么简单的事有什么做不到的？第二天，苏格拉底问学生："谁昨天甩胳膊300下了？做到的人请举手！"几十名学生都举起了手。一周后，苏格拉底如前所问，有一大半的学生举手。过了一个月，坚持下来的学生只剩下一半。一年后，苏格拉底再次问大家："简单的甩胳膊动作还有哪几位同学在坚持？"这时，整个教室里，只有一名学生举起了手，这名学生就是后来成为古希腊另一位伟大哲学家的柏拉图。

企业会计循环过程周而复始，使得会计工作也周而复始、循环往复，要求学生具备持之以恒的毅力和耐心细致的态度。从苏格拉底教育学生的故事看，坚持不懈做事情是一种难能可贵的精神，如果能够坚持不懈地做下去，定能够取得不错的结果。

复习思考

1. 会计循环的含义是什么？
2. 会计循环的基本方法包括哪些？各方法之间是什么关系？
3. 会计核算的基本前提包括哪些内容？
4. 会计核算的信息质量要求包括哪些内容？这些要求的具体含义是什么？
5. 如何区分权责发生制与收付实现制？

在 线 自 测

自学自测　　扫描此码

实 战 演 练

一、实训目的：练习权责发生制和收付实现制的具体运用。

二、实训资料：

A公司1月份发生以下经济业务：

1. 销售产品一批，货款300 000元尚未收到；

2. 用银行存款支付本月电费500元；

3. 销售商品5 000元，货款存入银行；

4. 预付本年度1—6月的办公用房租金6 000元；

5. 摊销本月应负担的财产保险费800元；

6. 收回某单位前欠货款150 000元存入银行；

7. 预收货款60 000元存入银行。

三、实训要求：分别按权责发生制原则和收付实现制原则计算A公司本月的收入和费用，并将结果填入表2-1。

表2-1　A公司1月份的收入和费用　　　　　　　　单位：元

业务序号	权责发生制		收付实现制	
	收入	费用	收入	费用
1				
2				
3				
4				
5				
6				
7				
合计				

3 第三章
Chapter 3
会计要素与会计恒等式

>>> **知识目标**

　　掌握会计要素的概念、内容、特点及会计要素的计量属性、会计恒等式及其转化形式，理解会计恒等式的基本原理，能够准确判断经济业务的变化类型。

>>> **技能目标**

　　能够对会计对象进行正确的分类；能够运用会计恒等式分析经济业务发生时对会计恒等式的影响。

引 导 案 例

　　速食店老板小王还有另外一个身份——某大学人文学院社会工作系的大三学生。早在 2022 年 11 月，他就开始张罗要开一家自己的速食餐饮店。他从父母手中借到 5 万元，连同自己打工积攒的 3 万元作为最初的资本，盘下了一家不太景气的餐馆。餐馆经过简单装修后即投入运营，由于定位准确，价格适宜，得到了广大师生的认可，短短一年就攒足了人气，每天营业额能达到 3 000 多元，毛利有 1 000 多元，不仅还上了父母的钱，还赚取了大约 12 万元的利润。为了提高就餐环境，小王从利润中拿出 10 万元对店面进行装修，内部装修得有模有样。每天中午，慕名而来的师生都会将小店挤得水泄不通。

　　问题：本案例涉及哪些会计要素？

第一节　　会　计　要　素

一、会计要素的定义

　　由于会计的对象这一概念涉及面过于广泛，而且又很抽象，因此，为了具体实施会计核算，就必须对会计对象的具体内容进行适当的分类，于是，会计要素这一概念应运而生。会计要素是会计对象按经济特征所作的最基本的分类，即将会计内容分解成若干个要素，这些要素统称为会计要素。会计要素是会计内容的第一步分类，或者说是基本分类。其意义主要表现在以下两方面。

（1）会计要素为会计分类核算提供了基础。把会计对象划分为会计要素将产生两方面作用：一是可以按会计要素的分类提供会计数据和会计信息，这使得相关的投资和经营决策对于经济管理来说变得切实可行；二是可以按照会计要素的分类，分别进行会计确认和会计计量，使会计确认和会计计量有了具体的对象。

（2）会计要素构筑了会计报表的基本框架。按照会计要素组成的会计报表，可以分别反映各个会计要素的基本数据，并科学、合理地反映会计要素之间的相互关系，从而提供许多有用的经济信息，这对企业外部的信息使用者和企业内部的管理者都是十分必要的。

二、会计要素的内容

我国财政部颁发的《企业会计准则》将企业会计内容划分为六个会计要素，即资产、负债、所有者权益、收入、费用和利润。

▶ 1. 资产

（1）资产的定义。资产是指企业由过去的交易或者事项形成的、由企业拥有或者控制的、预期能够给企业带来经济利益的资源。资产是企业从事生产经营活动必须具备的物质资源，如库存现金、厂房场地、机器设备、原材料等，这些都是企业从事生产经营的物质基础，都属于企业的资产。此外，以债权形态出现的各种应收款项及以特殊权利形态出现的专利权、商标权等无形资产，这些不具有实物形态的资产也属于企业的资产。

（2）资产的特征。从资产的概念可以看出，资产应该具有以下几个特征。

①资产是由过去的交易或事项形成的。过去的交易或事项包括购买、生产、建造行为或其他交易或事项。资产必须是现实的资产，而不是预期的资产，只有过去发生的交易或事项才能使企业的资产发生增减变化，而不能根据预期或未来发生的交易或者事项来确认资产。

【例3-1】 2024年12月，企业计划在2025年2月份购买机器设备一台，且已经与销售方签订了意向性的购买合同。

分析：本例中，2024年12月份只是计划购买，并没有发生实际购买的行为，因此企业在2024年12月份不应该将此设备确认为企业的资产。

②资产是由企业拥有或者控制的。由企业拥有是指企业享有某项资源的所有权；而企业控制是指企业虽然不享有某项资源的所有权，但该资源实质上已被企业所控制。

【例3-2】 企业购入一台机器设备，价值50 000元；企业因临时生产经营需要，以经营租赁方式租入运输卡车一辆；企业因资金紧张，采取融资租赁方式租入机器设备一台。不同方式取得的机器设备及运输卡车是否应确认为企业的资产？

分析：本例中，企业购入的机器设备，因企业拥有其所有权，因此应确认为企业的资产；以经营租赁方式租入的运输卡车，企业对其既没有所有权也没有实际的控制权，因此不应确认为企业的资产；采用融资租赁方式取得的机器设备，虽然企业对其没有所有权，但是拥有实际的控制权，因此应确认为企业的资产。

③资产能够直接或间接地给企业带来经济利益。资产概念中预期能够给企业带来经济利益是指直接或间接导致现金或现金等价物流入企业的潜力。根据这一特征，判断一个资源是否构成资产，一定要看它是否潜存着未来的经济利益，这里的经济利益是指直接或间接流入

企业的现金或现金等价物，只有那些潜存着未来经济利益的资源才能被确认为资产。

【例 3-3】 某企业的某工序上有两台机床，其中 A 机床型号较老，自 B 机床投入使用后一直未使用；B 机床是 A 机床的替代产品，目前承担该工序的全部生产任务。A、B 机床是否都是企业的固定资产？

分析：A 机床不应确认为该企业的固定资产。该企业原有的 A 机床已长期闲置不用，不能给企业带来经济利益，因此不应作为资产反映在资产负债表中。

（3）资产的分类。企业的资产可以按照以下两种方式分类。

①按流动性分类。企业的资产一般按其流动性可以分为流动资产和非流动资产两类。

流动资产是指主要为交易目的而持有的，预计在一个正常营业周期内变现、出售或耗用的资产或者在资产负债表日起一年内（含一年）变现的资产以及交换其他资产或清偿负债的能力不受限制的现金或现金等价物。流动资产主要包括货币资金、交易性金融资产、应收票据、应收账款、预付账款、应收利息、应收股利、存货等。

非流动资产是指除流动资产以外的资产，包括长期股权投资、固定资产、无形资产和其他非流动资产等。

②按有无实物形态分类。企业的资产一般按其有无实物形态可以分为有形资产和无形资产两类。有形资产是指具有实物形态的资产，包括存货、固定资产等。无形资产是指没有实物形态的资产，包括专利权、商标权等。一般意义上的无形资产是指狭义的无形资产，包括商标权、专利权、非专利技术、土地使用权等。

（4）资产的确认条件。符合资产的特征且同时满足以下条件时，才能确认为企业的资产。

①与该资产有关的经济利益很可能流入企业。

②该资产的成本或价值可以可靠地计量。

符合资产的特征及满足确认条件的项目，应当列入资产负债表。符合资产特征但不符合资产确认条件的项目，不应当列入资产负债表。

▶ **2. 负债**

（1）负债的定义。负债即债务，是指企业由过去的交易或事项所形成的现时义务，履行该义务预期会导致经济利益流出企业。一般的企业都会存在负债，即便是非常成功的企业。企业通常可以通过负债以取得扩大规模所需资金，或以赊账的方式购买商品物资。

（2）负债的特征。从负债的概念可以看出，负债应该具有以下几个特征。

①负债是由过去的交易或者事项形成的现时义务。现时义务是指企业在现行条件下已承担的义务，未来发生的交易或者事项形成的义务不属于现时义务，不应当确认为负债。例如，企业从银行贷款就需要偿还，因而承担了现时义务，没有贷款就没有现时义务；购入商品未付款就承担了现时义务，已付款就不存在付款的现时义务。对于企业正在筹划的未来交易或事项，如企业的业务计划等，并不构成企业的负债。

②负债的清偿预期会导致经济利益流出企业。无论负债以何种形式出现，作为一种现时义务，企业都必须在未来某个时日，以转移资产或提供劳务等方式加以清偿。负债偿还的方式有很多，或以现金偿还，或以实物资产偿还，或以提供劳务偿还，或将负债转为资本，或借新债偿还旧债等。

（3）负债的分类。企业的负债一般按其偿还期限的长短可分为流动负债和非流动负债两类。

流动负债是指主要为交易目的而持有，预计在一个正常营业周期中清偿的债务，或自资产负债表日起一年内到期应予以清偿的负债，以及企业无权自主地将清偿推迟至资产负债表日后一年以上的负债。流动负债包括短期借款、应付票据、应付账款、预收款项、应付职工薪酬、应交税费、应付股利和其他应付款等。

非流动负债是指除流动负债以外的负债，包括长期借款、应付债券、长期应付款等。

（4）负债的确认条件。符合负债的特征且同时满足以下条件时，才能确认为企业的负债。

①与该义务有关的经济利益很可能流出企业。

②未来流出的经济利益的金额能够可靠地计量。

符合负债的特征及满足确认条件的项目，应当列入资产负债表。符合负债特征但不符合负债确认条件的项目，不应当列入资产负债表。

▶ 3. 所有者权益

（1）所有者权益的定义。所有者权益是指企业资产扣除负债后由所有者享有的剩余权益。公司的所有者权益又称为股东权益。对任何企业而言，其资产形成的资金来源不外乎有两个：一个是债权人；另一个是所有者。债权人对企业资产的要求权形成企业负债，所有者对企业资产的要求权形成企业的所有者权益。

（2）所有者权益的特征。所有者权益的特征表现为：第一，所有者对企业净资产享有所有权，净资产是资产减去负债后的余额。第二，所有者权益不是一个独立的要素，所有者权益金额的确认、计量需要依赖于资产和负债。

同时，负债与所有者权益虽然都是企业资产的来源，但是是两个不同的概念。负债是一项债务，它只有通过偿还债务才可以取消，或者用新的债务来替代旧的债务。负债所反映的是企业作为债务人与债权人的关系，形成企业的债务资本。所有者权益反映的则是产权关系，即企业净资产归谁所有，形成企业的永久性资本。

（3）所有者权益的来源构成。所有者权益主要来源于所有者投入的资本、其他权益工具、其他综合收益、留存收益，具体由以下几部分构成。

①实收资本（股本）。实收资本（股本）是指投资者按照企业章程或合同、协议的约定实际投入资产的价值，是所有者权益的重要组成部分，是企业设立的必备条件，也是企业从事正常生产经营活动必需的基本资金。

②资本公积。资本公积是指投资者投入或企业由其他来源取得，而归投资者享有，属于公积金性质的资本金。资本公积并非由企业生产经营活动所获得的利润转化形成的资本。它包括资本（或股本）溢价和其他资本公积等。资本公积可以按照规定的程序转增为实收资本（或股本）。

实收资本（股本）和资本公积都属于所有者投入的资本。

③其他综合收益。其他综合收益是指企业根据会计准则规定未在当期损益中确认的各项利得和损失。

④盈余公积。盈余公积是指企业按国家和企业的有关规定从净利润中提取的公积金，包括法定盈余公积和任意盈余公积。企业的法定盈余公积和任意盈余公积可以用于弥补亏损、转增资本（或股本）。符合规定条件的企业，还可以用盈余公积分派现金股利。

⑤未分配利润。未分配利润是指企业的税后利润按照规定进行分配以后的剩余部分，这部分没有分配的利润留存在企业，可以在以后年度进行分配。

盈余公积和未分配利润统称为企业的留存收益。

由于资产、负债、所有者权益三大要素是构成静态资产负债表的基本要素，因此习惯上又将这三大要素称为资产负债表要素或静态要素。

▶ 4．收入

（1）收入的定义。收入是指企业在日常经营活动中形成的、会导致所有者权益增加的、与所有者投入资本无关的经济利益的总流入。对企业来说，收入是补偿费用、取得盈利的源泉，是企业经营活动取得的经营成果。

（2）收入的特征。从收入的概念可以看出，收入应该具有以下几个特征。

①收入是企业在日常经营活动中形成的。日常经营活动是指企业为完成其经营目标所从事的经常性活动以及与之相关的活动，包括工业企业销售产品、商业企业销售商品、提供劳务及让渡资产使用权等。对于偶发的交易或事项，如其他企业违约而收取的罚款、接受捐赠等，不属于收入的范畴。

②收入可以表现为资产的增加、负债的减少或两者兼有。收入的实现可能表现为企业资产的增加，如销售商品收到银行存款或形成的应收账款等；也可能表现为企业负债的减少，如以商品或劳务抵偿债务；或者二者兼而有之，如销售商品的货款中部分用于抵偿债务，部分收取现金。

③收入最终能导致企业所有者权益的增加。收入是企业经济利益的总流入，会引起企业利润的增加，从而导致所有者权益的增加。不会导致所有者权益增加的经济利益流入不应确认为收入。

④收入会导致经济利益的流入，该流入不包括所有者投入的资本。所有者投入资本的增加不应当确认为收入，应当将其直接确认为所有者权益。

（3）收入的分类。收入可以有不同的分类方法，主要有以下两种。

①按照企业所从事的日常经营活动的性质，收入可分为销售商品收入、提供劳务收入和让渡资产使用权收入。销售商品取得的收入是指企业销售其所生产的商品所取得的收入。提供劳务取得的收入是指企业通过提供运输、服务等劳务方式所取得的收入。让渡资产使用权取得的收入是指企业通过提供他人使用本企业资产所得的收入，包括利息收入、使用费用收入等。

②按照企业日常经营活动的主次，收入可分为主营业务收入和其他业务收入。主营业务收入是企业从事主要经营业务所取得的收入，如工业企业销售产品的收入、商业企业销售商品的收入。其他业务收入是指企业除主要业务以外的其他业务活动所取得的收入，如工业企业销售外购原材料、进行技术转让、出租固定资产和包装物、提供运输服务等非工业性劳务的收入。

（4）收入的确认条件。企业与客户之间的合同同时满足以下五项条件的，企业应当在客户取得相关商品控制权时确认收入。

①合同各方已批准该合同并承诺将履行各自义务。

②该合同明确了合同各方与所转让商品相关的权利和义务。

③该合同有明确的与所转让商品相关的支付条款。

④该合同具有商业实质，即履行该合同将改变企业未来现金流量的风险、时间分布或金额。

⑤企业因向客户转让商品所有权取得的对价很可能收回。

▶ 5. 费用

（1）费用的定义。费用是指企业在日常经营活动中所发生的、会导致所有者权益减少的、与向所有者分配利润无关的经济利益的总流出。费用与收入是相对应的概念，也可以说是企业为取得收入而付出的代价。

（2）费用的特征。从费用的概念可以看出，费用应该具有以下几个特征。

①费用是企业在日常经营活动中形成的。费用应当是在日常经营活动时发生的，费用的发生与收入涉及的日常经营活动相一致，包括销售产品成本、折旧费、利息支出等。对于那些不是在日常交易或事项中产生的经济利益的流出，虽然也导致企业经济利益的流出，但不应确认为企业的费用。例如，出售固定资产净损失就不是日常交易或事项所形成的一种耗费，不属于费用会计要素，而应属于计入利润的损失。

②费用会导致经济利益的流出，该流出不包括向所有者分配的利润。企业向所有者分配利润也会导致经济利益的流出，而该经济利益的流出显然属于所有者权益的抵减项目，不应确认为费用。

③费用最终会导致所有者权益的减少。与费用相关的经济利益流出最终应当会导致所有者权益的减少，不会导致所有者权益减少的经济利益流出不应确认为费用。

（3）费用的分类。按照经济用途分类，费用可分为生产费用和期间费用。费用中能够对象化的部分就是生产费用，不能对象化的部分就是期间费用。生产费用又分为直接费用和间接费用。

直接费用是指直接为生产商品和提供劳务等发生的费用，包括直接材料、直接人工、商品进价和其他直接费用。这些费用发生时，直接计入生产经营成本。

间接费用是指企业各个生产单位（分厂、车间）为组织和管理生产经营活动而发生的费用，如车间管理人员的工资、车间固定资产的折旧费和修理费等。这些费用发生时，先按一定的方式进行归集，然后再选择一定的标准分配计入生产经营成本。

期间费用是指在某一个会计期间发生的，不计入产品成本而直接计入当期损益的各项费用，包括管理费用、销售费用和财务费用三部分。

管理费用是指企业行政管理部门为组织和管理整个企业的生产经营活动而发生的各项费用，如行政管理部门人员的工资、福利费、办公费、管理固定资产的折旧与维修费等。

销售费用是指企业在销售商品和材料、提供劳务的过程中发生的各项费用，包括企业在销售商品的过程中发生的运输费、装卸费、包装费、保险费、展览费和广告费，以及为销售本企业的商品而专设的销售机构（含销售网点、售后服务网点等）的职工工资及福利费、类似工资性质的费用、业务费等经营费用。

财务费用是指企业为筹集生产经营所需资金等发生的各项费用，包括利息支出、汇兑损失以及金融机构的手续费等。

（4）费用的确认条件。费用在确认时除了应当满足费用的特征外，还应当同时满足以下条件。

①与费用相关的经济利益很可能流出企业。

②经济利益的流出额能够可靠地计量。

▶ 6. 利润

（1）利润的定义。利润是指企业在一定会计期间的经营成果，包括收入减去费用后的净额、直接计入当期利润的利得和损失等。利润反映的是企业的经营业绩情况，是业绩考核的重要指标，也是投资者、债权人做出决策的重要参考指标。

（2）利润的来源构成。利润由收入减去费用后的净额、直接计入当期利润的利得和损失等构成。其中，收入减去费用后的净额反映的是企业日常活动的业绩，直接计入当期利润的利得和损失反映的是企业非日常活动的业绩。利润形成的具体计算过程可分为以下三个层次。

①营业利润的计算。营业利润＝营业收入－营业成本－税金及附加－管理费用－财务费用－销售费用－资产减值损失－信用减值损失＋资产处置收益（－损失）＋公允价值变动收益（－公允价值变动损失）＋投资收益（－投资损失）

②利润总额的计算。利润总额＝营业利润＋营业外收入－营业外支出

③净利润的计算。净利润＝利润总额－所得税费用

（3）利润的确认条件。利润反映的是收入减去费用、利得减去损失后的净额，因此利润的确认主要依赖于收入和费用以及利得和损失的确认，其金额的确定也主要取决于收入、费用、利得、损失的金额。

由于收入、费用、利润是构成利润表的基本要素，因此习惯上又将这三大要素称为利润表要素或动态要素。

第二节　会计恒等式

会计恒等式也称为会计平衡公式，是指利用数学等式对六大会计要素的内在经济联系所做出的概括和科学表达。六大会计要素反映了资金运动的静态和动态两个方面，具有紧密的相关性，它们在数量上存在着特定的平衡关系，这种平衡关系用公式来表示，就是通常所说的会计恒等式。会计恒等式是复式记账和编制财务会计报表的理论基础。根据不同会计要素的内在关系，会计恒等式可以分为会计的基本等式和会计的扩展等式。

下面将详细讲解会计的基本等式、会计的扩展等式和经济业务对会计等式的影响。

一、会计的基本等式

会计的基本等式是反映资产、负债、所有者权益三大要素关系的会计等式。企业为了从事生产经营活动，必须拥有一定数量的资产。企业所拥有资产的来源渠道有两个：一是由投资者提供；二是由债权人提供。无论是投资者还是债权人对企业的资产都拥有求偿权，这种求偿权在会计上称为权益。其中属于债权人的权益称为负债；属于投资者的权益称为所有者权益。资产与权益是相互依存的，有一定数额的资产，必然有相应数额的权益，在数量上二者是恒等的。这种恒等的关系可以用下面的等式表示。

资产＝权益

权益包括债权人权益和所有者权益，即

资产＝负债＋所有者权益

上述等式被称为会计的基本等式。它反映了会计主体在某一时点资产与负债和所有者权

益之间的恒等关系，是相对静止状态的平衡关系，因此，也被称为静态会计等式。该等式也是编制资产负债表的理论依据。在理解上述等式时应注意以下两点。

（1）资产和权益虽然存在对应的关系，但是这种对应并不是逐项一一对应的，而是权益在整体上与资产保持数量上的关系。例如，投资者王某投资 A 企业 50 万元，不能认为这 50 万元是对应机器设备的；A 企业拥有 200 万元的厂房，也不能认定其资金的来源是对应银行借款。资产和权益中存在总额的对应而不存在具体项目的对应。

（2）"资产＝权益"或"资产＝负债＋所有者权益"这两个等式在习惯上不能任意颠倒，必须先描述资产，后描述权益，不能写成"权益＝资产"或"负债＋所有者权益＝资产"以及其他任何形式。这是基于国际惯例的一种做法。

二、会计的扩展等式

会计要素除了资产、负债、所有者权益之外，还有收入、费用、利润，这三项要素之间以及这三项要素和会计基本等式之间也存在相应的关系。

企业通过举债和接受投资筹集资金购置资产，其目的是利用这些经济资源为企业获取经济利益。获取利润是企业经营的主要目的，利润是企业最终的经营成果。利润是企业组织生产经营活动中取得的收入与发生的费用相抵减后产生的。收入若大于所发生的费用，其差额称为利润；反之，收入小于费用时，其差额为亏损。用等式可表示为

$$收入－费用＝利润（或亏损）$$

这个等式反映收入、费用、利润这三项要素的数量关系，是反映企业某一时期的动态平衡关系。因此，此等式也被称为动态会计等式。该等式也是编制利润表的理论依据。

企业在一定时期所取得的利润（或亏损）是经营者运用投资者投入的资金及债权人借入的资金所获得的，利润（或亏损）最终都要归所有者所有，因此，从性质上看利润应归属于所有者权益，其实质是所有者权益的重要组成部分。当企业利润增加时，所有者权益也会增加；当企业利润减少时，所有者权益也会减少。因此，如果考虑收入、费用和利润这三个会计要素，则会计的基本等式就会演变为

$$资产＝负债＋所有者权益＋（收入－费用）$$

由于收入－费用＝利润，利润最终归属于所有者权益。因此，在会计结算后，会计等式又恢复为基本等式，即

$$资产＝负债＋所有者权益$$

因此，我们就将"资产＝负债＋所有者权益＋（收入－费用）"这个等式称为会计的扩展等式。

三、经济业务对会计等式的影响

企业的经济业务也称为会计事项，是指企业在生产经营过程中发生的能以货币计量的，并能引起会计要素发生增减变化的事项。企业在生产经营过程中，每天发生的经济业务是多种多样的，并且是不断变化的。任何一项经济业务的发生，都必然引起会计要素发生增减变化，但无论怎样变化，都不会破坏会计等式的恒等关系。

【例 3-4】　假设 A 公司在 20××年 3 月 31 日有关资产、负债、所有者权益的情况可总结为资产负债表，如表 3-1 所示。

表 3-1 资产负债表

编制单位：A 公司   20××年 3 月 31 日   单位：元

资产	金额	负债和所有者权益	金额
库存现金	2 000	短期借款	131 000
银行存款	600 000	应付账款	600 000
应收账款	49 000	实收资本	700 000
存货	80 000	—	—
固定资产	700 000	—	—
资产总计	1 431 000	负债和所有者权益总计	1 431 000

4 月份发生以下经济业务。

（1）4 月 2 日，收到 B 公司投资 60 万元，其中，房屋投资价值为 40 万元，以现金投资 20 万元，已存入银行。

分析：该笔业务发生后，企业资产方的固定资产增加了 40 万元，银行存款增加了 20 万元。同时企业所有者权益中的实收资本增加了 60 万元。

（2）4 月 10 日，用银行存款 10 万元归还短期借款。

分析：该笔业务发生后，企业资产方的银行存款减少了 10 万元，同时负债方的短期借款也减少了 10 万元。

（3）4 月 20 日，购入设备一台，价值为 5 万元，以银行存款支付，该设备已交付使用。

分析：该笔业务发生后，企业资产方的固定资产增加了 5 万元，同时资产方的银行存款也减少了 5 万元。

（4）4 月 25 日，向银行借入短期借款 20 万元，归还以前采购产品的应付账款。

分析：该笔业务发生后，企业负债方的短期借款增加了 20 万元，同时负债方应付账款也减少了 20 万元。

（5）4 月 28 日，从银行提取现金 2 000 元，以备零星开支。

分析：该笔业务发生后，企业资产方的库存现金增加了 2 000 元，同时资产方的银行存款减少了 2 000 元。

（6）4 月 30 日，收回应收账款 3 万元存入银行。

分析：该笔业务发生后，企业资产方的银行存款增加了 3 万元，同时资产方的应收账款减少了 3 万元。

以上六笔经济业务所引起的资产、负债、所有者权益变动如表 3-2 所示。

由上述例题可知，企业在正常的生产经营活动中发生具体的经济业务，这些业务必然会引起各个会计要素金额的增减变动。尽管企业经济业务多种多样，但按其对会计等式的影响可以归纳为以下四种基本类型。

（1）引起等式左侧（资产）内部有关项目增减变动的业务。

（2）引起等式右侧有关项目增减变动的业务。

（3）引起等式两边有关项目同时增加的业务。

（4）引起等式两边有关项目同时减少的业务。

从例 3-4 中可以看出，会计要素金额发生什么样的变化都不会破坏会计等式的平衡关系。

因此，经过变化后的资产与负债和所有者权益的总额仍然保持相等。由此，可以得出结论：资产和权益的平衡关系是客观存在的，无论经济业务发生何种变化，资产总额恒等于权益总额，经济业务的发生不会破坏会计恒等式。

表 3-2　资产、负债和所有者权益变动表

编制单位：A公司　　　　　　　　　　　　　　　　　　　　　　　　　　　　单位：元

资产	增减前金额	增加金额	减少金额	增减后金额	负债和所有者权益	增减前金额	增加金额	减少金额	增减后金额
库存现金	2 000	2 000		4 000	短期借款	131 000	200 000	100 000	231 000
银行存款	600 000	230 000	152 000	678 000	应付账款	600 000		200 000	400 000
应收账款	49 000		30 000	19 000	实收资本	700 000	600 000		1 300 000
存货	80 000			8 000					
固定资产	700 000	450 000		1 150 000					
资产总计	1 431 000	682 000	182 000	1 931 000	负债和所有者权益总计	1 431 000	800 000	300 000	1 931 000

若将以上四种类型的经济业务进一步具体化，可分为九种类型，如表3-3所示。

表 3-3　会计等式表

经济业务	资产	负债	所有者权益
1	（＋）（－）		
2	＋	＋	
3	＋		＋
4	－		
5		（＋）（－）	
6		－	＋
7	－		－
8		＋	－
9			（＋）（－）

通过以上九种类型可以看出，经济业务发生会引起基本等式左右两边发生等额增加或等额减少，或引起会计等式的左边或右边内部要素的等额增减，无论哪类经济业务发生都不会破坏会计基本等式的平衡关系。正确把握和理解会计恒等式，对于今后正确理解及应用复式记账法具有十分重要的意义。

第三节　会 计 计 量

一、会计计量的定义

会计计量也称会计要素计量，是指在会计核算过程中，对各项财产物资都应以某种尺度为标准确定它的量。会计计量包括计量单位和计量属性。货币计量通常以元、千元、万元等为计量单位。而计量属性是指计量对象可供计量的某种特性或标准，即按什么标准来记账。会计计量的最终目的是将符合确认条件的会计要素登记入账，并列入财务报表而确定其金额的过程。

二、会计计量的属性构成

会计在将符合确认条件的会计要素登记入账并列入财务报表时，应当按照规定的计量属性进行要素的计量，从而确定其金额。会计计量属性主要包括历史成本、重置成本、可变现净值、现值和公允价值。

▶ 1. 历史成本

历史成本是指按照形成某项会计要素时所付出的实际成本计价。在历史成本下，资产按照购置时支付的现金或者现金等价物的金额，或者按照购置资产时所付出的对价的公允价值计量；负债按照因承担现时义务而实际收到的款项或者资产的金额，或者承担现时义务的合同金额，或者按照日常活动中为偿还负债预期需要支付的现金或者现金等价物的金额计量。历史成本具有可靠、方便等优点。但在市场经济条件下，历史成本也存在一定的缺陷，如在物价变动的情况下，不能真实反映会计要素的实际价值。

▶ 2. 重置成本

重置成本是指按照现在形成某项会计要素所需付出的成本计价。在重置成本计量下，资产按照现在购买相同或者相似资产所需支付的现金或者现金等价物的金额计量；负债按照现在偿付该项债务所需支付的现金或者现金等价物的金额计量。

▶ 3. 可变现净值

可变现净值是指出售时可能收到的金额（扣除可能发生的费用）。在可变现净值计量下，资产按照其正常对外销售所能收到的现金或者现金等价物的金额，扣减该资产至完工时估计将要发生的成本、估计的销售费用以及相关税费后的金额计量。可变现净值虽然在计量上有一定的难度，但是可以真实地反映资产的价值。

▶ 4. 现值

现值是指未来现金流量的折现值。在现值计量下，资产按照预计从其持续使用和最终处置中所产生的未来净现金流入量的折现金额计量，负债按照预计期限内需要偿还的未来净现金流出量的折现金额计量。现值可以反映资产所带来的经济利益的金额与偿还债务相关的经济利益流出的金额，但受主观因素的影响较多。

▶ 5. 公允价值

公允价值是指在公平交易中，交易双方自愿形成的交易价格。在公允价值计量下，资产和负债按照公平交易中熟悉情况的交易双方自愿进行交换或者债务清偿的金额计量。公允价值可以较真实地反映某些资产、负债的价值，但是具有不易操作的特点。

三、会计计量属性应用原则

会计计量属性通常要以历史成本为基础。在某些情况下，为了提高会计信息质量，实现财务报告目标，企业会计准则允许采用重置成本、可变现净值、现值、公允价值计量的，应当保证所确定的会计要素金额能够取得并可靠计量；如果这些金额无法取得或者可靠计量，则不允许采用其他计量属性。

拓展阅读

坚持中国特色是我国会计发展的必由之路

在我国会计发展的历程中，全面使用"会计要素"这一名词，始于1992年诞生的我国《企业会计准则》（该准则于2006年进行了修订，更名为《企业会计准则——基本准则》）。《基本会计准则》是对会计要素等会计基本概念进行规范的准则，是具体会计准则的制定依据，它相当于西方国家的"财务会计概念框架"，在整个会计准则体系中起着统驭作用。《基本会计准则》的出台，标志着我国会计在与国际会计惯例接轨中实现了历史性突破，是我国会计理论研究和会计制度建设取得的重大成果，更是我国会计改革坚持走中国特色发展之路的里程碑。

会计准则是衡量经济活动、界定产权归属、指导收益分配的关键技术标准，它不仅构成了编制与提供会计信息的基础框架，也是政府进行有效管理、调控经济活动秩序及促进国际经济交流的重要工具。国际上，以准则形式规范会计行为已成为普遍遵循的惯例，这同样是我国会计改革的核心议题。为达成此目标，我国既积极吸收国际财务报告准则（IFRS）及一般公认会计原则（GAAP）的精髓，又深植于我国会计制度建设的宝贵经验之中，既引进西方先进的会计思维，又坚决摒弃盲目照搬的"拿来主义"。

具体而言，从制定机构来看，无论是GAAP背后的民间会计职业团体——美国财务会计准则委员会（FASB），还是IFRS的制定者——国际会计准则理事会（IASB，前身为IASC），均展现了独立性与专业性。在我国，会计准则的制定由财政部负责，体现了政府引导与市场适应的结合。在会计基本概念的呈现上，FASB与IASB均将相关概念独立于会计准则之外，以概念框架形式发布，而我国则将其融入基本会计准则之中，形成了独具特色的发布体系。

关于会计要素的划分，各国亦有所不同：美国采用十要素体系，IASB简化为五要素，而我国则折中处理，确立了包含资产、负债、所有者权益、收入、费用和利润在内的六要素框架。此外，在会计本质界定、目标设定、信息质量要求、计量属性应用、记账方法选择及国际趋同标准等多个维度，我国均展现出继承与创新并重的改革路径，既与国际接轨，又紧密结合本国社会经济实际。

毋庸置疑，正是坚持走中国特色会计发展道路，我国会计改革在过去三十年中取得了辉煌成就，这一路径不仅是过往成功的关键，也是未来实现从"会计大国"向"会计强国"跨越的必由之路。

复 习 思 考

1. 企业的会计要素包括哪些？各有什么特征？
2. 什么是会计恒等式？它有哪几种不同的表达方式？
3. 什么是经济业务？按照对会计等式的影响，经济业务有哪些类型？
4. 收入、费用有哪些基本特征？
5. 会计要素的计量方法有哪些？

在 线 自 测

自学自测　　扫描此码

实 战 演 练

实训一：

（一）实训目的：练习对会计要素的分类。

（二）实训资料：

某企业某月末各项目余额如下：

1. 银行存款 2 939 300 元；

2. 出纳员处存放现金 1 700 元；

3. 向银行借入长期借款 500 000 元；

4. 向银行借入短期借款 300 000 元；

5. 投资者投入资本金 13 130 000 元；

6. 库存原材料 417 000 元；

7. 生产车间半成品 584 000 元；

8. 应收外单位货款 43 000 元；

9. 应付外单位货款 45 000 元；

10. 从二级市场购入某公司股票 60 000 元；

11. 办公楼价值 5 700 000 元；

12. 机器设备价值 4 200 000 元；

13. 运输设备价值 530 000 元；

14. 资本公积 960 000 元；

15. 盈余公积 440 000 元；

16. 应付账款 200 000 元；

17. 拥有 3 年期债券 650 000 元；

18. 库存产成品 520 000 元；

19. 上年尚未分配的利润 70 000 元。

（三）实训要求：

1. 划分各项目的类别（资产、负债、所有者权益）。

2. 计算资产、负债、所有者权益各会计要素金额的合计。

实训二：

（一）实训目的：认识经济业务发生对会计等式的影响。

（二）实训资料：某公司 2024 年 4 月初资产为 7 000 000 元，负债为 1 900 000 元，所有者权益项目为 5 100 000 元。该企业 4 月份发生以下经济业务：

1. 购入材料一批，价款 12 000 元，材料已入库，款项以银行存款支付；

2. 收到银行借入的 190 000 元长期借款，存入开户银行账户；

3. 收到投资者投入设备一台，价值 60 000 元；

4. 采购员出差预借差旅费 5 000 元，以现金支付；

5. 从银行提取现金 38 000 元准备发放工资；

6. 向职工发放工资 38 000 元；

7. 以银行存款 9 000 元偿还前欠货款；

8. 购入材料一批已入库，金额 60 000 元，材料款暂欠；

9. 收到购货单位归还前欠货款 40 000 元存入银行；

10. 以银行存款 50 000 元归还短期借款；

11. 预收购货单位购货款 15 000 元存入银行；

12. 从银行取得长期借款 60 000 元，直接偿还到期的短期借款；

13. 以银行存款 10 000 元缴纳应交税金。

（三）实训要求：

1. 分析上述经济业务发生后对资产、负债和所有者权益三个要素增减变动的影响。

2. 月末，计算资产、负债和所有者权益三个要素的总额，并列出会计等式。

4 第四章
Chapter 4 会计科目与会计账户

>>> **知识目标**

了解设置会计科目的意义和原则；明确会计科目的作用；掌握设置会计账户的必要性及账户的基本结构；了解会计科目和会计账户的联系与区别。

>>> **技能目标**

熟悉会计科目的名称，能熟练识别会计科目的归属及账户的性质。

引导案例

大学毕业后，小张和小夏决定合资开办一家有限责任公司，主要经营计算机销售和硬件维修业务。现已租入门市房一间，一个季度的房租已付，并购置了必需的办公用品，一切开业手续均已办妥，在银行开立了账户。

问题：这个新成立的公司应如何进入会计核算程序，记录上述的经济活动信息呢？以后经营活动的信息在会计上该如何反映呢？

第一节　　会　计　科　目

一、会计科目的定义

会计科目是对会计对象的具体内容进行分类的项目标志。由于会计要素是会计对象的基本分类，是会计对象的具体化。因此，每一笔经济业务都是资金运动的一个具体过程，资金运动的每一个过程必然涉及相应的会计要素发生变化。但是，在会计核算中，如果仅提供与会计要素相关的信息则过于笼统，不能满足会计核算的需要。为了实现会计的基本职能，就有必要对会计对象及其具体内容进行更细致的分类，如用"库存现金"科目对企业库存现金进行核算，而用"银行存款"科目对企业存放在银行的款项进行核算。

二、会计科目设置的意义和原则

▶ 1. 会计科目设置的意义

会计科目的设置包括规定会计科目的数量、名称、核算内容和层次关系等。设置系统、科学的会计科目，其意义主要表现在以下几个方面。

（1）会计科目的设置为核算经济业务和提供财务信息创造了条件。会计对象虽然可概括为六大会计要素，但每一个要素反映的内容过于宽泛。为了满足信息使用者的需要，还需对会计要素进行进一步的分类，以反映有关各要素具体内容的经济信息。如企业的资产有很多类别，它们在外观上、功能上和对企业盈利的贡献等方面都有所不同，应该有所区分。我国将资产进一步分为流动资产、长期投资、固定资产、无形资产和其他资产。这种分类依然较为笼统，如流动资产又包含库存现金、银行存款、应收账款、库存商品等许多具体的类别。按照会计要素的具体内容设置会计科目，能够既全面又细致地反映一个会计主体（企业等）发生的各项经济业务及其财务影响。以会计科目为依据设置账户及报表项目，能够提供信息使用者需要的分类和系统的财务信息，为全面、细致、分类和系统地核算经济业务和提供财务信息创造了条件。

（2）会计科目是组织会计核算工作、统一会计核算方法的依据。会计信息的可比性是对会计信息的质量要求之一。而会计科目的统一和规范，有利于增强会计信息的可比性，为会计核算工作提供了指南，为各企业提供口径一致、相互可比的财务信息创造了条件。

（3）会计科目是加强经济管理的重要手段。每一个会计科目都有其特定的核算内容和范围，不能反映超过其核算范围的经济内容，因而它是检查和监督各类经济业务是否合乎法规、是否合理及会计处理是否正确的重要依据。无论是会计部门的内部稽核，还是企业外部有关部门的检查、审计，都要以会计科目的核算内容和范围为依据来进行。

▶ 2. 会计科目设置的原则

科学合理地设置会计科目体系必须遵循以下原则。

（1）会计科目的设置要能全面、系统地反映会计要素的特点。会计科目作为对会计对象的具体内容进行分类的项目标志，要能全面、系统地反映会计要素的特点，只有在对会计要素的内容进行具体分类的基础上，才能分门别类地反映和监督各项经济业务，使所设置的会计科目能覆盖企业所有的要素，不会有任何遗漏。例如，工业企业是制造产品的行业，根据其业务特点，工业企业的会计科目首先应反映产品的生产过程，在此前提下，再根据企业生产的特点及规模大小决定各个会计科目的具体设置；商业企业是组织商品流通的行业，从商业企业活动的特点看，它是以商品购销作为主营业务，其会计科目应该主要反映商品的购销过程。因此，在成本核算方面，工业企业需要设置"生产成本"和"制造费用"等会计科目，而商业企业不进行产品生产，一般不需要设置"生产成本"会计科目，但需要设置反映商品采购、商品销售以及在购、销、存等环节发生的各项费用的会计科目。

（2）会计科目的设置要满足信息使用者的需要。在设置会计科目的内容和详尽程度时，要考虑信息使用者的需要。企业会计信息的使用者可以分为外部和内部两大类，不同的信息使用者对企业提供的会计信息要求有所不同。因此，在设置会计科目时，要兼顾对外报告和企业内部经营管理的需要，并根据需要提供数据的详细程度，分别设置总分类科目和明细分类科目。例如，不同企业的经营内容、收入类别、存货种类、固定资产的构成等各不相同，但外部信息使用者更为关注总括的、可以在不同企业间比较的信息。企业按照有关规定设置的一级会计科目，基本上考虑到了外部使用者的需要，而管理者需要的明细信息则可以通过设置明细科目来反映。

（3）会计科目的设置要遵循完整性和互斥性相结合的原则。会计科目的数量要能满足全面反映各项经济业务的需要，形成一个完整的体系。同时，每个会计科目都是单独地反映特定的某一方面的经济内容，并有其核算和监督特定经济内容的方法和要求。会计科目之间在内容上是排斥的，互不相容。会计科目的名称要清晰明确、通俗易懂。例如，"库存现金"和"银行存款"会计科目、"原材料"和"库存商品"会计科目、"制造费用"和"管理费用"会计科目等都有其特殊的性质，不能混同，避免错误地反映资金运动情况。因此，对会计科目反映的经济内容要有明确的界定，要满足互斥性的要求。

（4）会计科目的设置要做到统一性和灵活性相结合。企业生产经营的特点决定了企业的经济业务千差万别，为了分别核算会计要素的增减情况，在设置会计科目时，需要将统一性和灵活性相结合。因此，在设置总分类核算科目时，要按照企业会计制度对一些主要会计科目的设置及其核算内容作统一规定，尽量符合《中华人民共和国会计法》《企业会计准则》以及《企业会计制度》的规定，以保证会计核算指标能够在一个部门乃至全国范围内综合汇总，充分利用。在设置明细分类核算科目时，允许企业在保证提供统一核算指标的前提下，根据企业自身生产经营的特点，适当地增加、减少和合并某些科目。反映企业经营特点的明细科目可由企业自行设置。会计科目的编号应留有空间，以备增加新的科目。

（5）会计科目的设置要保持相对的稳定性。为了便于在一定范围内汇总核算指标和在不同时期对会计核算指标进行比较分析，会计科目的设置应该保持相对的稳定性，不能经常变动，使会计核算指标具有可比性。

三、会计科目的内容和级次

▶ 1. 会计科目的内容

会计科目的内容是指会计科目之间的横向联系。每个会计科目既反映其核算的特定内容，又相互联系，共同组成一个完整的会计科目体系。我国会计科目及核算内容都是由财政部统一规定的。会计科目表将会计科目分为资产类、负债类、共同类、所有者权益类、成本类和损益类六大类，然后以《企业会计准则》为依据，对每一个会计科目核算的内容和使用方法都作了明确的规定。由于每个会计科目都反映了特定的经济内容，能够正确地反映企业的财务状况和经营成果，因此就能够保证会计核算所提供的指标在国民经济各部门之间口径一致，资料可比，便于会计指标的汇总、分析、比较，能够满足国家宏观经济管理的要求，满足会计信息使用者了解企业财务状况和经营成果的需要，满足企业加强内部经济管理的需要。

（1）资产类科目。资产类科目是用以核算和监督各种资产增减变动的会计科目，如"库存现金""短期投资""原材料""库存商品""固定资产""无形资产"等。

（2）负债类科目。负债类科目是用以核算和监督各种流动负债和长期负债增减变动的会计科目，如"短期借款""应付账款""长期借款"等。

（3）共同类科目。共同类科目是用以核算和监督兼有资产和负债双重性质增减变动情况的会计科目，如"清算资金往来""汇兑损益""衍生工具"等（这类科目将在中级和高级财务会计中讲述）。

（4）所有者权益类科目。所有者权益类科目是用以核算和监督各种所有者权益增减变动的会计科目，如"实收资本（或股本）""资本公积""盈余公积""本年利润""利润分配"等。

（5）成本类科目。成本类科目是用以核算和监督产品生产过程中发生的各种直接费用和间接费用的会计科目，如"生产成本""制造费用"等。

（6）损益类科目。损益类科目是用以核算和监督企业生产经营过程中的收益（包括收入、利得等）和费用（包括营业成本、期间费用和损失等），计算确定损益的会计科目。如"主营业务收入""其他业务收入""营业外收入""主营业务成本""其他业务成本""管理费用""营业外支出"等。

以上六类会计科目构成了一个完整的会计科目体系，各类会计科目相互联系、相互补充，能够全面、系统、分类地核算和监督各项经济业务的发生情况，以及由此而引起的会计要素的增减变动过程和结果，为经济管理提供一系列的会计信息。一般常用的企业会计科目如表 4-1 所示。

对会计科目表中每一个会计科目核算的内容和使用的方法，将在其他章节结合经济业务实例详细介绍，此处不再赘述。

表 4-1　财政部规定的全国统一的企业会计科目表

序号	编号	会计科目名称	序号	编号	会计科目名称	序号	编号	会计科目名称
		一、资产类	19	1410	商品进销差价	38	1702	累计摊销
1	1001	库存现金	20	1411	委托加工物资	39	1703	无形资产减值准备
2	1002	银行存款	21	1412	周转材料	40	1711	商誉
3	1015	其他货币资金	22	1461	存货跌价准备	41	1801	长期待摊费用
4	1101	交易性金融资产	23	1501	债权投资	42	1811	递延所得税资产
5	1121	应收票据	24	1502	债权投资减值准备	43	1901	待处理财产损溢
6	1122	应收账款	25	1503	其他权益工具投资			二、负债类
7	1123	预付账款	26	1511	长期股权投资	44	2001	短期借款
8	1131	应收股利	27	1512	长期股权投资减值准备	45	2101	交易性金融负债
9	1132	应收利息	28	1521	投资性房地产	46	2201	应付票据
10	1231	其他应收款	29	1531	长期应收款	47	2202	应付账款
11	1241	坏账准备	30	1541	未实现融资收益	48	2205	预收账款
12	1321	代理业务资产	31	1601	固定资产	49	2211	应付职工薪酬
13	1401	材料采购	32	1602	累计折旧	50	2221	应交税费
14	1402	在途物资	33	1603	固定资产减值准备	51	2231	应付利息
15	1403	原材料	34	1604	在建工程	52	2232	应付股利
16	1404	材料成本差异	35	1605	工程物资	53	2241	其他应付款
17	1406	库存商品	36	1606	固定资产清理	54	2314	代理业务负债
18	1407	发出商品	37	1701	无形资产	55	2401	递延收益

序号	编号	会计科目名称	序号	编号	会计科目名称	序号	编号	会计科目名称
56	2501	长期借款	68	4101	盈余公积	80	6111	投资收益
57	2502	应付债券	69	4103	本年利润	81	6301	营业外收入
58	2701	长期应付款	70	4104	利润分配	82	6401	主营业务成本
59	2702	未确认融资费用	71	4201	库存股	83	6402	其他业务成本
60	2711	专项应付款		五、成本类		84	6403	营业税金及附加
61	2801	预计负债	72	5001	生产成本	85	6601	销售费用
62	2901	递延所得税负债	73	5101	制造费用	86	6602	管理费用
	三、共同类		74	5103	待摊进货费用	87	6603	财务费用
63	3101	衍生工具	75	5201	劳务成本	88	6604	勘探费用
64	3201	套期工具	76	5301	研发支出	89	6701	资产减值损失
65	3202	被套期项目		六、损益类		90	6711	营业外支出
	四、所有者权益类		77	6001	主营业务收入	91	6801	所得税费用
66	4001	实收资本	78	6051	其他业务收入	92	6901	以前年度损益调整
67	4002	资本公积	79	6101	公允价值变动损益			

► 2. 会计科目的级次

会计科目的级次是指会计科目之间的纵向关系，即会计科目之间的隶属关系。会计科目按其提供核算指标的详细程度，可分为一级科目、二级科目、三级科目等。

一级科目又称总分类科目或总账科目，是对会计要素初次分类的结果，是在总账中设置账户的依据。二级科目、三级科目又称为明细分类科目，是对上一级科目的再分类。例如，"原材料"是一级科目，下设二级科目"原材料及主要材料""辅助材料"，"原材料及主要材料"下设三级科目"钢材""铝材"等。

总分类科目的设置主要侧重于提供总括指标，满足外部信息使用者了解企业财务信息的需要；明细分类科目则在于提供具体的明细指标，满足企业管理者经营管理的需要。总分类科目和明细分类科目相结合，使得会计科目体系清晰明了，不致显得过分庞杂。

下面以"原材料"和"固定资产"为例，举例说明会计科目按其提供核算指标详细程度分类示例见表 4-2 和表 4-3。

表 4-2　会计科目按其提供核算指标详细程度分类示例（一）

总分类科目（一级科目）	明细分类科目		
	二级科目（子目）	三级科目（细目）	四级科目
原材料	原料及主要材料	钢材	圆钢
			方钢
			工字钢
		铝材	板材
			管材
			线材
	辅助材料	铜材	管材
			线材

表 4-3　会计科目按其提供核算指标详细程度分类示例（二）

总分类科目（一级科目）	明细分类科目		
	二级科目（子目）	三级科目（细目）	四级科目
固定资产	生产用固定资产	机器设备	车床
			铣床
			刨床
	非生产用固定资产	办公用设备	计算机
			打印机
			复印机

四、会计科目的编号

会计科目的编号是用数字表示会计科目所属的类别及其在该类别中的位置。

现行企业会计科目表中共分六类：资产类、负债类、共同类、所有者权益类、成本类和损益类。每一类均以不同首位数字（分别是 1、2、3、4、5、6）加以识别。每一类别中的一级会计科目的编号采用 4 位制，其中性质相同的科目，前两位号码相同；二级科目的编号采用 6 位制，其中性质相同的科目，前 4 位数字相同；三级科目的编号采用 8 位制。科目编号留有空间，以备增添新的科目编号。

会计科目的编号，其作用表现在以下几个方面。

（1）反映会计科目间的内在联系，明确每个科目的类别、顺序和位置，使会计科目体系科学化。

（2）便于使用会计科目。在实际会计工作中，借助会计科目编号，为编制会计分录、登记账簿和查阅资料等提供了方便。

（3）为会计电算化创造了条件。

我国的《企业会计制度》指出：会计科目和主要账务处理依据《企业会计准则》中确认和计量的规定制定。企业在不违反会计准则中确认、计量和报告规定的前提下，可以根据本单位的实际情况，自行增设、分拆、合并会计科目。企业不存在的交易或者事项，可不设置相关会计科目。对于明细科目，企业应参照会计准则结合自身业务特点，在确保合规的基础上自主设置明细科目，以增强会计核算的准确性和管理效率。会计科目编号供企业填制会计凭证、登记会计账簿、查阅会计账目、采用会计软件系统参考，企业可以结合实际情况自行确定会计科目编号。

五、会计科目的运用

【例 4-1】　投资者投入银行存款 100 000 元。

分析：这项经济业务的发生涉及银行存款和所有者权益的增加，因此应设置"银行存款""实收资本"两个会计科目。

【例 4-2】　用银行存款 300 000 元归还短期借款。

分析：这项经济业务的发生涉及银行存款和短期借款的减少，因此应设置"短期借款"和"银行存款"两个会计科目。

【例 4-3】　用银行存款 10 000 元购买机器设备。

分析：这项经济业务的发生涉及机器设备的增加和银行存款的减少，因此应设置"固定资产"和"银行存款"两个会计科目。

【例 4-4】 从银行借入短期借款 10 000 元直接偿还应付账款。

分析：这项经济业务的发生涉及短期借款和应付账款的增加，因此应设置"应付账款"和"短期借款"两个会计科目。

【例 4-5】 购买原材料 60 000 元，用银行存款支付 40 000 元，其余货款暂欠。

分析：这项经济业务的发生涉及原材料的增加、银行存款的减少和企业负债的增加，因此应设置"原材料""银行存款"和"应付账款"三个会计科目。

第二节 会 计 账 户

一、会计账户的定义

会计科目只是对会计对象具体内容进行详细分类。为了能够分门别类地将各项经济业务的发生所引起的会计要素的增减变动情况及结果进行全面、连续、系统、准确地反映和监督，并为会计信息的使用者提供所需要的各项会计信息，还必须设置会计账户，通过账户对各项经济业务加以分类，并进行系统、连续的记录。每一个账户都有一个名称，用以说明在账户中所记录的经济业务。

会计账户是根据会计科目开设的，具有一定的格式和结构，用以分门别类地记录和反映经济业务增减变动情况的工具。

设置账户是会计核算的专门方法之一。为了提供会计主体的财务状况和经营成果等方面的分类信息，必须按会计对象（会计要素）的具体内容分别设置户头，以便归集相关的信息。

二、会计账户与会计科目的关系

会计账户是根据会计科目开设的，会计科目就是账户的名称。但是，会计账户与会计科目是两个既有密切联系又有所区别的概念。从会计账户的角度看，会计科目是会计账户的名称。但在会计实务中，通常是先设置会计科目，再依据会计科目设置会计账户，从这个角度看，会计科目是会计要素进一步分类的具体体现。归纳起来，会计账户和会计科目的联系表现在：会计账户和会计科目都是按照相同的经济内容设置的，会计账户是根据会计科目开设的，会计科目是会计账户的名称，会计科目所规定反映的经济内容，就是会计账户所要核算的内容。会计科目和会计账户在有关账页中的有机结合，构成了会计账簿的统一体，正因为如此，在实际工作中，会计账户和会计科目经常互相通用，不作严格区分。二者的区别在于：首先，会计科目是会计制度规定的，是为了统一各会计主体的核算内容、口径和核算方法而规定的，是对特定经济项目赋予的称谓；会计账户则是各会计主体按照会计科目开设在账簿中的，具有一定结构，用以记录某一经济项目增减变动及其结存情况的载体。其次，会计科目由国家统一制定，并在会计制度中以科目的形式列示，只是一个抽象概括的项目名称，不构成会计核算的方法。与会计科目相比，会计账户有着更为丰富的内容，会计账户的设置构成了会计核算的专门方法之一。

在我国目前实行统一会计制度的前提下，会计科目由国家财政部门统一制定，企业根据会计科目设置会计账户。

三、会计账户的基本结构

由于经济业务所引起的各项会计要素的变动，从数量上看，不外乎是增加和减少两种情况。此外，用来分类记录经济业务的会计账户，在结构上也相应地分为两个基本部分，用以分别记录各项会计要素增加和减少的数额。会计账户与会计科目的重要区别在于，会计账户不仅有标准的名称，还有一定的结构。会计账户的一般结构，即每一个账户所记载的内容主要包括以下内容。

（1）会计账户的名称，即会计科目。

（2）日期，即经济业务发生的时间。

（3）记账凭证的号数，说明会计账户记录的依据。

（4）摘要，概括说明经济业务的内容。

（5）增加和减少的金额。

会计账户的一般结构见表 4-4。

表 4-4　会计账户的一般结构

| 年 | | 凭证 | | 摘要 | 左方 | 右方 | 余额 |
月	日	字	号				

会计账户左方、右方记录的主要内容是增加额和减少额；增减相抵后的差额，称为账户的余额。如果将本期的期末余额转入下期，就是下一期的期初余额。因此，在每个账户中所记录的金额，一共有四种：期初余额、增加额、减少额和期末余额。作为会计对象的会计要素，随着经济业务的发生，不断产生数量上的增减变动，在一定会计期间内（如月份、季度、年度）发生的增加额或减少额的合计，就叫作本期增加额或本期减少额。它们之间的关系如下式所示：

$$期末余额 = 期初余额 + 本期增加额 - 本期减少额$$

在教学中，为了方便演示账户的结构，一般截取账户中最重要的部分，用简化的形式表示，如图 4-1 所示。

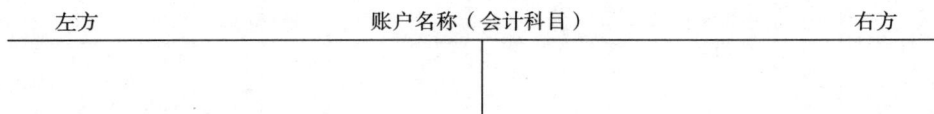

左方　　　　　　　　　　账户名称（会计科目）　　　　　　　　　　右方

图 4-1　账户结构的简化形式

在西方会计中，由于这种格式非常像英文字母 T，所以称为 T 形账户。

四、会计账户的运用

【例 4-6】　投资者投入银行存款 100 000 元。这项经济业务的发生所涉及的会计科目是

"银行存款"和"实收资本"。这项经济业务应设置"银行存款"和"实收资本"账户，如图 4-2 所示。

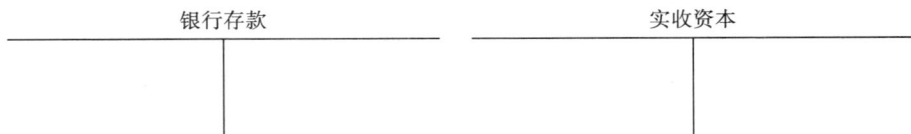

图 4-2 "银行存款"和"实收资本"账户

【例 4-7】 用银行存款 300 000 元归还短期借款。这项经济业务的发生所涉及的会计科目是"短期借款"和"银行存款"，这项经济业务应设置"短期借款"和"银行存款"账户，如图 4-3 所示。

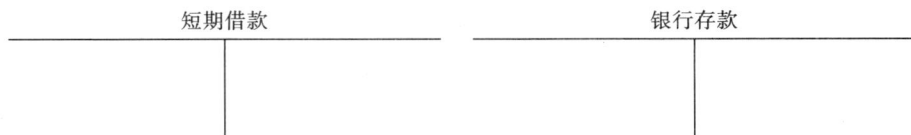

图 4-3 "短期借款"和"银行存款"账户

【例 4-8】 用银行存款 10 000 元购买机器设备。这项经济业务的发生所涉及的会计科目是"固定资产"和"银行存款"，这项经济业务应设置"固定资产"和"银行存款"账户，如图 4-4 所示。

图 4-4 "固定资产"和"银行存款"账户

【例 4-9】 向银行借入短期借款 10 000 元直接偿还应付账款。这项经济业务的发生所涉及的会计科目是"应付账款"和"短期借款"，这项经济业务应设置"应付账款"和"短期借款"账户，如图 4-5 所示。

图 4-5 "应付账款"和"短期借款"账户

【例 4-10】 购买原材料 600 000 元，用银行存款支付 400 000 元，其余货款暂欠。这项经济业务的发生涉及原材料的增加、银行存款的减少和企业负债的增加，因此，应设置"原材料""银行存款""应付账款"三个账户，如图 4-6 所示。

原材料	银行存款	应付账款

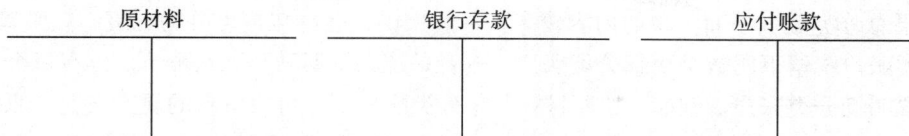

图 4-6 "原材料""银行存款""应付账款"账户

五、会计账户的分类

会计账户是根据会计科目在账簿中开设的记账单元。每个会计账户只能记录特定的经济业务的某一方面，而企业全部资金运动的增减变动情况，必须通过在账簿中设置许多会计账户来综合反映。但是会计账户之间不是相互孤立的，它们之间必然存在着互为条件、相互依存的关系，也就是会计账户之间存在着某种共性。账户的整体集合构成了一个完整的有机整体。会计账户的分类就是在了解会计账户特性的基础上，研究会计账户体系中各会计账户之间存在的共性，进一步探明各个会计账户在整个账户体系中的地位和作用，以便加深对会计账户的认识，更好地运用会计账户对企业的经济业务进行反映。

按不同的标准对会计账户进行分类，可以从不同的角度认识会计账户。会计账户的分类标准一般有按提供信息的详细程度分类、按经济内容分类、按经济用途和结构分类等。

（一）按提供信息详细程度分类

企业经营管理所需要的会计核算资料是多方面的，不仅要求会计核算能够提供一些总括的指标，而且要求会计核算能够提供一些详细的指标。为了满足各方面的需要，就要对会计账户作进一步划分，形成不同层次的会计账户，提供各类经济活动的详细资料。

会计账户按其提供信息的详细程度不同，可以分为总分类账户和明细分类账户两大类。

▶ 1. 总分类账户

总分类账户亦称总账账户或一级账户，它是对会计要素的具体内容进行总括分类的会计账户，是进行总分类核算的依据，所提供的是总括指标或信息，因而一般只用货币计量。如"银行存款""原材料""应付账款""固定资产"等都是总分类账户。在我国，为了保证会计核算指标口径规范一致，并具有可比性，总分类账户的名称、核算内容及使用方法通常是由财政部统一制定，以会计制度的形式颁布实施，每一个企业都要根据本企业业务的特点和统一制定的账户名称，设置若干个总分类账户。

▶ 2. 明细分类账户

明细分类账户也称明细账账户，是对总分类账户核算内容再作进一步详细分类的会计账户，它提供详细的信息。因而，明细分类账户除用货币计量外，有的还用实物计量（吨、千克、件、台等）。例如，"应付账款"总分类账户下，再按具体单位分设明细分类账户，具体反映应付哪个单位的货款；"原材料"总分类账户下，再按材料名称分设明细分类账户，具体反映库存的是哪种材料等。在实际工作中，除少数总分类账户，如"累计折旧""所得税费用"总分类账户不必设置明细分类账户外，大多数总分类账户都需设置明细分类账户。明细分类账户所提供的明细核算资料主要是满足企业内部经营管理的需要，各单位经济业务的具体内容不同，经营管理水平不一致，明细分类账户的名称、核算内容及使用方法也不能统一规定。因此，大多数明细分类账户都由各单位根据实际情况和需要自行设置。

如果总分类账户下面反映的内容较多，一般来讲，会计账户可分为二级、三级等层次，即总分类账户统辖下属数个明细分类账户，或者是统辖下属数个二级账户，再在每个二级账户下设置明细分类账户。例如，"原材料"总分类账户下，可按材料的类别设置"原料及主要材料""辅助材料""燃料"等二级账户，再在"原料及主要材料"二级账户下设置"钢材""生铁""木材"等三级账户。会计账户按其提供信息的详细程度分类示例如表4-5所示。

研究会计账户按提供信息详细程度分类，目的在于把握不同层次账户提供核算指标的规律性，以便准确地运用各级账户，提供全方位的核算指标，满足不同的信息需要。

表 4-5　会计账户按其提供信息详细程度分类示例

总分类账户（一级账户）	明细分类账户	
	二级账户（子目）	三级账户（细目）
原材料	原料及主要材料	钢材
		生铁
		木材
		……
	辅助材料	油漆
		防锈剂
		……
	燃料	汽油
		柴油
		……
……	……	……

（二）按经济内容分类

会计账户的经济内容是指会计账户所核算和监督的会计对象的具体内容。会计账户之间最本质的差别在于反映经济内容的不同，按会计账户的经济内容进行分类，便于准确区分每个会计账户的经济性质，便于从会计账户中取得需要的核算指标，因而会计账户的经济内容是账户分类的基础。

按账户经济内容可分为资产类、负债类、所有者权益类、收益类、成本类和费用损失类六大类。

► 1. 资产类账户

资产类账户是核算企业各种资产增减变动及其余额的账户。按照资产的流动性和经营管理核算的需要，资产类账户又分为流动资产账户和非流动资产账户两类。反映流动资产账户的有"库存现金""银行存款""应收账款""应收票据""其他应收款""原材料""库存商品"等账户；反映非流动资产账户的有"长期股权投资""固定资产""累计折旧""无形资产""长期待摊费用"等账户。资产类账户的特点是一般都有期末余额，且期末余额在会计账户的借方。

► 2. 负债类账户

负债类账户是核算企业各种负债增减变动及其余额的账户。按照负债的流动性，负债类账户可分为流动负债账户和非流动负债账户两类。反映流动负债账户的有"短期借款""应付账款""预收账款""应付票据""其他应付款""应付职工薪酬""应交税费""应付股利""其他综合收益"等账户；反映非流动负债账户的有"长期借款""应付债券""长期应付款"等会计账户。负债类账户的特点是一般都有期末余额，且期末余额在会计账户的贷方。

▶ 3. 所有者权益类账户

所有者权益类账户是核算企业所有者权益增减变动及其余额的账户。按照所有者权益的来源和构成，所有者权益类账户又可分为反映所有者投入资本的账户、反映经营积累的账户和所有者权益其他来源类账户。反映所有者投入资本的账户有"实收资本"等账户；反映经营积累的账户有"本年利润""利润分配""盈余公积"等账户；所有者权益其他来源类账户有"资本公积""其他综合收益"等账户。所有者权益类账户的特点是一般都有期末余额，且期末余额在会计账户的贷方。

▶ 4. 收益类账户

收益类账户是核算企业一定时期经营活动和非经营活动所取得的各种经济利益的账户。按照收益与企业经营活动是否有关，收益类账户可分为经营收益账户和非经营收益账户。反映经营收益的账户有"主营业务收入"等账户；反映非经营收益的账户有"投资收益"等账户。收益类账户的特点是期末无余额。

▶ 5. 成本类账户

成本类账户是归集企业某成本计算对象在一定时期所发生的各项耗费，并计算该对象成本的账户。按照成本计算对象不同，成本类账户可分为：计算物资采购成本的账户，如"在途物资"账户；计算产品生产成本的账户，如"生产成本""制造费用"账户；计算工程成本的账户，如"在建工程"账户。成本类账户的特点是借方归集成本项目，期末一般无余额，若有余额，表示本过程尚未结束累计发生的费用数额，此时，该类账户也具有资产的性质。

▶ 6. 费用损失类账户

费用损失类账户是核算企业在一定时期内发生不计入成本的各项费用及损失的账户。反映经营费用账户的有"销售费用""管理费用""财务费用""税金及附加""主营业务成本""所得税费用"等账户；反映损失账户的有"资产减值损失"等账户。费用损失类账户的特点是期末无余额。

按会计账户经济内容分类建立的账户体系如图4-7所示。

（三）按经济用途和结构分类

所谓会计账户的经济用途是指会计账户的记录能够提供哪些核算指标，开设会计账户的目的是什么。会计账户的结构是指在会计账户中怎样记录经济业务，以取得必要的核算指标。在借贷记账法下，会计账户的结构就是会计账户的借方登记什么、贷方登记什么，期末余额在哪一方，具体表示什么内容。

在借贷记账法下，会计账户按经济用途和结构分类，一般可分为盘存账户、资本账户、结算账户、集合汇转账户、跨期摊配账户、成本计算账户、计价对比账户、财务成果账户、调整账户九类。

```
                                            ┌ 库存现金
                                            │ 银行存款
                                            │ 应收账款
                              ┌ 流动资产账户┤ 其他应收款
                              │             │ 原材料
                              │             │ 库存商品
                 ┌ 资产类账户 ┤             └ 预付账款
                 │            │             ┌ 固定资产
                 │            └ 非流动资产账户┤ 累计折旧
                 │                          └ 无形资产
                 │                          ┌ 短期借款
                 │                          │ 应付账款
                 │            ┌ 流动负债账户 ┤ 预收账款
                 │            │             │ 应付职工薪酬
                 ├ 负债类账户 ┤             └ 应交税费
                 │            │             ┌ 长期借款
                 │            └ 非流动负债账户┤ 应付债券
                 │                          └
                 │                          ┌ 实收资本
                 │            ┌ 资本公积
   会计账户 ─────┤ 所有者权益类账户┤ 本年利润
                 │            └ 盈余公积
                 │            ┌ 主营业务收入
                 ├ 收益类账户 ┤ 投资收益
                 │            ┌ 生产成本
                 ├ 成本类账户 ┤ 制造费用
                 │            ┌ 销售费用
                 │            │ 管理费用
                 └ 费用损失类账户┤ 财务费用
                              │ 税金及附加
                              └ 资产减值损失
```

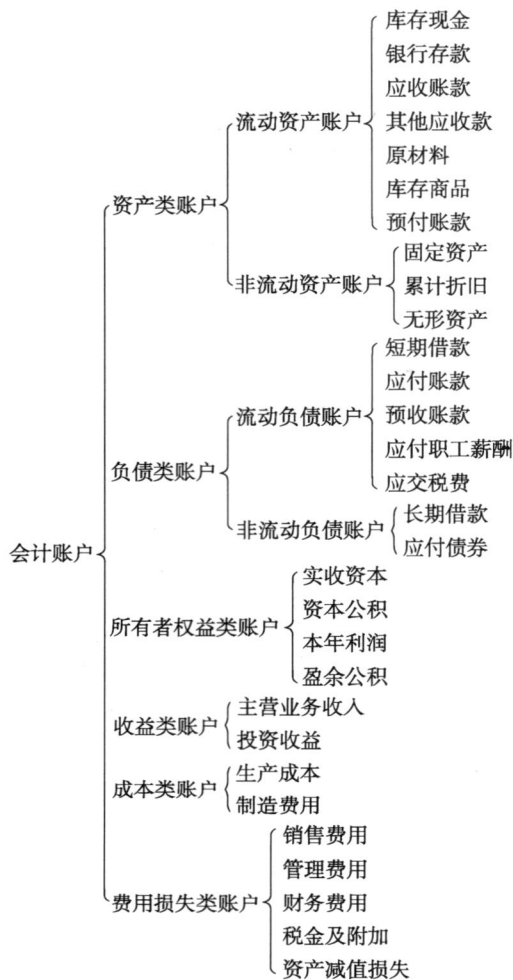

图 4-7   按会计账户经济内容分类建立的账户体系

▶ 1. 盘存账户

盘存账户是用来核算和监督各项财产物资和货币资金增减变动及其实有数的账户。这类账户的借方登记各种财产物资或货币资金的收入或增加数；贷方登记其支出或减少数；这类账户的期末余额总是在借方，表示各项财产物资和货币资金的结存额。盘存账户的结构如图 4-8 所示。

借方	盘存账户	贷方
期初余额：期初财产物资或货币资金的结存额		
发生额：本期财产物资或货币资金的增加额	发生额：本期财产物资或货币资金减少额	
期末余额：期末财产物资或货币资金的结存额		

图 4-8   盘存账户的结构

属于盘存账户的有"原材料""库存商品""固定资产""库存现金""银行存款"等。这类账户均可以通过财产清查的方法，如实地盘存法、核对账目法等，检查实存的财产物资及其在经营管理上存在的问题。这类账户除"库存现金"账户外，其实物明细账可以提供实物和价值两种指标。

▶ 2. 资本账户

资本账户是用来核算和监督企业从外部各种渠道取得的投资、增加的资本以及从内部形成的积累的增减变化及其实有情况的账户。这类账户的贷方登记各项投资和积累的增加数或形成数；借方登记各项投资和积累的减少数或支用数。这类账户的期末余额一般在贷方，表示各项投资和积累的结存数额；若没有余额或其余额在借方，在股份制企业形式下，表示投资者的权益已降至零。资本账户的结构如图 4-9 所示。

借方	资本账户	贷方
	期初余额：期初资本和公积金实有额	
发生额：本期资本和公积金的减少额	发生额：本期资本和公积金的增加额	
	期末余额：期末资本和公积金实有额	

图 4-9　资本账户的结构

属于资本账户的有"实收资本""资本公积""盈余公积"等。这类账户的总分类账户及其明细分类账户只提供价值指标。

▶ 3. 结算账户

结算账户是用来核算和监督企业与其他单位和个人之间发生的结算关系而产生的应收、应付款项的账户。由于结算账户的性质和内容不同，结算账户按其性质和内容可分为债权结算账户、债务结算账户和债权债务结算账户三类，各类结算账户又具有不同的经济用途和结构。

（1）债权结算账户。债权结算账户也称"资产结算账户"，是用来核算和监督企业与其他债务单位或个人之间发生的各种应收及预付款项的账户。

这类账户的借方登记债权的增加数；贷方登记债权的减少数；期末余额在借方，表示期末企业已取得尚未收回的债权的实有数。债权结算账户的结构如图 4-10 所示。属于债权结算账户的有"应收账款""其他应收款""预付账款"等。

借方	债权结算账户	贷方
期初余额：期初尚未收回的应收款项或预付款项		
发生额：本期应收款项或预付款项的增加额	发生额：本期应收款项或预付款项的减少额	
期末余额：期末尚未收回的应收款项或未结算的预付款项		

图 4-10　债权结算账户的结构

（2）债务结算账户。债务结算账户也称负债结算账户，是用来核算和监督企业与其他债权单位或个人之间发生的应付账款及预收款项的账户。这类账户的贷方登记债务的增加数；借方登记债务的减少数；期末余额在贷方，表示期末企业尚未偿还的债务的实有数。债务结算账户的结构如图 4-11 所示。属于债务结算账户的有"应付账款""预收账款""应付职工薪酬""其他应付款""短期借款""应交税费"等。

借方	债务结算账户	贷方
	期初余额：期初尚未支付应付款项、未结算的预收款项或结欠的借入款项	
发生额：本期应付款项、预收款项或借入款项的减少额	发生额：本期应付款项或预收款项或借入款项的增加额	
	期末余额：期末尚未支付应付款项、预收款项或尚未支付的借入款项	

图 4-11　债务结算账户的结构

（3）债权债务结算账户。债权债务结算账户也称资产负债结算账户，是用来核算和监督企业与其他单位或个人之间发生的债权债务往来结算业务的账户。在实际工作中，与企业经常发生结算业务的往来单位，有时是企业的债权人，有时是企业的债务人。为了集中反映企业同其他单位或个人所发生的债权债务的往来结算情况，可以在一个账户中核算应收账款、应付账款的增减变动和余额。这类账户的借方登记债权的增加数和债务的减少数；贷方登记债务的增加数和债权的减少数；这类账户的期末余额可能在借方，也可能在贷方。若期末余额在借方，表示债权大于债务的差额；若期末余额在贷方，表示债务大于债权的差额。债权债务结算账户的结构如图 4-12 所示。

借方	债权债务结算账户	贷方
期初余额：期初债权大于债务的差额		期初余额：期初债务大于债权的差额
发生额：本期债权增加额或本期债务减少额		发生额：本期债务的增加额或债权的减少额
期末余额：期末债权大于债务的差额		期末余额：期末债务大于债权的差额

图 4-12　债权债务结算账户的结构

企业为了简化核算工作，对于预收款项业务不多的企业，可不单独设置"预收账款"账户，而直接通过"应收账款"账户同时反映企业销售商品或提供劳务的应收和预收的款项，此时，"应收账款"账户就是债权债务结算账户；对于预付款项不多的企业，可不单独设置"预付账款"账户，而直接通过"应付账款"账户同时反映企业购买商品或接受劳务的应付和预付的款项，此时，"应付账款"账户就是债权债务结算账户。当企业不设置"其他应收款""其他应付款"账户，而将其他应收、应付的款项集中通过"其他往来"账户核算时，"其他往来"账户就是一个债权债务结算账户。债权债务结算账户需根据账户余额的方向判断其账户的性质，期末余额在借方时说明是债权结算账户，期末余额在贷方时说明是债务结算账户。

▶ **4. 集合汇转账户**

集合汇转账户是用来归集企业在某个会计期间的收入和费用，并如期结转的账户。这类账户按照归集的性质和经济内容，可分为收入集合汇转账户和费用集合汇转账户两类。

（1）收入集合汇转账户。收入集合汇转账户是用来归集、分配、结转企业在经营过程中可取得的各项收入的账户。这类账户的贷方登记一定期间发生的收入数，借方登记收入的减少数或期末转入"本年利润"账户的数额。由于当期实现的全部收入都要在期末转入"本年利润"账户，所以该账户期末无余额。该账户的结构如图 4-13 所示。属于收入集合汇转账户的有"主营业务收入"等。收入集合汇转账户应设置总分类账户和明细分类账户进行核算。该账户只提供核算的价值指标。

借方	收入集合汇转账户	贷方
发生额：收入的减少款，结转到本年利润账户的数额		发生额：归集本期内各项收入的发生额

图 4-13 收入集合汇转账户的结构

（2）费用集合汇转账户。费用集合汇转账户是用来归集和分配结转企业在经营过程中发生的费用的账户。这类账户的借方登记一定期间费用支出的增加数，贷方登记费用支出的减少数或期末转入"本年利润"账户的数额。由于当期发生的全部费用支出都要在期末转入"本年利润"账户，所以该账户期末无余额。费用集合汇转账户的结构如图 4-14 所示。属于费用集合汇转账户的有"制造费用""主营业务成本""销售费用""管理费用""财务费用"等。费用集合汇转账户应设置总分类账户和明细分类账户进行核算，该账户只提供核算的价值指标。

借方	费用集合汇转账户	贷方
发生额：归集本期内各项费用支出的数额		发生额：冲减的费用，结转本年利润账户的数额

图 4-14 费用集合汇转账户的结构

▶ 5. 跨期摊配账户

跨期摊配账户是用来核算和监督应由若干个会计期间共同负担的费用，并将这些费用分摊到各个相应的会计期间的账户。在企业的生产经营过程中，有些费用在某个会计期间支付，但应由几个会计期间共同负担，以正确计算各个会计期间的损益。按权责发生制原则，为严格划分费用的归属期，合理地将费用分摊到各个会计期间，需要设置跨期摊配账户。跨期摊配账户主要有"长期待摊费用"账户。"长期待摊费用"账户属于资产类账户，其借方登记费用的实际支出数，贷方登记各会计期间负担的费用的摊配数。"长期待摊费用"账户的期末余额在借方，表示已支付而尚未摊销的长期待摊费用数额。跨期摊配账户只提供价值指标。跨期摊配账户的结构如图 4-15 所示。

借方	跨期摊配账户	贷方
期初余额：期初已支付而尚未摊销的长期待摊费用数额		
发生额：本期费用的支出额		发生额：本期费用的摊销数额
期末余额：已支付而尚未摊销的长期待摊费用数额		期末余额：已预提而尚未支付预提费用数额

图 4-15 跨期摊配账户的结构

▶ 6. 成本计算账户

成本计算账户是用来核算和监督企业经营过程中某一阶段所发生的全部费用，并借以确定该阶段各成本计算对象实际成本的账户。这类账户的借方登记应计入特定成本对象的全部费用；贷方登记转出已完成某个阶段成本计算对象的实际成本。期末余额在借方，表示尚未完成某个阶段成本计算对象的实际成本。成本计算账户的结构如图 4-16 所示。属于成本计算账户的有"在途物资""生产成本"账户等。这类账户除设置总分类账户外，还应按照各个成本对象和成本项目分别设置多栏式分类账，进行明细分类核算。成本计算账户既提供实物指标，又提供价值指标。

借方	成本计算账户	贷方
期初余额：期初尚未完成某个经营阶段的成本计算对象的实际成本 发生额：经营期发生的应由成本计算对象承担的全部费用	发生额：结转已完成某个经营阶段的成本计算对象的实际成本	
期末余额：期末完成该阶段的成本计算对象的实际成本		

图 4-16　成本计算账户的结构

▶ 7. 计价对比账户

计价对比账户是用来对某一阶段某项经济业务按照两种不同的计价标准进行对比，借以确定其业务成果的账户。原材料按计划成本进行日常核算的企业所设置的"材料采购"账户就属于计价对比账户。这类账户的借方登记购入材料物资的实际成本及入库材料结转"材料成本差异"的节约差异；贷方登记入库材料的计划成本及入库材料结转至"材料成本差异"的超支差异；期末余额在借方，表示已采购而尚未入库的在途物资的实际成本，即期末通过借贷双方两种计价对比，可以确定材料采购的成果。计价对比账户的结构（以材料采购为例）如图 4-17 所示。计价对比账户的特点是借贷双方的计价标准不一致，期末确定成果转出后，其借方余额反映的是剔除了计价差异后的按借方计价方式计价的资产价格。

借方	计价对比账户	贷方
期初余额：未入库材料的实际成本 发生额：本期末入库材料的实际成本及转入材料成本差异账户贷方的实际成本小于计划成本的节约数	发生额：入库材料的计划成本及转入材料成本差异账户借方的实际成本大于计划成本的超支数	
期末余额：已采购而尚未入库材料（在途物资）的实际成本		

图 4-17　计价对比账户的结构

▶ 8. 财务成果账户

财务成果账户是用来计算并确定企业在一定时期（月份、季度或年度）内全部经营活动最终成果的账户。这类账户的贷方登记一定期间发生的各项收入数，借方汇集一定期间发生的与收入相配比的各项费用数；期末，若为贷方余额，表示收入大于费用的差额，为企业实现的利润净额；若为借方余额，表示费用大于收入的差额，为企业实现的亏损总额。财务成果账户的结构如图 4-18 所示。属于财务成果账户的有"本年利润"。这类账户只反映企业在 1 年内财务成果的形成，平时（1—11 月）的余额为本年的利润净额或亏损总额，年终结转后，无余额。财务成果只提供价值指标。

借方	财务成果账户	贷方
发生额：转入的各项费用		发生额：转入的各项收入
期末余额：实现的亏损总额		期末余额：实现的利润净额

图 4-18　财务成果账户的结构

▶ 9. 调整账户

调整账户是用以调整有关账户的原始数额而设置的账户。在会计核算中，某些类别的经济业务需要设置两个账户，提供两种数据资料。

其中一个账户记录和反映该类的原始数额，另一个账户记录和反映对该类原始数额进行的调整，将记录原始数额的账户与记录调整数额的账户相加（或相减）就可求得该类业务的实际余额。记录和反映原始数额的账户称为被调整账户；记录和反映对原始数额进行调整的账户称为调整账户。

调整账户一方面是对某一特定经济业务数额增减变动的单独反映，有其独立意义；另一方面与被调整账户相结合，反映新的经济内容，又具有新的意义。

调整账户按其不同的调整方式可分为抵减账户、附加账户和抵减附加账户三种。

（1）抵减账户。抵减账户亦称备抵账户，是用来抵减被调整账户的余额，以求得被调整账户实际余额的账户，其调整方式可用以下公式表示：

被调整账户余额 − 抵减账户余额 = 被调整账户实际余额

由于抵减账户是对被调整账户的抵减，因此，被调整账户的余额方向与抵减账户的余额方向必定相反。如果被调整账户的余额在借方（或贷方），抵减账户的余额一定在贷方（或借方）。

按照被调整账户性质，抵减账户又可分为资产抵减账户和权益抵减账户两类。

①资产抵减账户。资产抵减账户是用来抵减某一资产账户的余额，以求得该资产账户实际余额的账户。如"累计折旧"账户就是"固定资产"账户的抵减账户。"固定资产"账户的账面余额（原始价值）与"累计折旧"账户的账面余额相抵减，可以取得有关固定资产耗损方面的数据，其差额就是固定资产现有的实际价值（净值）。通过对比分析，可以了解固定资产的新旧程度、资产占用状况和生产能力。资产抵减账户与被抵减资产账户的关系及结构如图 4-19 所示。

借方	资产抵减账户	贷方	借方	被抵减资产账户	贷方
		余额：资产的抵减数额			余额：资产的原始数额

图 4-19　资产抵减账户与被抵减资产账户的关系及结构

其调整方式可用公式表示为

资产原始数额 − 资产抵减数额 = 该项资产的实际数额

②权益抵减账户。权益抵减账户是用来抵减某一权益的余额，以求得该权益账户实际余额的账户，如"利润分配"账户就是用来抵减"本年利润"账户的权益抵减账户。权益抵减账户与被抵减权益账户的关系及结构如图 4-20 所示。

借方	权益抵减账户	贷方	借方	被抵减权益账户	贷方
余额:权益的抵减数额				余额:权益的原始数额	

图 4-20　权益抵减账户与被抵减权益账户的关系及结构

其调整方式可用公式表示为

权益的原始数额 − 权益的抵减数额 ＝ 该项权益的实际数额

（2）附加账户。附加账户是用来增加被调整账户的余额，以求得被调整账户实际余额的账户。其调整方式可用以下公式表示：

被调整账户余额 ＋ 附加账户余额 ＝ 被调整账户的实际余额

附加账户与被调整账户的方向是相同的，如果被调整账户的余额在借方（或贷方），则附加账户的余额一定在借方（或贷方）。附加账户与被调整账户的附加方式及结构如图 4-21 所示。

借方	附加账户	贷方	借方	被调整附加账户	贷方
余额:某项业务的调整数额				余额：某项业务的原始数额	

图 4-21　附加账户与被调整附加账户的附加方式及结构

在实际工作中，很少设置单纯的附加账户。

（3）抵减附加账户。抵减附加账户也称备抵附加账户，是既可以抵减又可用来增加被调整账户的余额，以求得被调整账户实际余额的账户，是兼有抵减账户和附加账户两种功能的调整账户。当其余额与被调整账户的余额方向相反时，该类账户起抵减账户的作用，其调整方式与抵减账户相同；当其余额与被调整账户余额方向相同时，该类账户起附加账户的作用，其调整方式与附加账户相同。如"材料成本差异"就是"原材料"账户的抵减附加调整账户。应当指出的是调整账户不能离开被调整账户而单独存在，有调整账户就一定有被调整账户。

拓展阅读

"账" 与 "帐" 的奥妙

会计账簿是会计信息的重要组成部分，是编制会计报表等会计工作以及审计工作的依据。追溯"账"的历史，可以发现，"账"里大有奥妙。相信很多同学都对"账"与"帐"两个字有点分不清，并且有时会在早期的一些报纸、书刊上看到"帐簿"这样的字眼，其中的"帐"字与我们现在使用的"账"字有所不同。那么，这两个字到底有什么联系呢？

在古代，人们一开始并未将"账"或"帐"同会计联系起来，账簿在不同时代有不同的称呼。账簿在商朝被称为"册"，在西周被称为"籍"或者"籍书"，在战国时期更名为"簿书"，到了西汉又被称为"簿"。会计史学家郭道扬先生在《中国会计史稿》中介绍了"帐"字被运用到会计领域的两种起源：一是源自官府，古时高官出外巡游时会沿路设住宿用的帷帐，又称"供帐"，登记供帐内财务收支的簿书就被称为"簿帐"或"帐"，登记供帐内的经济事项被称为"记帐"；二是源自民间，古时店铺销售货物，为了保证财务的私密性就会在店内悬挂布帘作为"帐帘"，帘前用来卖货，帘后用来登记货物和钱财收支，帘后的地方便被称为"帐房"，记录工作便称为"记帐"。到近代，汉语中最初对银钱财物出入的记载使用的就是"帐"字。在 1983 年中国社会科学院语言研究所词典编辑室编辑的《现代汉语词典》中，"帐"字第 2 义项即为"关于货币、货物出入的记载"，"账"字则没有单独的释义。到了 1994 年，《现代汉语词典》才赋予"账"字含义，即关于货币、货物出入的记载。而"帐"仍然有两层意义，一是多以布、纱或绸子制成的挂在床上或支在地上用来遮蔽的帷幕；二是同"账"字。

不仅"账"字的由来较为复杂，我国的会计结算方法也经历过多次变革，据史料记载，三柱结算法是我国较早的一种账目记载方法，产生于西周时期，其基本结算公式为：入－出＝余［或收－付（支）＝余］。到了唐代中期，四柱结算法逐渐流行，主要的会计元素包括"旧管""新收""开除"和"实在"，结算的基本公式为旧管＋新收－开除＝实在，用现代会计语言来说，即：期初余额＋本期增加额－本期减少额＝期末余额。用四柱结算法进行结算的会计记录被称为"四柱清册"。明末清初时，一位名为"富山"的商人（一说为学者傅山）对"四柱清册"记账方法加以创新，设计出更适用于民间商业的"龙门账"。龙门账的主要会计元素包括进、缴、存、该，即全部收入、全部支出、资产（包括债权）、负债与资本，四个元素的关系为：进－缴＝存－该。民间商业在年终办理结算时，就可以通过"进"与"缴"或"存"与"该"的差额平行反映盈亏，差额为正则为盈，差额为负则为亏。富山将这种通过双轨计算盈亏，并检查账目平衡关系的会计方法形象地称为"合龙门"，"龙门账法"因此而得名。"龙门账法"的诞生标志着我国复式记账的开始，"龙门账法"是我国会计发展史上具有划时代意义的一种复式记账方法。

可见，我国有着悠久的会计文化，中国会计的发展历史凝结着我国人民的智慧。我国会计的不断发展也体现了我国人民不断创新与探索的精神。《中华人民共和国会计法》第十六条规定："各单位发生的各项经济业务事项应当在依法设置的会计账簿上统一登记、核算，不得违反本法和国家统一的会计制度的规定私设会计账簿登记、核算。"在公司经营管理中应依法依规记录好每笔账，开好每一份发票。完整准确申报税收，确保财务资料的真实完整。

复习思考

1. 什么是会计科目？设置会计科目应遵循哪些原则？
2. 会计科目的编号有什么作用？
3. 什么是会计账户？设置会计账户的意义是什么？
4. 会计科目与会计账户的关系如何？
5. 会计账户的基本结构是什么？

在线自测

自学自测　　扫描此码

实 战 演 练

实训一：

（一）实训目的：分析会计账户的名称及其所归属的会计要素。

（二）实训资料：

大森公司 2019 年 6 月 30 日有关财务内容如下：

1. 由出纳人员保管的款项 500 元；

2. 存放在银行里的款项 140 000 元；

3. 向银行借入 6 个月的款项 180 000 元；

4. 仓库中存放的材料 380 000 元；

5. 仓库中存放的已完工产品 60 000 元；

6. 正在加工的在产品 75 000 元；

7. 向银行借入 1 年以上期限的借款 720 000 元；

8. 房屋及建筑物 2 400 000 元；

9. 所有者投入的资本 2 360 000 元；

10. 机器设备 750 000 元；

11. 应收外单位的货款 125 000 元；

12. 应付外单位的材料款 120 000 元；

13. 以前年度积累的未分配利润 220 000 元；

14. 应交的税金 60 000 元；

15. 采购员预借的差旅费 4 500 元；

16. 本月实现的利润 140 000 元；

17. 运输部门运货用的卡车 80 000 元；

18. 专利权一项 220 000 元；

19. 提取的职工福利费 100 000 元；

20. 客户预付的购货款 15 000 元；

21. 已宣告发放但尚未支付的现金股利 200 000 元；

22. 以前年度提取的盈余公积 120 000 元。

（三）实训要求：

1. 判断以上各财务事项的会计账户名称及所属的会计要素，并将其填入表 4-6 中。

表 4-6　会计要素及会计账户名称归属表　　　　　　　　　　单位：元

序号	项目	会计账户名称	会计要素		
			资产	负债	所有者权益
1 2 3 ⋮					

2. 计算该公司的资产总额、负债总额和所有者权益总额。

实训二：

（一）实训目的：通过练习认识调整账户与被调整账户的关系。

（二）实训资料：

绿野公司 2019 年 8 月 31 日有关账户余额情况："固定资产"账户借方余额 4 000 000 元，"累计折旧"账户贷方余额 160 000 元，"原材料"账户借方余额 15 000 元，"材料成本差异"账户借方余额 2 000 元。

（三）实训要求：

1. 计算该公司 8 月末的固定资产账面净值，并说明"累计折旧"账户与"固定资产"账户的关系。

2. 计算该公司 8 月末原材料的实际成本，并说明"材料成本差异"账户与"原材料"账户的关系。

5 第五章
Chapter 5 复式记账法

>>> **知识目标**

理解记账方法的种类和单式记账法的特点；熟悉借贷记账法的借贷原则和试算平衡的方法。

>>> **技能目标**

能够应用记账规则对经济业务编制会计分录；能够应用试算平衡的方法编制账户的发生额和余额试算平衡表。

引导案例

王老板经营一家超市，经过几年的努力，生意做得风生水起。为了扩大超市的规模，王老板加盟了"中央红"超市连锁品牌，引进银联卡、信用卡、支付宝等支付方式，大大提升了结算的效率，同时也吸引了更多年轻的消费群体。然而，随着超市收入的日益增长，王老板遇到了一个难题：每天闭店结算时，无法准确区分账目上的收入哪些是现金收入，哪些是银行存款收入，更无法确定现金是否与账上的数额相对应。于是，王老板找来了从事会计工作的老同学李刚来帮忙解决这个难题。王老板向李刚介绍说："超市的每笔收入业务都认真登记，为什么一到结算时就混乱不清呢？"李刚看了看账目，笑着说："这个问题不难解决，这是你采用了不恰当的记账方法导致的，只要你将单式记账法更换成复式记账法，你的难题就迎刃而解了！"王老板听了这话，半信半疑道："我以往也是这么记账的，也没有出现大的问题啊？而且，只采用复式记账法就能解决我的难题吗？"

问题： 李刚的建议真能帮助王老板解决他遇到的难题吗？

第一节 复式记账原理

在会计工作中，为了有效地反映和监督会计对象，各会计主体除了要按照规定的会计科目设置账户外，还应采用一定的记账方法。所谓记账方法，是指按照一定的规则，使用一定的符号，在账户中登记各种经济业务的技术方法。会计上的记账方法，最初是单式记账法，但随着社会经济的不断发展和人们的实践总结，单式记账法无法充分、准确地表达经济事项，从而产生了复式记账法。

一、单式记账法

单式记账法是指对发生的每一项经济业务，除了有关债权债务的现金收付业务以外，只在一个账户中进行记录的记账方法。例如，用银行存款 50 000 元购买原材料，在单式记账法下，只在"银行存款"账户中记录减少 50 000 元，而对原材料的收入业务不在账户中记录。又如，企业以现金支付办公费用 650 元，在单式记账法下，仅在"现金"账户中记录减少 650 元，至于费用的发生情况则不予反映。

单式记账法是一种比较简单、不完整的记账方法。它的优点在于记账程序比较简单，但由于其账户设置是不完整的，各个账户之间又互不联系，所以无法全面地反映经济业务的来龙去脉，也不能正确核算成本和盈亏，更不便于检查账户记录的正确性。这种记账方法只适用于经济业务很简单或很单一的经济个体和家庭。

二、复式记账法

▶ 1. 复式记账法的定义

复式记账法是指对每一项经济业务，都要用相等的金额，在两个或两个以上相互联系的账户中进行记录的记账方法。如用银行存款 50 000 元购买原材料，这笔业务在采用复式记账时，不仅要记录"银行存款"减少 50 000 元，同时还要记录"原材料"增加 50 000 元，这样就可以完整地反映整个经济业务的来龙去脉。

▶ 2. 复式记账法的优点

与单式记账法相比，复式记账法有以下两个明显的优点。

（1）复式记账法比单式记账法更有效、更完整地反映了经济业务的全貌。

（2）复式记账法是对每一项经济业务都以相等的金额，分别在相互联系的对应账户中进行登记，从而在账户之间形成一种数字上的对应平衡关系。如果记账发生错误，这种平衡将被打破，因此可以通过试算平衡的方法来检查账户记录的正确性，这一点也是单式记账法所不具备的。

▶ 3. 复式记账法的记账基础

复式记账法的对象是会计要素的增减变动过程及其结果。这个过程及结果可用公式表示为：资产 = 负债 + 所有者权益。这一恒等式揭示了以下三个方面的基本内容。

（1）会计主体各要素之间的数字平衡关系。一般来说，有一定数量的资产，就必然有相应数量的权益（负债和所有者权益）与之相对应，任何经济业务所引起的要素增减变动，都不会影响这个等式的恒等关系。如果把等式分为左、右两方，就是说每一次记账的左方和右方是平衡的；一定时期账户的左方和右方的金额是平衡的；所有账户的左方和右方余额的合计数是平衡的。

（2）各会计要素增减变化的相互联系。任何经济业务都会引起两个或两个以上相关会计科目发生金额变动，因此，当经济业务发生后，在一个账户中记录的同时必然要有另一个或两个以上账户的记录与之相对应。

（3）等式有关因素之间是对立统一的。资产在等式的左边，当想移到等式右边时，就要以负号表示；负债和所有者权益也具有同样的情况。这也就是说，当用左边表示资产类项目的增加时，就要用右边来记录资产类项目的减少。与之相反，当用右方记录负债和所有者权益增加额时，就需要通过左方来记录负债和所有者权益的减少额。

这三个方面的内容贯穿于复式记账法的始终。因此，会计恒等式是复式记账法的理论基础。

▶ 4. 复式记账法的作用

通过以上分析不难看出，复式记账法就是利用会计等式的平衡原理来记录经济业务，其主要作用体现在以下几个方面。

（1）复式记账法能够把所有的经济业务相互联系地、全面地记入有关账户中，从而使账户能够全面、系统地核算和监督经济活动的过程和结果，能够提供经营管理所需要的经济数据和信息。

（2）复式记账法对每笔会计分录都是相互对应地反映每项经济业务所引起资金运动的来龙去脉，因此，应用复式记账原理记录各项经济业务，可以通过账户之间的相互对应关系了解经济业务的内容，检查经济业务是否合理、合法。

（3）根据复式记账结果必然相等的平衡关系，通过全部账户记录的试算平衡，可以检查账户记录有无差错。

综上所述，复式记账法是一种科学的记账方法。目前，这种方法在世界范围内得到了广泛的应用。不过，各国在具体运用的过程中做法不尽相同，从而形成了不同的复式记账方法。我国使用过的复式记账方法主要有借贷记账法、收付记账法和增减记账法三种。目前，国际上普遍采用的复式记账方法是借贷记账法，我国企业会计准则也规定使用借贷记账法。

第二节　　借贷记账法

一、借贷记账法的产生

借贷记账法是以"借"和"贷"作为记账符号的一种复式记账方法。这种记账方法最早起源于 13 世纪的意大利。当时，意大利沿海城市的商品经济特别是海上贸易由于新航路的开辟有了很大的发展，因此，为了在商品交换中适应借贷资本和商业资本的需要，逐步形成了这种记账方法。

"借方"和"贷方"最初是从货币经营者的角度来解释说明的。货币经营者为反映与债权人和债务人的关系，就在账上分两个方向进行登记：对于收进的存款或借入的款项，记在贷主（creditor）名下，叫作贷方，表示自身债务的增加，其减少或还款则反向记入左方（借方）；对于贷出的款项或付出的放款，则记在借主（debtor）名下，叫作借方，表示自身债权的增加，其减少或还款则反向记入右方（贷方）。可见，"借方"和"贷方"分别是指借主和贷主，表示人与人之间的借贷关系，反映债权债务的变化情况，由此而产生的借方与贷方的概念便十分明确了。

随着商品经济的发展，借贷记账法逐渐被推广应用到各行各业，这时所要记录的经济业务内容不仅有货币资金的借贷，而且还包括非货币资金的增减变化情况。对于增加的记账内容采用比照债权人、债务人往来的办法进行处理(即理论上的"拟人说")：凡是占用了企业的钱或物的事项，记入这些钱或物事项的借方；凡是企业占用了别人的钱或物的事项，则记入这些事项的贷方。它们的减少也都作反向处理。但随着记账内容的扩大，"借方"和"贷方"已无法概括所记载的复杂经济内容，只能离开本来的字面含义，从而转化为纯粹的记账增加与减少的符号，成为会计学科上的专业术语。

二、借贷记账法的内容

▶ 1. 借贷记账法的记账符号

记账符号是会计核算中采用的一种抽象标记，表示经济业务的增减变动和记账方向。

借贷记账法以"借"和"贷"作为记账符号，分别表示会计账户的左方和右方，借方用来登记资产和费用的增加数，以及负债、所有者权益和收入的减少数；贷方则用来登记资产和费用的减少数，以及负债、所有者权益和收入的增加数。"借"表示记入账户的借方，"贷"表示记入账户的贷方。

▶ 2. 借贷记账法的账户结构

在借贷记账法中，任何账户都分为借、贷两方，账户的左方称为"借方"，账户的右方称为"贷方"。在会计记账过程中，对于每一个会计账户来说，如果借方用来登记增加额，则贷方就用来登记减少额；如果借方用来登记减少额，则贷方就用来登记增加额。在一个会计期间内，借方登记的合计数称为借方发生额；贷方登记的合计数称为贷方发生额。那么，究竟用哪一方来登记增加额，用哪一方来登记减少额呢？这要根据各个账户所反映的经济内容及属性来决定。

（1）资产类账户结构。由于借贷记账法"借"在左方，"贷"在右方，因此，可确定会计要素平衡等式的左边借方记录资产增加；反之，其减少就一律登记在贷方。其结构如图 5-1 所示。

借方	资产类账户	贷方
期初余额 A		
增加额 a	减少额 c	
增加额 b	减少额 d	
本期增加发生额：$a+b$	本期减少发生额：$c+d$	
期末余额：$(A+a+b)-(c+d)$		

图 5-1 资产类账户结构

该账户的发生额和余额之间的关系用公式可表示为

资产类账户期末余额 = 借方期初余额 + 本期借方发生额 - 本期贷方发生额

（2）负债及所有者权益类账户结构（见图 5-2）。由于负债及所有者权益与资产分别处于等式的两边，为了保持会计恒等式的平衡，等式右边贷方记录负债、所有者权益和收入的增加；反之，其减少一律登记在借方。

借方	负债及所有者权益类账户	贷方
	期初余额 A	
减少额 c	增加额 a	
减少额 d	增加额 b	
本期减少发生额：$c+d$	本期增加发生额：$a+b$	
	期末余额：$(A+a+b)-(c+d)$	

图 5-2　负债及所有者权益类账户结构

该账户的发生额和余额之间的关系用公式可表示为

负债及所有者权益类账户期末余额 = 贷方期初余额 +

本期贷方发生额 - 本期借方发生额

（3）费用成本类账户结构（见图 5-3）。企业在生产经营过程中要用到各种耗费，就会有费用成本发生，在费用成本抵消收入以前，可以将其看作一种资产。同时费用成本与资产同处于等式的左方，因此，其结构与资产类账户的结构基本相同，只是由于借方记录的费用成本的增加额一般都要通过贷方转出，所以账户通常没有期末余额。如果因某种情况有余额，也表现为借方余额。

借方	费用成本类账户	贷方
增加额 a	减少额 c	
增加额 b	转出额：$a+b-c$	
本期增加发生额：$a+b$	本期减少及转出发生额：$a+b$	
	期末余额：0	

图 5-3　费用成本类账户结构

（4）收入类账户结构（见图 5-4）。收入类账户的结构与负债及所有者权益账户的结构一样，收入的增加额记入账户的贷方，收入转出（减少额）则应记入账户的借方。由于贷方记录的收入增加额一般要通过借方转出，所以该类账户通常也没有期末余额。

借方	收入类账户	贷方
减少额 c	增加额 a	
转出额：$a+b-c$	增加额 b	
本期减少及转出发生额：$a+b$	本期增加发生额：$a+b$	
	期末余额：0	

图 5-4　收入类账户结构

综上所述，"借""贷"二字作为记账符号所表示的经济含义是不一样的，借贷记账法下各类账户的结构如表 5-1 所示。

表 5-1　借贷记账法下各类账户的结构

账户类别	账户借方	账户贷方	余额方向
资产类账户	增加	减少	一般在借方
负债、所有者权益类账户	减少	增加	一般在贷方

续表

账户类别	账户借方	账户贷方	余额方向
费用成本类账户	增加	减少	期末一般无余额
收入类账户	减少	增加	期末一般无余额

▶ 3. 借贷记账法的记账规则

借贷记账法的记账规则是：有借必有贷，借贷必相等。即把一笔经济业务发生的金额记入一个（或几个）账户借方的同时，还必须记入另一个（或几个）账户的贷方；反之，当有贷方发生额记入一个（或几个）账户时，也必须同时记入另一个（或几个）账户的借方；记入账户借方的金额与记入账户贷方的金额必须相等。

▶ 4. 账户的对应关系和对应账户

在运用借贷记账法进行核算时，一笔业务所涉及的几个账户之间必然存在着某种相互依存的对应关系，这种关系称为账户对应关系。存在对应关系的账户称为对应账户。例如，用现金 500 元购买原材料，就要在"原材料"账户的借方和"库存现金"账户的贷方同时进行记录。这样"原材料"与"库存现金"账户之间就发生了对应关系，两个账户也就成了对应账户。掌握账户的对应关系十分重要，通过账户的对应关系可以了解经济业务的内容，检查对经济业务的处理是否合理合法。又如，投资者向企业汇入存款作投资。企业资产增加，记入"银行存款"账户的借方，同时因为是投资者的投资，企业所有者权益增加，记入"实收资本"账户的贷方。这样"银行存款"账户与"实收资本"账户之间就形成了应借、应贷的关系，即账户的对应关系。只要看到这种账户借贷的对应关系，就可知是投资者以存款作投资。

▶ 5. 借贷记账法下的会计分录

在借贷记账法下，会计分录是指标明某项经济业务应借、应贷方向，科目名称和金额的记录（会计分录 = 借贷方向 + 科目 + 金额）。它是账务处理的一种重要手段。在实务中，会计分录是通过编制记账凭证确定的。

编制会计分录的格式，一般是先借后贷、上借下贷或左借右贷。非凭证的书写格式举例如下。

【例 5-1】 股东交付全新机器设备（原价 80 000 元）作投资。

借：固定资产   80 000

    贷：股本   80 000

【例 5-2】 购入原材料 79 000 元，开出支票 60 000 元，余款未付（不考虑增值税）。

借：原材料   79 000

    贷：银行存款   60 000

        应付账款   19 000

【例 5-3】 收到他人所欠货款 50 000 元，其中，现金 18 000 元，支票一张 32 000 元。

借：库存现金   18 000

        银行存款   32 000

    贷：应收账款   50 000

【例 5-4】 以现金 2 000 元和支票 7 000 元，在一家公司购入原材料 9 000 元（这里不考虑增值税问题）。

借：原材料   9 000
  贷：库存现金   2 000
     银行存款   7 000

根据账户对应关系的不同，会计分录可分为简单分录与复合分录两种。只涉及两个账户的会计分录，即"一借一贷"，就是简单分录，如例 5-1 的账户对应关系。

凡涉及两个及以上账户的会计分录就是复合分录。一般情况下，复合分录中有以下三种对应关系。

（1）"一借多贷"，如例 5-2 的账户对应关系。

（2）"多借一贷"，如例 5-3 的账户对应关系。

（3）"多借多贷"，如例 5-4 的账户对应关系。

"多借多贷"对应关系中总的借方金额与总的贷方金额虽然相等，但如果将几笔经济业务的处理合并作一个分录，则对应关系不明确，有违可理解性原则。因此，"多借多贷"的会计分录只能是在一笔经济业务里客观存在复杂关系时才能（需要）编制，不允许将几笔经济业务合并编制多借多贷的会计分录。

► 6. 借贷记账法的试算平衡

所谓借贷记账法的试算平衡，是指根据会计等式的平衡原理，按照记账规则的要求，通过汇总、计算、比较，来检查会计账户记录的正确性和完整性的一种方法。换言之，试算平衡是根据会计恒等式"资产＝负债＋所有者权益"及借贷记账法的记账规则，通过汇总、检查和验算确定所有账户记录是否正确的过程。

其基本表达公式为

借方账户发生额合计＝贷方账户发生额合计

其具体表达公式为

全部账户的期初借方余额合计＝全部账户的期初贷方余额合计

全部账户的本期借方发生额合计＝全部账户的本期贷方发生额合计

全部账户的期末借方余额合计＝全部账户的期末贷方余额合计

上述三方面试算平衡时，说明记账工作基本是正确的；否则，说明记账有错误。因此，借贷记账法的试算平衡也是一种常用的查账方法。

下面举例说明记账与试算平衡的基本步骤，在例中将直接给出会计分录，分析过程则留给读者自己思考。

【例 5-5】 甲公司 201×年 8 月 31 日总分类账户余额如表 5-2 所示。

201×年 9 月甲公司又发生如下经济业务：

①接受某投资者投资，将一张面额为 600 000 元的转账支票存入银行；

②从银行中提取现金 8 000 元；

表 5-2　甲公司 201×年 8 月 31 日总分类账户余额　　　　单位：元

资产类账户		负债及所有者权益类账户	
现金	5 000	短期借款	200 000
银行存款	200 000	应付账款	185 000
应收账款	150 000	实收资本	200 000
原材料	50 000	固定资产	180 000
合计	585 000	合计	585 000

③购买原材料——甲原材料 3 000 元，原材料已入库，货款尚未支付；

④购买原材料——乙原材料 5 000 元，原材料已入库，货款已付；

⑤将 5 000 元现金存入银行；

⑥用现金 2 000 元支付差旅费借款；

⑦用银行存款 3 000 元归还前欠货款。

第一步，编制上述经济业务的会计分录如下：

①借：银行存款   600 000

    贷：实收资本   600 000

②借：库存现金   8 000

    贷：银行存款   8 000

③借：原材料——甲材料   3 000

    贷：应付账款   3 000

④借：原材料——乙材料   5 000

    贷：银行存款   5 000

⑤借：银行存款   5 000

    贷：库存现金   5 000

⑥借：其他应收款   2 000

    贷：库存现金   2 000

⑦借：应付账款   3 000

    贷：银行存款   3 000

第二步，将上述会计分录登记到账簿中，此过程称为过账（以下账簿用 T 形账户表示），如图 5-5～图 5-10 所示。

借方		库存现金		贷方
期初余额	5 000	⑤	5 000	
②	8 000	⑥	2 000	
本期增加发生额：8 000		本期减少发生额：7 000		
期末余额：6 000				

图 5-5　库存现金 T 形账户

借方		银行存款		贷方
期初余额	200 000			
①	600 000	②	8 000	
⑤	5 000	④	5 000	
		⑦	3 000	
本期增加发生额：605 000		本期减少发生额：16 000		
期末余额：789 000				

图 5-6　银行存款 T 形账户

借方		原材料		贷方
期初余额	50 000			
③	3 000			
④	5 000			
本期增加发生额：8 000			本期减少发生额：0	
期末余额：58 000				

图 5-7　原材料 T 形账户

借方		其他应收款		贷方
期初余额				
⑥	2 000			
本期增加发生额：2 000			本期减少发生额：0	
期末余额：2 000				

图 5-8　其他应收款 T 形账户

借方		应付账款		贷方
		期初余额	185 000	
⑦	3 000	③	3 000	
本期减少发生额：3 000		本期增加发生额：3 000		
		期末余额：188 000		

图 5-9　应付账款 T 形账户

借方		实收资本		贷方
		期初余额	200 000	
		①	600 000	
本期减少发生额：0		本期增加发生额：600 000		
		期末余额：800 000		

图 5-10　实收资本 T 形账户

　　第三步，编制试算平衡表。将上述总分类账中的本期发生额和期末余额填写到如表 5-3 所示的试算平衡表中。

表 5-3　甲公司总分类账试算平衡表

202×年 9 月 　　　　　　　　　　　　　　　　　　　　　　　　　　　　　　　　　　单位：元

会计科目	期初余额		本期发生额		期末余额	
	借　方	贷　方	借　方	贷　方	借　方	贷　方
库存现金	5 000		8 000	7 000	6 000	
银行存款	200 000		605 000	16 000	789 000	
应收账款	150 000				150 000	
其他应收款			2 000		2 000	
原材料	50 000		8 000		58 000	
固定资产	180 000				180 000	

续表

会计科目	期初余额		本期发生额		期末余额	
	借　方	贷　方	借　方	贷　方	借　方	贷　方
短期借款		200 000				200 000
应付账款		185 000	3 000	3 000		188 000
实收资本		200 000		600 000		800 000
合计	585 000	585 000	626 000	626 000	1 185 000	1 188 000

从表 5-3 中可以看到，甲公司各账户期初借方、贷方余额合计均为 585 000 元；本期借方、贷方发生额合计均为 626 000 元；期末借方、贷方余额合计均为 1 185 000 元，各自保持平衡。如果不等，就说明账户记录有误，应认真查明更正。当然，平衡并不能保证记账一定正确，若重复记账或会计科目使用错误，结果也可能试算平衡。

第三节　　总分类账户和明细分类账户

一、总分类账户与明细分类账户的关系

在会计核算工作中，为了适应经济管理上的需要，对于一切经济业务都要在有关账户中进行登记，既要提供总括的核算资料，又要提供详细的核算资料。各会计主体日常使用的账户，按提供资料的详细程度不同，可以分为总分类账户和明细分类账户两种。

总分类账户是按照总分类科目设置，仅以货币计量单位进行登记，用来提供核算资料的账户。通过总分类账户提供的各种总括核算资料，可以概括地了解一个会计主体各项资产、负债及所有者权益等会计要素增减变动的情况和结果。但是，总分类账户并不能提供关于各项会计要素增减变动过程及其结果的详细资料，也就难以满足经济管理上的需要。因此，各会计主体在设置总分类账户的同时，还应根据实际需要，在某些总分类账户的统驭下，分别设置若干明细分类账户。

明细分类账户是按照明细分类科目设置，用来提供详细核算资料的账户。例如，为了具体了解各种材料的收、发、结存情况，就有必要在"原材料"总分类账户下，按照材料的品种分别设置明细分类账户。又如，为了具体了解企业与各往来单位之间的货款结算情况，就应在"应付账款"总分类账户下，按各债权单位的名称分别设置明细分类账户。

总分类账户与所属的明细分类账户核算的经济业务相同，只是提供的数据资料的详细程度不同。总分类账户对明细分类账户起统驭作用，是对明细分类账户的综合；明细分类账户从属于总分类账户，对总分类账户起辅助和补充说明的作用。总分类账户采用货币计量单位登记，明细分类账户除采用货币计量外，有些还采用实物计量单位登记。总分类账户和明细分类账户相互联系，相互配合，共同为企业管理者和外部投资者、债权人提供略有区别的会计信息。

二、总分类账户与明细分类账户的平行登记

所谓平行登记，就是对需要明细核算的每一项经济业务，既要记入有关的总分类账户，又要记入其所属的明细分类账户。

平行登记的要点包括以下三个方面。

（1）同时登记，就是对于每项经济业务，既要记入有关的总分类账户，又要记入其所属的明细分类账户。

（2）方向相同，就是对于同一项经济业务，记入总分类账户和记入所属明细分类账户的方向相同。若总分类账户记借方，则所属明细分类账户也记借方；若总分类账户记贷方，则所属明细分类账户也记贷方。

（3）金额相等，就是对于同一项经济业务，记入总分类账户的金额与记入所属明细分类账户的金额之和相等。

【例 5-6】 A 公司 202×年 4 月份"原材料"和"应付账款"账户的期初余额如下。

"原材料"总分类账户期初余额 5 000 元。其中：甲材料 300 千克，单价 10 元，金额 3 000元；乙材料 1 000 件，单价 2 元，金额 2 000 元。

"应付账款"总分类账户期初余额 8 000 元。其中：红星工厂 6 000 元；南平工厂 2 000 元。

A 公司 4 月份发生下列经济业务：

①3 日，向红星工厂购入甲材料 100 千克，单价 10 元，货款 1 000 元，尚未支付。

②12 日，仓库发出甲材料 200 千克，单价 10 元，金额 2 000 元；发出乙材料 700 件，单价 2 元，金额 1 400 元，用于 A 产品生产。

③20 日，用银行存款 6 000 元偿还前欠红星工厂货款 4 000 元，偿还南平工厂 2 000 元。

④23 日，向南平工厂购入乙材料 750 件，单价 2 元，货款 1 500 元，尚未支付。

根据上述资料进行平行登记，具体步骤如下。

第一步，开设"原材料"和"应付账款"总分类账户及所属明细分类账户，并登记期初余额，如表 5-4～表 5-9 所示。

第二步，编制如下会计分录：

①借：原材料——甲材料		1 000
贷：应付账款——红星工厂		1 000
②借：生产成本——A 产品		3 400
贷：原材料——甲材料		2 000
——乙材料		1 400
③借：应付账款——红星工厂		4 000
——南平工厂		2 000
贷：银行存款		6 000
④借：原材料——乙材料		1 500
贷：应付账款——南平工厂		1 500

第三步，根据会计分录平行登记总分类账户和所属明细分类账户，并计算各账户的本期发生额和期末余额。登记结果如表 5-4～表 5-9 所示。

表 5-4　原材料总分类账户

会计科目：原材料　　　　　　　　　　　　　　　　　　　　　　　　　　单位：元

202×年		凭证号	摘要	借方	贷方	借或贷	余额
月	日						
4	1	—	月初余额			借	5 000

续表

202×年 月	202×年 日	凭证号	摘要	借方	贷方	借或贷	余额
	3	①	购进	1 000		借	6 000
	12	②	生产领用		3 400	借	2 600
	23	④	购进	1 500		借	4 100
	30		本月合计	2 500	3 400	借	4 100

表 5-5 原材料明细分类账户（一）

明细科目：甲材料

202×年 月	202×年 日	凭证号	摘要	单价/元	收入 数量/千克	收入 余额/元	发出 数量/千克	发出 余额/元	结存 数量/千克	结存 余额/元
4	1		月初余额	10					300	3 000
	3	①	购进	10	100	1 000			400	4 000
	12	②	生产领用	10			200	2 000	200	2 000
	30		本月合计		100	1 000	200	2 000	200	2 000

表 5-6 原材料明细分类账户（二）

明细科目：乙材料

202×年 月	202×年 日	凭证号	摘要	单价/元	收入 数量/千克	收入 余额/元	发出 数量/千克	发出 余额/元	结存 数量/千克	结存 余额/元
4	1		月初余额	2					1 000	2 000
	12	②	生产领用	2			700	1 400	300	600
	23	④	购进	2	750	1 500			1 050	2 100
	30		本月合计		750	1 500	700	1 400	1 000	2 100

表 5-7 应付账款总分类账户

会计科目：应付账款　　　　　　　　　　　　　　　　　　　　　　　　　　单位：元

202×年 月	202×年 日	凭证号	摘要	借方	贷方	借或贷	余额
4	1		月初余额			贷	8 000
	3	①	欠货款		1 000	贷	9 000
	20	③	归还欠款	6 000		贷	3 000
	23	④	欠货款		1 500	贷	4 500
	30		本月合计	6 000	2 500	贷	4 500

表 5-8 应付账款明细分类账户（一）

明细科目：红星工厂　　　　　　　　　　　　　　　　　　　　　　　　　　单位：元

202×年 月	202×年 日	凭证号	摘要	借方	贷方	借或贷	余额
4	1		月初余额			贷	6 000
	3	①	欠货款		1 000	贷	7 000

续表

202×年		凭证号	摘要	借方	贷方	借或贷	余额
月	日						
	20	③	归还欠款	4 000		贷	3 000
	30		本月合计	4 000	1 000	贷	3 000

表 5-9　应付账款明细分类账户（二）

明细科目：南平工厂　　　　　　　　　　　　　　　　　　　　单位：元

202×年		凭证号	摘要	借方	贷方	借或贷	余额
月	日						
4	1		月初余额			贷	2 000
	20	③	归还欠款	2 000		贷	0
	23	④	欠货款		1 500	贷	1 500
	30		本月合计	2 000	1 500	贷	1 500

　　月末，为了检验总分类账户与明细分类账户平行登记是否相符，应根据明细分类账户的本期及期末核算资料，编制明细分类账户本期发生额及余额表，并与总分类账户核对，进行试算平衡，如表 5-10 和表 5-11 所示。

　　平行登记结果应存在以下等式关系：

　　（1）总分类账户期初余额＝所属明细分类账户期初余额之和；

　　（2）总分类账户本期借（或贷）方发生额＝所属明细分类账户本期借（或贷）方发生额之和；

　　（3）总分类账户期末余额＝所属明细分类账户期末余额之和。

表 5-10　原材料明细分类账户本期发生额及余额表　　　　单位：元

明细分类账户	计量单位	单价	月初余额		本期发生额				月末余额	
			数量	金额	收入		发出		数量	金额
					数量	金额	数量	金额		
甲材料	千克	10	300	3 000	100	1 000	200	2 000	200	2 000
乙材料	件	2	1 000	2 000	750	1 500	700	1 400	1 050	2 100
合计				5 000		2 500		3 400		4 100

表 5-11　应付账款明细分类账户本期发生额及余额表　　　　单位：元

明细分类账户	月初余额		本期发生额		月末余额	
	借方	贷方	借方	贷方	借方	贷方
红星工厂		6 000	4 000	1 000		3 000
南平工厂		2 000	2 000	1 500		1 500
合计		8 000	6 000	2 500		4 500

拓展阅读

尊重自然规律，保持平衡很重要

我国记账采用复式记账法中的借贷记账法。在借贷记账法下，如果资产增加，那么负债或所有者权益也会增加；利润增加，意味着收入增加或者费用减少。会计等式就好比能量守恒定律。根据会计等式，会计要素不会凭空产生或消失，它只会从一种形式转化为另一种形式。因此，会计人员在会计工作中要注意各个会计要素之间的平衡。一如中国古代哲学经典《易经》所言，阴阳平衡是生命保持活力的根本，世间万物均有阴阳两面，阴阳之间变化无穷，但阴阳永远平衡。这既是自然规律，也是会计法则。企业过度负债，则很可能会使资金链断裂，陷入债务危机；企业非流动资产过多，则变现能力会降低，难以应对需要大量资金的突发状况；企业的费用过多，则很可能表明企业结构复杂、存在浪费现象等。企业应根据业务特点，使不同会计要素在总资产中占据合理的比重，以保持平衡。

复 习 思 考

1. 什么是复式记账？其理论依据是什么？
2. 什么是借贷记账法？如何理解"借""贷"二字的含义？
3. 借贷记账法中各类账户的结构是怎样的？
4. 借贷记账法的记账规则有哪些？
5. 总分类账户与明细分类账户的关系是怎样的？如何进行二者的平行登记？

在 线 自 测

自学自测　　扫描此码

实 战 演 练

实训一：

（一）实训目的：练习借贷记账法。

（二）实训资料：

202×年10月，A企业发生以下经济业务：

1. 从银行提取现金 50 000 元，以备发放工资；

2. 购进原材料一批，价值 8 000 元，款项尚未支付；

3. 以银行存款 40 000 元购入机器设备一台；

4. 接受 B 公司投入资本 200 000 元，存入银行；

5. 从银行借入期限为一年的借款 100 000 元，存入银行；

6. 以银行存款 45 000 元购入一项专利权；

7. 车间领用原材料 3 800 元，用于甲产品的生产；

8. 以银行存款 6 000 元偿还前欠的购货款；

9. 以银行存款 1 200 元预付下年度的报纸、杂志费；

10. 以银行存款 7 000 元支付应付投资者的利润。

（三）实训要求：根据上述资料编制会计分录。

实训二：

（一）实训目的：认识各类账户期初余额、本期发生额和期末余额之间的关系。

（二）实训资料：A 企业各类账户期初余额、本期发生额和期末余额如表 5-12 所示。

表 5-12　A 企业各类账户期初余额、本期发生额和期末余额　　　单位：元

账户名称	期初余额	本期借方发生额	本期贷方发生额	期末余额
应收账款	18 000	56 000	43 800	？
短期借款	50 000	？	40 000	60 000
盈余公积	40 000	25 000	？	48 300
原材料	60 000	？	127 600	85 000
固定资产	？	87 360	102 000	1 521 000
生产成本	？	234 200	218 700	65 000
应付账款	7 900	？	45 600	4 300
应交税费	12 300	54 600	？	25 000
主营业务收入	？	？	65 400	？
管理费用	？	12 650	？	？

（三）实训要求：根据各类账户期初余额、本期发生额和期末余额之间的关系，将表 5-12 中的"？"填齐。

实训三：

（一）实训目的：练习用借贷记账法编制会计分录；练习用 T 形账户登记期初余额、本期发生额、期末余额；练习编制总分类账户试算平衡表。

（二）实训资料：A 企业 202× 年 9 月期初相关账户余额如表 5-13 所示。

表 5-13　A 企业 202× 年 9 月期初相关账户余额　　　单位：元

账户名称	金额	账户名称	金额
库存现金	47 000	短期借款	5 000 000
银行存款	12 500 000	应付账款	2 600 000
应收账款	6 320 000	应付职工薪酬	500 000

账户名称	金额	账户名称	金额
原材料	8 290 000	应交税费	120 000
生产成本	6 120 000	长期借款	20 000 000
库存商品	7 450 000	实收资本	50 000 000
固定资产	45 000 000	盈余公积	7 507 000
资产总计	85 727 000	负债及所有者权益合计	85 727 000

A 企业 202×年 9 月发生以下经济业务：

1. 接受投资者投入资本 20 000 000 元，存入银行；

2. 经批准，将盈余公积 4 500 000 元转增为资本金；

3. 以银行存款缴纳前欠税款 120 000 元；

4. 以银行存款支付广告费 50 000 元；

5. 以银行存款 1 000 000 元购买机器设备，交付使用；

6. 以银行存款偿还到期的短期借款 1 000 000 元；

7. 收到 B 企业前欠销货款 2 400 000 元，存入银行；

8. 销售业务员张某预借差旅费 15 000 元；

9. 将 20 000 元现金存入银行；

10. 以银行存款支付职工工资 500 000 元。

（三）实训要求：

1. 根据上述资料，编制会计分录。

2. 开设 T 形账户，登记期初余额和本期发生额，并计算期末余额。

3. 编制总分类账户的试算平衡表。

第六章
Chapter 6

工业企业主要经营过程的核算

>>> **知识目标**

熟悉工业企业经营活动的基本流程及资金在企业经营活动过程中的循环过程；掌握供应过程、生产过程、销售过程、利润形成及分配过程的会计核算方法；掌握主要会计账户的设置和使用方法。

>>> **技能目标**

能够对供应过程、生产过程、销售过程、利润形成及分配过程等主要环节业务进行会计处理；能够正确设置和使用企业会计系统的主要会计账户。

引导案例

华兴机械厂是一家生产机械零部件的中型制造企业，某月发生以下典型业务：企业购入20吨钢材（总价70 000元），支付增值税9 100元；生产车间领用15吨钢材（52 500元）投入零部件制造，并支付工人工资35 000元及车间管理人员工资8 000元；当月销售零部件500件（每件单价200元），实现收入100 000元，同时结转销售成本60 000元（每件成本120元）；最终计算得出营业利润25 000元，并计提所得税6 250元。

问题：假设你是华兴机械厂的会计人员，你认为对于企业经营过程中的采购、生产、销售这三个环节，哪个环节的数据变化会直接影响最终利润？为什么？

第一节　工业企业主要经营过程核算概述

一、工业企业主要经营过程核算的意义

工业企业是按照社会主义市场经济体制的要求面向市场、独立核算、自负盈亏、自我积累、自我发展的产品制造企业。在我国，工业企业的基本任务是努力增加产品产量，提高产品质量，扩大花色品种，满足市场需求，加强企业管理，进行技术改造，减少活劳动和物化

劳动耗费，降低成本，增加盈利，提高经济效益，为发展社会主义市场经济积累更多的资金。为了完成上述任务，工业企业必须以经济效益为中心，做好各方面工作，增强自我改造和自我发展能力；能够正确组织经营过程核算工作，利用会计资料，加强会计管理，规范企业生产经营行为；能够及时、正确地提供反映实际生产经营过程情况的数量指标和质量指标。

二、工业企业主要经营业务的内容

工业企业为了进行生产经营活动，必须拥有一定数量的财产物资，在生产过程中财产物资的货币表现就是资金。随着生产经营活动的正常进行，资金以货币资金—储备资金—生产资金—成品资金—货币资金的形式不断循环运动。工业企业的主要经营业务包括下述几个方面。

▶ 1. 资金筹集过程

企业筹集到的资金最初一般表现为货币资金形态，也可以说，货币资金形态是资金运动的起点。

▶ 2. 供应过程

企业筹集到的资金首先进入供应过程。供应过程是企业产品生产的准备过程，在这个过程中，企业用货币资金购买所需机器设备等劳动资料形成固定资产，购买原材料等劳动对象形成储备资金，为生产产品做好物资上的准备，货币资金由此分别转化为固定资产形态和储备资金形态。由于固定资产一旦购买完成将供企业长期使用，因而供应过程的主要核算内容是用货币资金（或形成结算债务）购买原材料的业务，包括支付材料价款和税款、发生采购费用、计算采购成本、材料验收入库结转成本等，完成了供应过程的核算内容，为生产产品做好各项充分准备后，便进入生产过程。

▶ 3. 生产过程

生产过程是工业企业经营过程的中心环节。在生产过程中，劳动者借助劳动资料对劳动对象进行加工，生产出各种各样适销对路的产品，以满足社会的需要。生产过程既是产品的制造过程，又是物化劳动和活劳动的耗费过程，即费用、成本的发生过程。从消耗或加工对象的实物形态及其变化过程来看，原材料等劳动对象通过加工形成在产品，随着生产过程的不断进行，在产品终究要转化为产成品；从价值形态来看，生产过程中发生的各种耗费，形成企业的生产费用，具体而言，为生产产品要耗费材料形成材料费用，耗费活劳动形成工资及福利等费用，使用厂房、机器设备等劳动资料形成折旧费等，生产过程中发生的这些生产费用总和构成了产品的生产成本（或称制造成本）。其资金形态从固定资产、储备资金和一部分货币资金形态转化为生产资金形态，随着生产过程的不断进行，产成品生产出来并验收入库之后，其资金形态又转化为成品资金形态。可见，生产费用的发生、归集和分配，以及完工产品生产成本的计算等就构成了生产过程核算的基本内容。

▶ 4. 销售过程

销售过程是产品价值的实现过程。在销售过程中，企业通过销售产品，并按照销售价格与购买单位办理各种款项的结算，收回货款，从而使得成品资金形态转化为货币资金形态，回到了资金运动的起点状态，完成了一次资金的循环。另外，销售过程中还要发生诸如包装、广告等销售费用，计算并及时缴纳各种销售税金，结转销售成本，这些都属于销售过程的核算内容。

▶ 5. 利润形成及分配过程

对于工业企业而言，生产并销售产品是其主要的经营业务即主营业务，但不是其全部业务。除主营业务之外，工业企业还要发生一些其他诸如销售材料、出租固定资产等业务；在对外投资活动过程中还会产生投资损益，在非营业活动中产生营业外收支净额等。这些业务内容综合在一起，就形成了工业企业会计核算的全部内容。企业在生产经营过程中所获得的各项收入遵循配比原则抵偿了各项成本、费用之后的差额，便形成企业的所得即利润。企业实现的利润，一部分要以所得税的形式上交国家，形成国家的财政收入；另一部分即税后利润，则要按照规定的程序在各有关方面进行合理的分配。如果发生了亏损，还要按照规定的程序进行弥补。通过利润分配，一部分资金要退出企业，另一部分资金要以公积金等形式继续参与企业的资金周转。

第二节　　资金筹集过程的核算

一、资金筹集的主要内容及方式

对于任何一个企业而言，资金来源主要有两条渠道：一是投资者的投资及其增值，形成投资者的权益，该部分业务可以称为权益资金筹集业务；二是债权人借入的资金，形成债权人的权益，该部分业务可以称为负债资金筹集业务。投资者投入的资金称为所有者权益，也称为自有资金（或权益资本），这部分资本的所有者既享有企业的经营收益，也承担企业的经营风险；从债权人借入的资金称为负债，也称为借入资金（或称债务资本），这部分资本的所有者享有按约收回本金和利息的权利。在会计上，一般将债权人的要求权和投资者的要求权统称为权益。但是，这两种权益又存在着一定的区别，即二者性质不同、是否需要偿还和偿还期限不同、享受的权利不同、对象不同。企业的所有者权益是与投资者的投资行为相伴而生的，企业的所有者对企业的生产经营活动承担着最终的风险，同时，也享有最终的权益。

二、资金筹集过程设置的主要账户

▶ 1. "实收资本"或"股本"账户

"实收资本"或"股本"账户属于所有者权益类账户，用以核算按照企业章程的规定，投资者投入企业的资本（股份有限公司为股本）。账户贷方登记企业实际收到投资者投入的资本金，借方登记企业按法定程序减少的注册资本。期末余额在贷方，反映投资者投入企业的资本总额。除企业将资本公积、盈余公积转作资本外，"实收资本"或"股本"数额一般情况下不能随意变动。该账户应按投资者、投资单位设置明细分类账户。

▶ 2. "资本公积"账户

"资本公积"账户属于所有者权益类账户，是用来核算企业收到投资者出资额超过其在注册资本或股本中所占份额的部分，以及直接计入所有者权益的利得和损失。该账户的贷方登记企业取得的资本公积数额；借方登记资本公积的减少数；期末余额在贷方，表示企业资本公积的实际结存数额。该账户可按资本公积的来源不同，分别以"资本溢价（或股本溢价）"

"其他资本公积"进行明细核算。

▶ 3. "短期借款"账户

"短期借款"账户属于负债类账户，用来核算企业向银行或其他金融机构借入的偿还期限在 1 年以内（含 1 年）或超过 1 年的 1 个营业周期以内的借款。该账户的贷方登记企业借入的借款；借方登记企业归还的借款。其贷方余额表示企业尚未归还的短期借款。该账户应按贷款单位和贷款种类设置明细分类账户。

▶ 4. "长期借款"账户

"长期借款"账户属于负债类账户，用来核算企业向银行或其他金融机构借入的偿还期限在 1 年以上（不含 1 年）或超过 1 年的 1 个营业周期以上的借款。该账户的贷方登记企业借入的长期借款，借方登记企业归还的长期借款。其贷方余额表示企业尚未归还的长期借款。该账户应按贷款单位和贷款种类设置明细分类账户。

▶ 5. "财务费用"账户

"财务费用"账户属于损益类账户，用来核算企业为筹集生产经营所需资金而发生的各项费用，包括银行借款的利息支出（减存款利息收入）、汇兑损益以及相关手续费、企业发生的现金折扣或收到的现金折扣等。该账户借方登记发生的各项财务费用，贷方登记冲减的财务费用和期末转入"本年利润"账户的财务费用，经结转后，该账户期末没有余额。该账户按照费用项目设置明细分类账户，进行明细分类核算。

▶ 6. "应付利息"账户

"应付利息"账户属于负债类账户，用来核算企业按照合同约定应支付的利息，包括吸收存款、分期付息到期还本的长期借款、企业债券等应支付的利息。该账户贷方登记企业按合同利率计算确定的应付未付利息；借方登记归还的利息；期末贷方余额反映企业应付未付的利息。该账户可按存款人或债权人设置明细分类账户。

三、资金筹集过程中业务的会计处理

▶ 1. 投资者投入资本的核算

投入资本，是指企业的投资者实际投入企业经营活动的各种财产物资。它反映了企业的不同所有者通过投资而投入企业的资金。按照《中华人民共和国公司法》（以下简称《公司法》）的规定，投入资本按投资主体不同，可分为国家投入资本、法人投入资本、个人投入资本、外商投入资本等。

（1）投入资本核算的内容。投资者投入的资本主要包括实收资本（或股本）和资本公积。

实收资本（或股本）是指企业投资者按照企业章程或合同、协议的约定，实际投入企业的资本金以及按照相关规定由资本公积、盈余公积转为资本的资金。

资本公积是企业收到投资者出资额超过其在注册资本或股本中所占份额的部分，以及直接计入所有者权益的利得和损失等。投资者投入企业的资本，一般情况下与企业收到的资本数额是完全相同的。但在一些特殊情况下，如溢价发行股票，投资者投入的资本数额就会大于注册资本，其差额部分就不能作为实收资本，而应作为资本公积单独核算。资本公积作为一种准资本是企业所有者权益的重要组成部分，主要用于转增资本。

（2）投入资本的确认。企业应按照企业章程、合同、协议或有关规定，根据实际收到的货币、实物及无形资产的价值来确认投入资本。

①对于以货币资金投资的，主要根据收款凭证对投入资本加以确认与验证。应以实际收到或者存入企业开户银行的金额，借记"银行存款"账户，贷记"实收资本"账户。对于外方投资者的外汇投资，应取得利润来源地外汇管理局的证明。

②对于以房屋建筑物、机器设备、材料物资等实物资产作价出资的，应以各项有关凭证为依据进行确认，并应进行实物清点、实地勘察以核实有关投资实物资产的情况。房屋建筑物应具备产权证明。企业应按投资各方确认的实物资产价值，借记有关资产账户，贷记"实收资本"账户和"资本公积"账户。

③对于以专利权、专有技术、商标权、土地使用权等无形资产作价出资的，应以各项有关凭证及文件资料作为确认与验证的依据。外方合营者出资的工业产权与专有技术，必须符合规定的条件。企业应按投资各方确认的价值，借记"无形资产"有关账户，贷记"实收资本"账户和"资本公积"账户。

（3）投入资本的会计处理。

①收到货币资金的投资。

【例 6-1】 A、B 公司共同出资设立华通有限责任公司（以下简称华通公司），注册资本为 800 000 元，A 公司出资 300 000 元，B 公司出资 500 000 元，款项已汇入华通公司账户。

借：银行存款　　　　　　　　　　　　　　　　　　　　　　　　　　　800 000
　　贷：实收资本——A 公司　　　　　　　　　　　　　　　　　　　　300 000
　　　　　　　　——B 公司　　　　　　　　　　　　　　　　　　　　500 000

【例 6-2】 一年后，华通公司为扩大经营规模，经批准注册资本增加到 1 000 000 元，并引入 C 公司加入。按照投资协议，C 公司需投入货币资金 260 000 元享有 20%的股份，款项已收存银行。

借：银行存款　　　　　　　　　　　　　　　　　　　　　　　　　　　260 000
　　贷：实收资本——C 公司　　　　　　　　　　　　　　　　　　　　200 000
　　　　资本公积——资本溢价　　　　　　　　　　　　　　　　　　　 60 000

②接受非货币资金投资。企业接受非货币资金投资时，应按投资合同或协议约定确定非货币资产的价值（但合同或协议约定价值不公允的除外）和在注册资本中应享有的份额，对于投资合同或协议约定的价值超过其在注册资本中所占份额的部分，应当记入"资本公积"账户。

【例 6-3】 华通公司收到乙公司作为资本投入的一批原材料，合约确认其价值为 150 000元（不含可抵扣增值税进项税额部分），增值税进项税额 19 500 元（由投资方支付税款，提供增值税专用发票）。不考虑其他因素，原材料按实际成本核算。假设双方约定此价值及增值税即为投资者在本企业注册资本中所占份额。

借：原材料　　　　　　　　　　　　　　　　　　　　　　　　　　　　150 000
　　应交税费——应交增值税（进项税额）　　　　　　　　　　　　　　 19 500
　　贷：实收资本——乙公司　　　　　　　　　　　　　　　　　　　　169 500

【例 6-4】 华通公司收到甲公司投入不需要安装的生产设备一套入股，账面价值 620 000元，合约确认其价值为 600 000 元（不含可抵扣增值税进项税额部分），增值税进项税额78 000 元（由投资方支付税款，提供增值税专用发票）。不考虑其他因素。假设双方约定该投资者在本企业注册资本中所占份额为 500 000 元。

借：固定资产 600 000

  应交税费——应交增值税（进项税额） 78 000

  贷：实收资本——甲公司 500 000

   资本公积——资本溢价 178 000

【例 6-5】 华通公司收到丁公司投资专利权一项，其确认价值为 100 000 元。

借：无形资产——专利权 100 000

  贷：实收资本——丁公司 100 000

▶ **2. 借入资金的核算**

企业在生产经营过程中，由于周转资金不足，可以向银行或其他金融机构借款，以补充资金的不足。企业从银行或其他金融机构借入的款项，必须与贷款单位按借款规定办理借款手续，支付借款利息，到期归还借款本金。借入资金的核算内容包括：取得借款、借款利息的处理、到期归还借款本金等。借入资金按偿还期限不同，分为短期借款和长期借款，分别通过"短期借款"和"长期借款"两个负债类账户进行核算。

（1）短期借款。短期借款是指向银行或其他金融机构借入的偿还期限在 1 年以内（含 1 年）或超过 1 年的 1 个营业周期以内的各种借款。一般情况下，企业取得短期借款是为了维持正常的生产经营活动或是为了抵偿债务，如购买材料、偿付债务等。

企业取得短期借款时，应当借记"银行存款"账户，贷记"短期借款"账户；短期借款利息一般按季结算并于季末一次性支付。因此，按照权责发生制要求，应当按月预提。预提时，按预提当月应负担的借款利息，借记"财务费用"账户，贷记"应付利息"账户；实际支付时，按已预提的利息金额借记"应付利息"账户，按实际支付利息金额与预提数差额（尚未提取部分）借记"财务费用"账户，按实际支付利息金额贷记"银行存款"账户。

【例 6-6】 华通公司因流动资金不足，从建设银行取得为期 6 个月的借款 200 000 元，已存入银行账户。

借：银行存款 200 000

  贷：短期借款 200 000

【例 6-7】 华通公司于 20×× 年 4 月 1 日向银行借入期限为 9 个月、年利率为 6% 的短期借款 100 000 元，已存入银行。

4 月 1 日借入款项时作会计分录如下。

借：银行存款 100 000

  贷：短期借款 100 000

5 月末预提当月利息时作会计分录如下。

借：财务费用 500

  贷：应付利息 500

6 月末支付 4—6 月利息时作会计分录如下。

借：应付利息 1 000

  财务费用 500

  贷：银行存款 1 500

7—12 月利息处理同上。

12 月末归还借款本金时作会计分录如下：

借：短期借款　　　　　　　　　　　　　　　　　　　　　　　100 000

　　贷：银行存款　　　　　　　　　　　　　　　　　　　　　　　100 000

（2）长期借款。长期借款是指向银行或其他金融机构借入的期限在 1 年以上或超过 1 年的 1 个营业周期以上的各种借款。一般来说，企业借入长期款项，主要是为了扩充生产经营规模而购入大型设备、购置厂房等。

企业借入长期借款时，借记"银行存款"账户，贷记"长期借款"账户。长期借款的利息费用，按以下原则计入有关成本、费用账户：属于企业筹建期间的，记入"管理费用"账户；属于生产经营期间的，如长期借款用于购建固定资产等项目，在工程完工达到可使用状态之前的利息（符合资本化条件的）记入"在建工程"账户等相关资产成本；工程完工达到预定可使用状态后的利息支出，以及按规定不予资本化的利息支出记入"财务费用"账户。

【例 6-8】　华通公司取得为期两年的长期借款 1 000 000 元，款项已存入银行。借入款项时作会计分录如下：

借：银行存款　　　　　　　　　　　　　　　　　　　　　　1 000 000

　　贷：长期借款　　　　　　　　　　　　　　　　　　　　　　1 000 000

第三节　　供应过程的核算

一、供应过程核算的主要内容

我们一般将企业的生产经营过程划分为供应过程、生产过程、销售过程和财务成果的形成与分配过程。在企业经营过程的不同阶段，资金运动的方式和表现的形态也不同，相应地核算的内容也就不同。供应过程是工业企业生产经营过程的第一阶段，其主要任务是进行材料采购，为企业生产产品准备材料物资。因此，供应过程核算的主要内容是采购原材料，并与供货方办理货款结算；确定材料采购成本，并将材料验收入库。

企业要进行正常的生产经营，就必须购买和储备一定数量的原材料。原材料是指直接用于制造产品并构成产品实体，或有助于产品形成但不构成产品实体的物品。材料包括原料及主要材料、辅助材料、外购半成品、修理用备件、包装材料、燃料等。

在材料采购核算过程中，一个非常重要的问题就是原材料成本的确定，包括取得原材料成本的确定和发出原材料成本的确定。按照《企业会计制度》的规定，原材料的日常收发及结存，可以采用实际成本核算，也可以采用计划成本核算，具体采用哪一种方法，由企业根据自身具体情况决定。

企业取得原材料的来源主要有外购材料、自制材料、委托加工材料和材料盘盈等。以不同方式取得的原材料，其成本的确定方法不同，成本构成内容也不同。本书只讨论一般纳税人以外购方式取得材料的核算方法。外购的原材料，其实际采购成本由以下几项内容组成。

（1）买价。指购货发票所注明的货款金额。

（2）采购费用。指采购过程中发生的运输费、包装费、装卸费、保险费、仓储费等。

（3）材料在运输途中发生的合理损耗。

（4）材料入库之前发生的整理挑选费用。

（5）按规定应计入材料采购成本的税金。如购入材料支付的关税、消费税、资源税以及小规模纳税人支付的增值税等。需要指出的是，一般纳税人购入材料支付的增值税进项税额，只要取得了增值税专用发票等法定抵扣凭证，则不计入所购材料成本，而应作为进项税额单独列账。

（6）其他费用。如大宗物资的市内运杂费等。这里需要注意的是市内零星运杂费、采购人员的差旅费以及采购部门的经费等不构成材料的采购成本，而是计入期间费用。

以上材料的采购成本，除材料买价属于直接费用，应直接计入材料采购成本外，其余采购费用凡能分清是某种材料直接负担的应直接计入材料采购成本，不能分清的，应按材料的重量、买价、体积等比例，采用一定的方法分配计入材料采购成本。实务中，企业可将发生的运输费、装卸费、保险费以及其他可归属于采购成本的费用等先进行归集，期末再按照所购材料的存销情况进行分摊。

二、供应过程设置的主要账户

▶ 1. "在途物资" 账户

"在途物资"账户的性质属于资产类账户，用来核算企业采购材料的买价和采购费用，并据以计算确定材料采购成本。材料按实际成本核算的企业，应设置此科目。该账户借方登记购入材料的买价和采购费用；贷方登记验收入库材料的实际采购成本。期末余额在借方，表示尚未运达企业或者已经运达企业但尚未验收入库的在途材料的成本。"在途物资"账户应按材料种类设置明细分类账户，以具体反映各类材料的采购成本。

▶ 2. "材料采购" 账户

"材料采购"账户的性质属于资产类账户，用来核算企业采用计划成本法进行材料日常核算而购入材料的采购成本。该账户借方登记企业采用计划成本法进行核算时，采购材料的实际成本以及材料入库时结转的节约差异；贷方登记验收入库材料的计划成本以及材料入库时结转的超支差异。期末余额在借方，反映在途材料的采购成本。该账户可按材料种类设置明细分类账户。在基础会计中不讲解采用计划成本法进行材料供应的核算。

▶ 3. "原材料" 账户

"原材料"账户的性质属于资产类账户，用来反映和监督各种材料（包括原料及主要材料、辅助材料、外购半成品、修理用备件、包装材料、燃料等）的实际成本或计划成本，借方登记验收入库材料成本，贷方登记领用材料成本，期末借方余额表示期末库存材料的实际成本或计划成本。该账户可按材料的保管地点、材料类型或规格等分设明细分类账户，以反映每种材料的收发结存情况。

▶ 4. "应交税费" 账户

"应交税费"账户的性质属于负债类账户，用以核算企业按照税法等规定计算应交纳的各种税费，包括增值税、消费税、营业税、所得税、资源税、土地增值税、城市维护建设税、房产税、土地使用税、车船使用税、教育费附加、矿产资源补偿费等，企业代扣代缴的个人所得税也通过本账户核算。"应交税费"账户贷方登记应缴纳的税费金额；借方登记实际缴纳的税费金额。期末余额在贷方，反映企业尚未缴纳的税费金额；期末余额在借方，反映企业多交或尚未抵扣的税费金额。该账户可按应交的税费项目进行明细分类核算。

应交税费——应交增值税（进项税额）

　　　　　——应交增值税（销项税额）

　　　　　——应交增值税（已交税金）

本期应缴纳的增值税 = 本期销项税额 − 本期进项税额

▶ 5.“应付账款”账户

"应付账款"账户的性质属于负债类账户，用于核算企业因购买材料、商品和接受劳务等而发生的应付未付的款项。其贷方登记债务的增加，借方登记债务的偿还，期末贷方余额表示尚未清偿的债务。该账户应按债权人（供应单位）名称分设明细分类账户，进行明细分类核算。

▶ 6.“应付票据”账户

"应付票据"账户的性质属于负债类账户，是用来核算企业因购买材料、商品和接受劳务等开出、承兑的商业汇票，包括银行承兑汇票和商业承兑汇票。其贷方登记企业开出、承兑的商业汇票，借方登记到期支付或无力支付的商业汇票。期末余额在贷方，表示尚未到期的商业汇票的期末结余额。

▶ 7.“预付账款”账户

"预付账款"账户的性质属于资产类账户，用来核算企业因购买材料、商品和接受劳务按照合同规定预付给供应单位的款项。其借方登记因购货而预付或补付给供应单位的款项；贷方登记收到供应单位提供的材料等物资而应冲销的预付款或退回的预付款。期末余额一般在借方，表示实际预付的款项。预付款项不多的企业也可不设该账户，将预付的款项直接记入"应付账款"账户核算。该账户应按照供应单位的名称设置明细分类账户，进行明细分类核算。

三、供应过程中业务的会计处理

企业向供应单位购买材料，由于距离采购地点的远近不同、货款结算方式不同，可能会出现材料入库时间与货款结算时间不一致的情况。若支付货款和材料入库同时完成，则该材料按实际采购成本记入"原材料"账户；若货款已支付，但材料尚未验收入库，则该材料按实际采购成本先记入"在途物资"账户，待材料验收入库时再转入"原材料"账户。在计算材料的采购成本时，需要区分两种情况，一是一次只购买了一种材料，其采购成本就等于该材料的买价加上采购费用；二是一次购买了多种材料，并共同支付了采购费用，则需要将采购费用按一定的标准在各种材料之间进行分配（可以按材料的重量比例和材料的买价比例等进行分配），再将每种材料的买价加上应负担的采购费用来计算各种材料的采购成本。以下按材料是否验收入库分两种情况举例说明。

▶ 1. 材料尚未验收入库

【例 6-9】华通公司从三宏公司购入甲材料 2 000 千克，每千克 5 元，增值税进项税额1 300 元。材料尚未验收入库，款项尚未支付。

借：在途物资——甲材料　　　　　　　　　　　　　　　　　　　　　　10 000

　　应交税费——应交增值税（进项税额）　　　　　　　　　　　　　　　1 300

　　　贷：应付账款——三宏公司　　　　　　　　　　　　　　　　　　　11 300

【例 6-10】 承例 6-9，企业开出转账支票支付甲材料的运杂费等共计 1 200 元。

　借：在途物资——甲材料　　　　　　　　　　　　　　　　　　　　1 200

　　　贷：银行存款　　　　　　　　　　　　　　　　　　　　　　　　　1 200

【例 6-11】 例 6-9 中甲材料到货并验收入库，结转上述入库材料的采购成本。

　借：原材料——甲材料　　　　　　　　　　　　　　　　　　　　11 200

　　　贷：在途物资——甲材料　　　　　　　　　　　　　　　　　　　11 200

▶ 2. 材料已验收入库

【例 6-12】 华通公司购入 A、B 两种材料，购入 A 材料 2 000 吨，单价 100 元，买价为 200 000 元；购入 B 材料 3 000 吨，单价 200 元，买价为 600 000 元，增值税进项税额共计 104 000 元，价税合计 904 000 元，两种材料共同发生的运杂费 10 000 元（按重量比例分摊），材料已验收入库，款项均用银行存款支付。

例 6-12 中发生的两种材料共同运杂费 10 000 元，应在 A、B 材料间按照一定的分配标准（例中按重量比例分摊）分配后再分别计入两种材料的采购成本。

$$采购费用分配率 = 采购费用总额 ÷ 采购的各种材料的重量之和$$
$$= 10\ 000 ÷ （2\ 000 + 3\ 000）= 2（元/吨）$$

A 材料应分配的运杂费 = 2 000 × 2 = 4 000（元）

B 材料应分配的运杂费 = 3 000 × 2 = 6 000（元）

采购费用分配如表 6-1 所示。

表 6-1　采购费用分配表

材料名称	分配标准（材料重量）/吨	分配率	分配金额/元
A 材料	2 000		4 000
B 材料	3 000		6 000
合计	5 000	2	10 000

　借：原材料——A 材料　　　　　　　　　　　　　　　　　　　　204 000

　　　　　　——B 材料　　　　　　　　　　　　　　　　　　　　606 000

　　　应交税费——应交增值税（进项税额）　　　　　　　　　　　104 000

　　　贷：银行存款　　　　　　　　　　　　　　　　　　　　　　　904 000

【例 6-13】 华通公司向中林公司购入一批 A 材料，增值税专用发票上记载的货款为 500 000 元，增值税进项税额 65 000 元，对方代垫运杂费 10 000 元，银行转来的结算凭证已到，款项尚未支付，材料已验收入库。

　借：原材料——A 材料　　　　　　　　　　　　　　　　　　　　510 000

　　　应交税费——应交增值税（进项税额）　　　　　　　　　　　　65 000

　　　贷：应付账款——中林公司　　　　　　　　　　　　　　　　　575 000

【例 6-14】 华通公司购入 B 材料 1 000 吨，单价 100 元，增值税进项税额 13 000 元，开出并承兑商业汇票一张，另用库存现金支付运杂费 5 000 元，材料运到并已验收入库。

　借：原材料——B 材料　　　　　　　　　　　　　　　　　　　　105 000

　　　应交税费——应交增值税（进项税额）　　　　　　　　　　　　13 000

　　贷：应付票据　　　　　　　　　　　　　　　　　　　　　　113 000
　　　　库存现金　　　　　　　　　　　　　　　　　　　　　　　5 000

上述票据到期，支付票款时作会计分录如下。

借：应付票据　　　　　　　　　　　　　　　　　　　　　　　113 000
　　贷：银行存款　　　　　　　　　　　　　　　　　　　　　　113 000

【例 6-15】 华通公司向鸿一公司采购一批 B 材料，所需支付的价款总额 220 000 元，按照合同规定向鸿一公司预付货款的 50%，增值税税率为 13%，验收材料后补付剩余款项。

①预付 50% 货款时作会计分录如下。

借：预付账款——鸿一公司　　　　　　　　　　　　　　　　110 000
　　贷：银行存款　　　　　　　　　　　　　　　　　　　　　110 000

②收到发来的材料并验收入库，增值税专用发票上注明价款 220 000 元，增值税进项税额 28 600 元。

借：原材料——B 材料　　　　　　　　　　　　　　　　　　220 000
　　应交税费——应交增值税（进项税额）　　　　　　　　　　28 600
　　贷：预付账款——鸿一公司　　　　　　　　　　　　　　　248 600

③以银行存款补付不足款项。

借：预付账款——鸿一公司　　　　　　　　　　　　　　　　138 600
　　贷：银行存款　　　　　　　　　　　　　　　　　　　　　138 600

第四节　　生产过程的核算

一、生产过程核算的主要内容

工业企业的主要经济活动是生产产品。企业在生产经营过程中发生各项耗费，这是企业为获得收入而预先垫支的资金耗费，需要取得收入进行补偿。企业要生产产品就要发生生产费用，这些费用最终都要归集、分配到一定种类的产品中，从而形成产品的成本。

生产费用按其计入产品成本方式的不同，可以分为直接费用和间接费用。直接费用是指企业生产产品过程中实际消耗的直接材料、直接人工和其他直接支出，它们可以直接计入产品的生产成本；间接费用是指企业为生产产品和提供劳务而发生的各项间接支出，也称制造费用，它需要按一定标准分配后再计入产品的生产成本。上述各个项目在会计上被称为成本项目，它们是产品成本的构成内容。产品成本项目的具体构成内容如下。

（1）直接材料。直接材料是指企业在生产产品和提供劳务过程中所消耗的、直接用于产品生产、构成产品实体的原材料及主要材料、外购半成品以及有助于产品形成的辅助材料等。

（2）直接人工。直接人工是指企业在生产产品和提供劳务过程中，直接从事产品生产的工人的薪酬。

（3）制造费用。制造费用是指企业为生产产品和提供劳务而发生的各项间接费用，包括生产单位管理人员的薪酬、生产单位房屋建筑物、机器设备等的折旧费、修理费、机物料消耗、低值易耗品摊销、办公费、差旅费、水电费、劳动保护费、季节性停工损失等。

产品生产成本 = 直接材料 + 直接人工 + 制造费用

生产过程核算的主要内容包括：生产费用的发生、归集和分配，产品生产成本的计算。

二、生产过程设置的主要账户

▶ 1. "生产成本"账户

"生产成本"账户的性质属于成本类账户，用以归集和分配产品生产过程中所发生的各项生产费用，确定产品实际生产成本。借方登记应计入产品生产成本的全部生产费用，包括直接计入产品生产成本的直接材料费、直接人工费和其他直接支出，以及期末按照一定的方法分配计入产品生产成本的制造费用；贷方登记结转完工入库产品的实际成本。期末若有余额在借方，表示尚未完工产品（在产品）的生产成本。为了确定每一种产品的成本，该账户应按产品品种分别开设明细分类账户，进行明细分类核算。

▶ 2. "制造费用"账户

"制造费用"账户的性质属于成本类账户，用以核算生产部门（分厂和车间）为组织和管理产品生产而发生的各项间接费用，包括管理人员和技术人员工资及福利费，生产用厂房和机器设备的折旧费、维修费及保险费、水电费、办公费、机物料消耗等。由于这些费用是生产部门内部的各产品生产中共同发生的，又由于这些费用是间接用于产品生产，所以应先在"制造费用"账户归集，期末再按一定方法分配转入"生产成本"账户和所属的明细分类账户。"制造费用"账户借方登记上述各项费用的实际发生数；贷方登记期末分配结转至"生产成本"账户的制造费用金额。除季节性生产企业外，该账户期末一般无余额。"制造费用"账户应按各生产部门设置明细分类账户，进行明细分类核算。

▶ 3. "应付职工薪酬"账户

"应付职工薪酬"账户的性质属于负债类账户，用以核算企业根据有关规定应付给职工的各种薪酬。职工薪酬包括短期薪酬、离职后福利、辞退福利和其他长期职工福利。该账户贷方登记本月计算的应付职工薪酬总额，包括各种工资、奖金、津贴和福利费等；借方登记本月实际支付的职工薪酬数额。期末余额在贷方，反映企业应付而未付的职工薪酬。该账户可设置"工资""职工福利""社会保险费""住房公积金""工会经费""职工教育经费""非货币性福利"等明细分类账户，进行明细分类核算。

▶ 4. "库存商品"账户

"库存商品"账户的性质属于资产类账户，用来核算企业库存的外购商品、自制产品（产成品）、自制半成品等的实际成本（或进价）或计划成本（或售价）的增减变动及其结存情况。其借方登记验收入库完工产品的生产成本；贷方登记发出产品的生产成本。期末余额在借方，反映企业库存商品成本的期末结余额。该账户可按照商品的种类、名称和规格等设置明细分类账户，进行明细分类核算。

▶ 5. "固定资产"账户

"固定资产"账户的性质属于资产类账户，用来核算企业使用寿命超过一个会计年度的为生产经营而持有的设备、厂房、器具等。该账户的借方登记企业增加的固定资产的原始价值，贷方登记企业减少的固定资产的原始价值，期末借方余额表示企业结存的固定资产原始价值。该账户应按固定资产的种类设置明细分类账户。

▶ 6. "累计折旧"账户

"累计折旧"账户的性质属于资产的调整类账户，用以核算企业固定资产累计折旧的提取情况。贷方登记按月计提的固定资产折旧的增加金额，即固定资产每期转移到产品成本或期间费用中的磨损价值；借方登记因各种原因转出固定资产（如出售、报废、盘亏等）注销的折旧，即已提固定资产折旧的减少或转销数额；期末余额在贷方，表示现有固定资产累计提取的折旧数（或者说累计磨损价值）。该账户不进行明细分类核算。

▶ 7. "管理费用"账户

"管理费用"账户的性质属于损益类账户，用以核算企业行政管理部门为组织和管理生产经营活动而发生的各项费用。该账户借方登记发生的各项管理费用，贷方登记期末转入"本年利润"账户的管理费用，结转后该账户期末无余额。该账户应按照费用项目设置明细分类账户，进行明细分类核算。管理费用包括的内容较多，以工业企业为例，其具体包括：企业筹建期间的开办费、公司经费（即企业管理人员工资、福利费、差旅费、办公费、折旧费、修理费、物料消耗、低值易耗品摊销和其他经费）、工会经费、董事会费（即企业董事会或最高权力机构及其成员为执行职能而发生的差旅费、会议费等）、咨询费、审计费、诉讼费、排污费、绿化费、土地使用税、印花税、房产税、车船税、技术转让费、技术开发费、无形资产摊销、业务招待费、矿产资源补偿费以及其他管理费用。

三、生产过程中业务的会计处理

生产过程中发生的经济业务主要有：车间领用制造产品和一般消耗的原材料；结转、分配和发放职工工资；计提固定资产折旧费；归集和分配制造费用；计算产品生产成本；产品完工结转完工产品成本；等等。

▶ 1. 生产领用材料业务

工业企业在生产经营过程中发出材料十分频繁，为简化手续，平时只根据领料凭证逐笔登记材料明细账，不登记总分类账。月末，将各领料凭证按照领用部门和用途进行归类汇总，编制"发料凭证汇总表"，据以进行材料发出的总分类核算。

企业发生的材料费用，应根据领料凭证区分车间、部门和不同用途，分别借记"生产成本"（直接生产产品用料）、"制造费用"（车间共同用料）、"管理费用"（行政管理部门用料）等科目，贷记"原材料"等科目。对于直接用于某种产品生产的材料费用，应直接计入该产品生产成本明细账的直接材料费用项目；对于共同耗用、应由多种产品共同负担的材料费用，应按一定标准分配后分别计入各成本计算项目；对于为创造生产条件等而间接发生的材料费用，应先在"制造费用"账户归集，期末再按一定方法分配转入"生产成本"账户和所属的明细分类账户。

【例 6-16】 华通公司本月仓库发出材料汇总表如表 6-2 所示。

表 6-2 发出材料汇总表

领料部门及用途		材料类别				材料耗用合计/元
		甲材料		乙材料		
		数量/千克	金额/元	数量/千克	金额/元	
制造产品领用	A产品耗用	2 000	1 000	5 000	1 000	2 000
	B产品耗用	4 000	2 000	5 000	1 000	3 000
车间一般耗用		1 400	700	2 000	400	1 100
管理部门耗用		1 000	500	2 000	400	900
合计		8 400	4 200	14 000	2 800	7 000

公司应编制相关会计分录如下。

借: 生产成本——A 产品	2 000
——B 产品	3 000
制造费用	1 100
管理费用	900
贷: 原材料——甲材料	4 200
——乙材料	2 800

▶ 2. 分配工资及福利费的业务

【例 6-17】 华通公司本月应付工资总额 462 000 元, 工资费用分配汇总表中列示的产品生产人员工资为 320 000 元, 其中: A 产品生产工人工资为 180 000 元, B 产品生产工人工资为 140 000 元, 车间管理人员工资为 70 000 元, 企业行政管理人员工资为 60 400 元, 销售人员工资为 11 600 元。

借: 生产成本——A 产品	180 000
——B 产品	140 000
制造费用	70 000
管理费用	60 400
销售费用	11 600
贷: 应付职工薪酬——工资	462 000

【例 6-18】 根据上例按工资总额的 14% 计提福利费。

借: 生产成本——A 产品	25 200
——B 产品	19 600
制造费用	9 800
管理费用	8 456
销售费用	1 624
贷: 应付职工薪酬——应付福利费	64 680

【例 6-19】 华通公司通过银行代发本月职工工资 200 000 元。

借: 应付职工薪酬——工资	200 000
贷: 银行存款	200 000

▶ 3. 计提折旧的业务

【例 6-20】 华通公司按规定计提固定资产折旧 8 000 元, 其中, 车间用固定资产计提折旧 6 000 元, 行政管理部门用固定资产计提折旧 2 000 元。

借: 制造费用	6 000
管理费用	2 000
贷: 累计折旧	8 000

▶ 4. 制造费用的分配与结转业务

制造费用是指生产单位(车间、分厂)为生产产品和提供劳务而发生的各项间接费用, 包括间接材料费、间接人工费、折旧费等。由于它们是进行产品生产时所发生的共同性费用, 发生时一般难以直接判断其应归属的成本对象, 所以应在"制造费用"账户归集, 期末企业再根据制造费用的性质，合理地选择制造费用分配方法，分配转入"生产成本"账户和所属的明细分类账户。

（1）制造费用的分配标准有生产工人工时、生产工人工资、机器工时、计划分配率等。具体采用哪种分配方法由企业自行决定。分配方法一经确定，不得随意变更。

（2）计算公式：

制造费用分配率 = 制造费用总额 ÷ 分配标准（生产工时总数、生产工人工资总额等）

某种产品应负担的制造费用 = 该产品的分配标准（生产工时等）× 制造费用分配率

【例6-21】 华通公司以银行存款支付本月车间水电费4 600元。

借：制造费用 4 600

　　贷：银行存款 4 600

【例6-22】 华通公司月末计算结转制造费用248 800元（按生产工时比例分配，其中A产品生产工时4 000小时，B产品的生产工时6 000小时）。

制造费用分配率 = 制造费用总额 ÷ 产品的生产工时之和

= 248 800 ÷（4 000 + 6 000）= 24.88（元/小时）

A产品应分配的制造费用 = 4 000 × 24.88 = 99 520（元）

B产品应分配的制造费用 = 6 000 × 24.88 = 149 280（元）

制造费用分配表如表6-3所示。

表6-3　制造费用分配表

产品名称	分配标准（生产工时）/小时	分配率	分配金额/元
A产品	4 000		99 520
B产品	6 000		149 280
合计	10 000	24.88	248 800

借：生产成本——A产品 99 520

　　　　　　——B产品 149 280

　　贷：制造费用 248 800

▶ 5. 完工产品成本的计算和结转业务

经过以上对生产费用的归集与分配，"生产成本"账户的借方已归集企业在生产过程中所发生的全部生产费用（直接材料、直接人工、其他直接费用和制造费用）。企业应设置产品生产成本的明细账，用以归集计算各种产品的生产成本。如果月末某种产品全部生产完工，则该产品生产成本明细账归集的费用总额就是该完工产品的总成本，用该完工产品的总成本除以完工总数量就是该完工产品的单位成本；如果月末某种产品全部未完工，则该产品生产成本明细账归集的费用总额就是该种产品的在产品总成本；如果月末某种产品仅部分完工，则期末时须将包括期初在产品成本在内的生产费用在完工产品与在产品之间进行分配（其方法将在后续课程中介绍），才能计算出完工产品的单位成本与总成本。

完工产品成本 = 期初在产品成本 + 本期的直接材料费 + 本期的直接人工费 +

本期制造费用 – 期末在产品成本

【例6-23】 华通公司结转本月完工产品成本，其中A产品6 346件全部完工，B产品3 400件全部未完工。完工产品生产成本明细账如表6-4和表6-5所示。

表 6-4　完工产品成本明细账（一）

产品名称：A 产品　　　　　　　　　　　　　　　　　　　　　　　　　　　　单位：元

××××年		摘要	直接材料	直接人工	制造费用	合计
月	日	生产领料	320 000			320 000
		分配工资		300 000		300 000
		计提福利费用		42 000		42 000
		分配制造费用			99 520	99 520
		生产费用合计	320 000	342 000	99 520	761 520
		结转完工产品成本	320 000	342 000	99 520	761 520
		完工产品的单位成本	50.43	53.89	15.68	120

表 6-5　完工产品成本明细账（二）

产品名称：B 产品　　　　　　　　　　　　　　　　　　　　　　　　　　　　单位：元

××××年		摘要	直接材料	直接人工	制造费用	合计
月	日	生产领料	330 000			330 000
		分配工资		200 000		200 000
		计提福利费用		28 000		28 000
		分配制造费用			149 280	149 280
		生产费用合计	330 000	228 000	149 280	707 280
		月末在产品成本	330 000	228 000	149 280	707 280

产品完工验收入库时，将完工产品成本由"生产成本"账户的贷方转入"库存商品"账户的借方。

借：库存商品——A 产品　　　　　　　　　　　　　　　　　　　761 520
　　贷：生产成本——A 产品　　　　　　　　　　　　　　　　　　761 520

第五节　销售过程的核算

一、销售过程核算的主要内容

企业经过生产过程，生产出符合要求、可供对外销售的产品，这些产品形成了存货。接下来将进入销售过程。销售过程是企业资金循环的第三阶段，也是企业再生产过程的最后一个阶段。在销售过程中，企业要将生产过程中所完成的产品销售出去并收回货币，以补偿生产产品的资金耗费，保证再生产正常进行的资金需要。因此，销售过程核算的主要内容包括售出产品确认实现的销售收入，与购货单位办理货款结算，支付各项销售费用，结转已售产品的销售成本，计算应向国家缴纳的销售税金及附加，确定销售的经营成果。

二、销售过程设置的主要账户

▶ 1. "主营业务收入"账户

"主营业务收入"账户的性质属于收入类账户，用以核算企业销售产品和提供劳务所实现的收入。其贷方登记企业实现的产品销售收入，即主营业务收入的增加，借方登记发生销售退回和销售折让时应冲减本期的主营业务收入和期末转入"本年利润"账户的主营业务收入额（按净额结转），结转后该账户期末无余额。该账户应按产品类型或品种设置明细分类账户，进行明细分类核算。

▶ 2. "应收账款"账户

"应收账款"账户的性质属于资产类账户，用以核算企业因销售商品、提供劳务等经营活动而与购货方进行货款结算时有关债权的账户，代购货方垫付的各种款项也在该账户中核算。其借方登记由于销售商品以及提供劳务等而发生的应收账款的增加数，包括应收取的价款、税款和代垫款等；贷方登记已经收回的应收账款，即应收账款的减少数。期末余额如果在借方，表示企业尚未收回的应收账款；期末余额如果在贷方，表示预收的账款。"应收账款"账户应按照债务人设置明细分类账户，加强其明细分类核算。

▶ 3. "应收票据"账户

"应收票据"账户的性质属于资产类账户，用以核算企业因销售商品、提供劳务等经营活动而与购货方进行货款结算时收到的商业汇票，包括商业承兑汇票和银行承兑汇票。借方登记企业收到的商业汇票的面值，贷方登记企业因商业汇票到期收回的票款或背书转让等情况而减少的商业汇票的面值。期末余额在借方，表示企业持有的尚未到期的商业汇票的面值。该账户可按开出、承兑商业汇票的单位进行明细分类核算。企业应设置应收票据备查簿，对商业汇票进行详细记录。

▶ 4. "预收账款"账户

"预收账款"账户的性质属于负债类账户，用以核算企业按照合同规定预收购买方订货款的增减变动及其结余情况。其贷方登记预收购买单位订货款的增加数，借方登记销售实现时冲减的预收货款。期末余额如果在贷方，表示企业预收款的结余额。期末余额如果在借方，表示购货单位应补付给本企业的款项。本账户应按照购货单位设置明细分类账户，进行明细分类核算。预收货款情况不多的，也可不设本账户，将其款项直接记入"应收账款"账户。

▶ 5. "主营业务成本"账户

"主营业务成本"账户的性质属于损益类账户，用以核算已经销售产品的实际生产成本及其结转情况。其借方登记已销售产品的实际生产成本，贷方登记期末转入"本年利润"账户的结转数额。结转后，该账户期末无余额。该账户应按照产品类别或品种设置明细分类账户，进行明细分类核算。

▶ 6. "税金及附加"账户

"税金及附加"账户的性质属于损益类账户，用以核算企业因销售商品、提供劳务等主要经营业务而应由企业负担的各种税金及附加的计算及其结转情况，包括消费税、城市维护建设税、资源税和教育费附加等相关税费。需要注意的是，房产税、车船税、土地使用税、印花税通过"管理费用"账户核算，但与投资性房地产相关的房产税、土地使用税通过"税金及附加"账户核算。该账户的借方登记按照相关计税依据计算出的税金及附加额，贷方登记期末转入"本年利润"账户的税金及附加额。结转后，该账户期末没有余额。

▶ 7. "其他业务收入"账户

"其他业务收入"账户的性质属于损益类账户，用以核算企业除主营业务以外的其他业务收入（如销售材料、出租固定资产、出租无形资产、出租包装物和商品等）的实现及其结转情况。其贷方登记企业实现其他业务收入的金额，借方登记期末转入"本年利润"账户的其他业务收入额，结转后，该账户期末没有余额。本账户应按照其他业务的种类设置明细分类账户，进行明细分类核算。

▶ 8. "其他业务成本"账户

"其他业务成本"账户的性质属于损益类账户，用以核算企业除主营业务以外的其他业务经营活动所发生的支出。其借方登记企业发生的其他业务成本，贷方登记期末转入"本年利润"账户的其他业务成本，结转后，期末没有余额。该账户应按照其他业务的种类设置明细分类账户，进行明细分类核算。

▶ 9. "销售费用"账户

"销售费用"账户的性质属于损益类账户，用以核算产品销售过程中发生的各项费用，包括运输费、装卸费、包装费、保险费、展览费、广告费、商品维修费、预计产品质量保证费用以及为销售产品而专设的销售机构（含销售网点、售后服务网点等）的职工薪酬、折旧费、业务费等。其借方登记销售费用的发生数，贷方登记期末转入"本年利润"账户的数额，结转后，期末无余额。该账户应按费用项目设置明细分类账户，进行明细分类核算。

三、销售过程中业务的会计处理

▶ 1. 取得主营业务收入的业务

【例 6-24】 华通公司销售甲产品 100 件，单位产品售价 240 元，开出增值税发票，该产品的增值税税率为 13%，发票上注明增值税销项税额为 3 120 元，收到款项存入银行。

借：银行存款　　　　　　　　　　　　　　　　　　　27 120
　　贷：主营业务收入——甲产品　　　　　　　　　　　　24 000
　　　　应交税费——应交增值税（销项税额）　　　　　　　3 120

【例 6-25】 华通公司销售 300 件乙产品给宏达公司，每件售价 300 元，共计 90 000 元，增值税专用发票上注明增值税税率为 13%，销项税额为 11 700 元，合同约定运杂费由宏达公司负担，企业用银行存款代垫运费 2 000 元，产品已发出，款项尚未收到。

借：应收账款——宏达公司　　　　　　　　　　　　　103 700
　　贷：主营业务收入——乙产品　　　　　　　　　　　　90 000
　　　　应交税费——应交增值税（销项税额）　　　　　　11 700
　　　　银行存款　　　　　　　　　　　　　　　　　　　2 000

【例 6-26】 10 天后，华通公司收到宏达公司转来的销货款 103 700 元，存入银行。

借：银行存款　　　　　　　　　　　　　　　　　　　103 700
　　贷：应收账款——宏达公司　　　　　　　　　　　　103 700

【例 6-27】 华通公司预收远大公司转来的货款 50 000 元，该款项已存入银行。

借：银行存款　　　　　　　　　　　　　　　　　　　50 000
　　贷：预收账款——远大公司　　　　　　　　　　　　50 000

【例 6-28】 10 天后，华通公司销售给远大公司甲产品 700 件，单位产品售价 240 元，乙产品 100 件，单位产品售价 300 元，全部价款共计 198 000 元，增值税专用发票注明产品销项税额 25 740 元。冲销已预收的货款，差额款收到存入银行。

借：银行存款	173 740
预收账款——远大公司	50 000
贷：主营业务收入——甲产品	168 000
——乙产品	30 000
应交税费——应交增值税（销项税额）	25 740

【例 6-29】 华通公司销售乙产品 500 件，每件售价 320 元，增值税销项税额为 20 800 元，收到购货单位开出的商业汇票一张，金额为 180 800 元。

借：应收票据	180 800
贷：主营业务收入——乙产品	160 000
应交税费——应交增值税（销项税额）	20 800

▶ 2. 取得其他业务收支的业务

所谓其他业务收支，是指企业除主营业务以外的其他销售或其他业务的收入和支出。相对主营业务来说，其他业务具有非经常性、兼营性或在营业收入中不占主要比例等特征。其他业务的业务性质与主营业务相同，但业务范围不同。例如，一家棉纺织厂的主营业务是出售棉纱和棉布，而另一家棉纺织厂急需一批纺织机械的机配件，去外地采购来不及，求助该企业转让一些急需的机配件。该企业转让的机配件的收入就属于其他业务收入。可见，主营业务和其他业务的划分不是绝对的，会随着企业经营业务的转变而变化。企业其他经营业务主要有材料销售、包装物出租、固定资产或无形资产出租、商品出租、用原材料进行非货币性资产交换或债务重组等。企业发生其他经济业务收支，在会计上也必须如实地反映和监督，并正确地组织核算。

当企业发生其他业务收入时，借记"银行存款""应收账款""应收票据"等科目，按确定的收入金额，贷记"其他业务收入"并确认相关税金；同时，企业应在确认其他业务收入的同一会计期间，结转其他业务成本。

【例 6-30】 华通公司出售一批不需要的材料，价款 5 400 元，增值税销项税额为 702 元，款项已存入银行。

借：银行存款	6 102
贷：其他业务收入	5 400
应交税费——应交增值税（销项税额）	702

【例 6-31】 华通公司结转上述已售材料的成本 5 400 元。

借：其他业务成本	5 400
贷：原材料	5 400

▶ 3. 销售费用的核算业务

销售费用是指企业在销售商品过程中发生的费用，包括运输费、装卸费、包装费、保险费、展览费和广告费、商品维修费、预计产品质量保证费用以及为销售本企业商品而专设的销售机构（含销售网点、售后服务网点等）的职工工资及福利费、类似工资性质的费用、业务费、折旧费等经营费用。

企业发生销售费用时，借记"销售费用"账户，贷记 "银行存款""应付账款""累计折旧""应付职工薪酬"等有关账户。需要注意的是，企业支付的业务招待费不作为销售费用，统一计入"管理费用"账户。

【例 6-32】 华通公司用银行存款支付本月广告费 22 800 元。

借：销售费用   22 800

   贷：银行存款   22 800

【例 6-33】 华通公司专设销售机构领用原材料 500 元。

借：销售费用   500

   贷：原材料   500

▶ 4. 计算缴纳销售税金及附加业务

企业根据税费相关规定计算应缴纳的消费税、城市维护建设税、教育费附加等，计算时，借记"税金及附加"账户，贷记"应交税费"账户；实际缴纳时，借记"应交税费"账户，贷记"银行存款"账户。

【例 6-34】 例 6-24～例 6-33 所述华通公司销售的甲、乙产品按规定需缴纳 7%的城市维护建设税和 3%的教育费附加。（假设抵扣的进项税为 35 190 元）

应交城市维护建设税 = 增值税 × 适用税率

$$= （62\ 062 - 35\ 190） × 7\% = 1\ 881.04（元）$$

应交教育费附加 = 增值税 × 适用税率

$$= （62\ 062 - 35\ 190） × 3\% = 806.16（元）$$

借：税金及附加   2 687.2

   贷：应交税费——应交城市维护建设税   1 881.04

            ——应交教育费附加   806.16

▶ 5. 主营业务成本结转的业务

月末，企业应根据本月销售产品、提供劳务等的实际成本，计算应结转的主营业务成本，借记"主营业务成本"账户，贷记"库存商品"等账户。

【例 6-35】 华通公司月末结转例 6-24～例 6-33 所述已销甲、乙产品的销售成本。甲产品的销售量为 800 件，产品单位成本为 134 元；乙产品的销售量为 800 件，产品单位成本为 184.38 元。

甲、乙两种产品的销售成本计算如下：

甲产品的销售成本 = 800 × 134 = 107 200（元）

乙产品的销售成本 = 800 × 184.38 = 147 504（元）

会计处理如下：

借：主营业务成本——甲产品   107 200

            ——乙产品   147 504

   贷：库存商品——甲产品   107 200

            ——乙产品   147 504

第六节   利润及利润分配过程的核算

一、利润及利润分配过程核算的主要内容

利润总额是指企业在一定会计期间所实现的最终经营成果，包括收入减去费用后的净

额、直接计入当期利润的利得或损失等。利得是指由企业非日常活动所形成的、会导致所有者权益增加的、与所有者投入资本无关的经济利益的流入。损失是指由企业非日常活动所发生的、会导致所有者权益减少的、与向所有者分配利润无关的经济利益的流出。

利润是按照配比原则的要求，将一定时期内存在因果关系的收入与费用进行配比而产生的结果，收入大于相关的成本与费用，企业盈利；收入小于相关的成本与费用，则企业亏损。盈利或亏损是考核企业经营情况的一个重要的综合性指标。企业各方面的情况，诸如劳动生产率的高低、产品是否适销对路、产品成本和期间费用节约与否，都会通过利润指标得到综合反映。因此，获取利润就成为企业生产经营的主要目的之一。企业获利与否，不仅关系到企业的稳定发展和职工生活水平的提高问题，而且也会影响社会财富的积累与发展。因此，企业必须采取一切措施，增收节支，增强企业的盈利能力，提高经济效益。

利润及利润分配的主要内容一般包括利润总额的计算、所得税的计算和缴纳、利润分配或亏损弥补等内容。

二、利润及利润分配过程设置的主要账户

▶ 1. "营业外收入"账户

"营业外收入"账户的性质是损益类账户，用以核算企业发生的与其日常活动无直接关系的各项利得，主要包括非流动资产处置利得、非货币性资产交换利得、债务重组利得、盘盈利得、捐赠利得、政府补助等。贷方登记确认的各项利得，借方登记期末转入"本年利润"账户的余额，结转后该账户期末无余额。该账户可按营业外收入项目进行明细分类核算。

▶ 2. "营业外支出"账户

"营业外支出"账户的性质是损益类账户，用以核算企业发生的与其日常活动无直接关系的各项损失，主要包括非流动资产处置损失、非货币性资产交换损失、债务重组损失、盘亏损失、罚款支出、公益性捐赠支出、非常损失等。借方登记确认的各项损失，贷方登记期末转入"本年利润"账户的余额，结转后该账户期末无余额。该账户可按支出项目进行明细分类核算。

▶ 3. "所得税费用"账户

"所得税费用"账户的性质是损益类账户，用以核算企业确认的应从当期利润总额中扣除的所得税费用。根据相关税法规定，企业的生产经营所得和其他所得都要缴纳企业所得税，该账户的借方登记企业计算应缴纳的所得税数额，贷方登记其结转到"本年利润"账户的数额，结转后该账户期末无余额。

▶ 4. "投资收益"账户

"投资收益"账户的性质是损益类账户，用以核算企业对外投资所获得收益的实现或损失的发生及其结转情况。其贷方登记实现的投资收益和期末转入"本年利润"账户的投资净损失，借方登记发生的投资损失和期末转入"本年利润"账户的投资净收益。结转后该账户期末无余额。该账户应按照投资的种类设置明细分类账户，进行明细分类核算。

▶ 5. "本年利润"账户

"本年利润"账户的性质是所有者权益类账户，用以核算企业利润的形成。该账户贷方登记期末各收益类账户的转入数额，借方登记期末各费用或支出类账户的转入数额。本账户

若为贷方余额，表示盈利；若为借方余额，表示亏损。年度终了，企业应将"本年利润"账户的累计余额转入"利润分配——未分配利润"账户，结转后"本年利润"账户应无余额。关于"本年利润"账户的核算内容，应结合利润形成核算的账结法和表结法加以理解。

▶ 6. "利润分配"账户

"利润分配"账户的性质是所有者权益类账户，用以核算企业一定时期内经过利润分配或亏损弥补以及历年结转的未分配利润（或未弥补亏损）情况。其借方登记实际分配的利润额，包括提取的盈余公积和分配给投资者的利润以及年末从"本年利润"账户转入的全年累计亏损额；贷方登记用盈余公积弥补的亏损额等其他转入数以及年末从"本年利润"账户转入的全年实现的净利润额。年末余额如果在借方，表示未弥补的亏损额；年末余额如果在贷方，表示未分配的利润。该账户一般应设置"提取法定盈余公积""提取任意盈余公积""应付现金股利或利润""转作股本的股利""盈余公积补亏""未分配利润"等明细分类账户进行明细分类核算。年末，应将"利润分配"账户下的其他明细分类账户的余额转入"未分配利润"明细分类账户，结转后，除"未分配利润"明细分类账户可能有余额外，其他各个明细分类账户均无余额。

▶ 7. "盈余公积"账户

"盈余公积"账户的性质是所有者权益类账户，用以核算企业从净利润中提取的盈余公积和盈余公积使用情况的账户。其贷方登记提取的盈余公积，即盈余公积的增加；借方登记实际使用的盈余公积，即盈余公积的减少。期末余额在贷方，反映结余的盈余公积。该账户应设置"法定盈余公积""任意盈余公积"等明细分类账户，进行明细分类核算。

▶ 8. "应付股利"账户

"应付股利"账户的性质是负债类账户，用以核算企业经董事会或股东大会或类似权力机构决议确定分配的现金股利或利润。其贷方登记应付给投资者股利（现金股利）或利润的增加额，借方登记实际支付给投资者的股利（现金股利）或利润，即应付股利的减少额。期末余额在贷方，表示尚未支付的股利（现金股利）或利润。这里需要注意的是，企业分配给投资者的股票股利不在本账户核算。该账户可按投资者进行明细分类核算。

三、利润形成业务的会计处理

▶ 1. 净利润的形成

企业的利润一般分为营业利润、利润总额和净利润三个层次。

（1）营业利润。营业利润是反映企业管理者经营业绩的重要指标，是企业利润的主要来源。

$$营业利润 = 营业收入 - 营业成本 - 税金及附加 - 管理费用 - 销售费用 -$$
$$财务费用（研发费用） - 资产减值损失 - 信用减值损失 +$$
$$投资收益（或 - 投资损失） + 公允价值变动收益（或 - 公允价值变动损失） +$$
$$资产处置收益（或 - 资产处置损失）$$

（2）利润总额。利润总额也称税前利润，是指企业各种收入扣除各种耗费后的盈余，反映企业在报告期内实现的盈亏总额，由营业利润和营业外收支净额两部分构成。

$$利润总额 = 营业利润 + 营业外收入 - 营业外支出$$

（3）净利润。净利润也称税后利润，利润总额扣除所得税费用后即形成净利润。

$$净利润 = 利润总额 - 所得税费用$$

▶ 2. 利润形成具体业务的会计处理

（1）管理费用的业务。

【例6-36】 华通公司用银行存款支付业务招待费5 000元。

借：管理费用   5 000

 贷：银行存款   5 000

【例6-37】 华通公司的李平报销差旅费1 040元（原借440元）。

借：管理费用   1 040

 贷：其他应收款   440

  库存现金   600

【例6-38】 华通公司计提行政管理人员工资25 000元及福利费3 500元。

借：管理费用   28 500

 贷：应付职工薪酬——工资   25 000

  ——职工福利   3 500

（2）财务费用的业务。

【例6-39】 华通公司用现金支付短期借款利息600元。

借：财务费用   600

 贷：库存现金   600

（3）营业外收支的业务。营业外收支是指企业发生的与其生产经营活动无直接关系的各项收入和各项支出，包括营业外收入和营业外支出两个方面。营业外收支具有以下特点，

①营业外收入和营业外支出一般彼此相互独立，不具有因果关系。

②营业外收支通常意外出现，企业难以控制。

③营业外收支通常偶然发生，不重复出现，企业难以预见。

营业外收支虽然与企业正常的生产经营活动没有直接关系，但它们同样会对企业的利润总额造成影响，因此在会计核算中，应根据营业外收支项目发生的时间，按其实际发生的金额分别予以确认和计量，并在利润表中分列项目反映。

营业外收入是指企业偶然发生的与其日常活动无直接关系的各项利得，包括非流动资产处置利得、政府补助、盘盈利得（除固定资产盘盈外）、捐赠利得、非货币性资产交换利得、债务重组利得等。营业外支出是指企业偶然发生的与其日常活动无直接关系的各项损失，包括非流动资产处置损失、公益性捐赠支出、盘亏损失、罚款支出、非货币性资产交换损失、债务重组损失等。

【例6-40】 华通公司收到国家返还的教育费附加款15 000元。

借：银行存款   15 000

 贷：营业外收入   15 000

【例6-41】 华通公司用银行存款支付罚款1 000元。

借：营业外支出   1 000

 贷：银行存款   1 000

【例 6-42】 华通公司用银行存款支付罚款 5 000 元。

借：营业外支出 5 000

 贷：银行存款 5 000

（4）结转各类收入的业务。

【例 6-43】 华通公司期末结转以上业务的各类收入。该项经济业务的发生使企业本年利润增加 492 400 元，应记入"本年利润"账户的贷方；同时使企业各类收入共减少 492 400 元，应分别记入"主营业务收入""其他业务收入""营业外收入"账户的借方。会计处理如下。

借：主营业务收入 472 000

 其他业务收入 5 400

 营业外收入 15 000

 贷：本年利润 492 400

（5）结转各类成本、费用的业务。

【例 6-44】 华通公司期末结转各类成本、费用。该项经济业务的发生使企业本年利润减少 412 211.2 元，记入"本年利润"账户的借方；同时使企业各类成本、费用共减少 412 211.2 元，应分别记入"主营业务成本""其他业务成本""营业外支出""税金及附加""销售费用""管理费用""财务费用"账户的贷方。会计处理如下。

借：本年利润 412 211.2

 贷：主营业务成本 254 704

  其他业务成本 5 400

  营业外支出 6 000

  税金及附加 2 687.2

  销售费用 36 524

  管理费用 106 296

  财务费用 600

（6）结转所得税的业务。

【例 6-45】 若企业应纳税所得额为 492 400 − 412 211.2 = 80 188.8（元），按税法规定 25% 税率计算应纳所得税税额为 20 047.2 元。

该项经济业务的发生，使企业所得税增加 20 047.2 元，应分别记入"所得税费用"账户的借方和"应交税费——应交所得税"账户的贷方。会计处理如下。

借：所得税费用 20 047.2

 贷：应交税费——应交所得税 20 047.2

【例 6-46】 期末结转所得税。该项经济业务的发生使企业的本年利润减少 20 047.2 元，应分别记入"本年利润"账户的借方和"所得税费用"账户的贷方。会计处理如下。

借：本年利润 20 047.2

 贷：所得税费用 20 047.2

四、利润分配业务的会计处理

▶ 1. 利润分配的核算内容

利润分配是指企业根据国家有关规定和企业章程、投资者的决议等，对企业当年可供分配的利润所进行的分配。

可供分配的利润＝净利润（或亏损）＋年初未分配利润－弥补以前年度亏损＋
其他转入金额

根据《公司法》等相关法律法规的规定，如果企业以前年度有亏损，要先弥补以前年度亏损；如果没有，一般按以下顺序进行利润分配。

（1）提取法定盈余公积。根据《公司法》的规定，公司制企业应当按照当年实现净利润的10%计提法定盈余公积，法定盈余公积累计额达到注册资本的50%时可不再提取。

（2）提取任意盈余公积。一般按股东大会决议提取。

（3）向投资者分配利润（或股利）。企业可供分配的利润扣除提取的盈余公积后，形成可供投资者分配的利润，即

可供投资者分配的利润＝可供分配的利润－提取的盈余公积

可供投资者分配的利润应按以下顺序进行分配：①支付优先股股利，即企业按照利润分配方案分配给优先股股东的现金股利；②支付普通股股利，即企业按照利润分配方案分配给普通股股东的现金股利；③转作资本（或股本）的普通股股利，是指企业按照利润分配方案以分派股利的形式转作的资本（或股本）。

可供投资者分配的利润经过上述分配后，剩余部分为企业的未分配利润（或未弥补亏损）。年末未分配利润可按以下公式计算：

年末未分配利润＝可供投资者分配的利润－优先股股利－普通股股利

未分配利润是企业实现的净利润经过弥补亏损、提取盈余公积和向投资者分配利润后留存在企业的、历年结存的利润。未分配利润通常用于留待以后年度向投资者进行分配。由于未分配利润相对于盈余公积而言，属于未确定用途的留存收益，因此企业在使用未分配利润上有较大的自主权，受国家法律法规的限制较少。

▶ 2. 利润分配具体业务的会计处理

（1）年终结转全年净利润的业务。企业利润的分配（或亏损的弥补）应通过"利润分配"账户进行。会计期末，企业应将当年实现的净利润转入"利润分配——未分配利润"账户，即借记"本年利润"账户，贷记"利润分配——未分配利润"账户；若为净亏损，则作相反分录。结转前，若"利润分配——未分配利润"明细分类账户的余额在借方，上述结转当年净利润的分录同时反映了当年实现的净利润自动弥补以前年度亏损的情况。因此，用当年实现的净利润弥补以前年度亏损时，不需要另行编制会计分录。

【例6-47】 年终，企业将实现的全年净利润 80 188.8 － 20 047.2 = 60 141.6（元）转入"利润分配"账户。

该项经济业务的发生使企业向投资者分配的利润增加 60 141.6 元，应记入"利润分配"账户的贷方；同时使企业的本年净利润减少 60 141.6 元，应记入"本年利润"账户的借方。会计处理如下。

借：本年利润   60 141.6
　　贷：利润分配——未分配利润   60 141.6

（2）提取盈余公积的业务。

【例6-48】 企业按净利润的10%提取法定盈余公积 6 014.16 元。

该项经济业务的发生使企业提取的法定盈余公积增加 6 014.16 元，应记入"盈余公积

——法定盈余公积"账户的贷方；同时使企业的利润分配减少 6 014.16 元，应记入"利润分配——提取法定盈余公积"账户的借方。会计处理如下。

借：利润分配——提取法定盈余公积　　　　　　　　　　　　　　6 014.16

　　贷：盈余公积——法定盈余公积　　　　　　　　　　　　　　　　　6 014.16

（3）向投资者分配利润或股利的业务。

【例 6-49】　华通公司按净利润的 5% 提取任意盈余公积 3 007.08 元。

该项经济业务的发生使企业提取的任意盈余公积增加 3 007.08 元，应记入"盈余公积——任意盈余公积"账户的贷方；同时使企业的利润分配减少 3 007.08 元，应记入"利润分配——提取任意盈余公积"账户的借方。会计处理如下。

借：利润分配——提取任意盈余公积　　　　　　　　　　　　　　3 007.08

　　贷：盈余公积——任意盈余公积　　　　　　　　　　　　　　　　3 007.08

【例 6-50】　华通公司按已批准的分配方案向投资者分配现金股利 30 000 元。

该项经济业务的发生使企业向投资者分配的现金股利增加 30 000 元，应记入"应付股利"账户的贷方；同时使企业的利润分配减少 30 000 元，应记入"利润分配——应付现金股利"账户的借方。会计处理如下。

借：利润分配——应付现金股利　　　　　　　　　　　　　　　　30 000

　　贷：应付股利　　　　　　　　　　　　　　　　　　　　　　　30 000

（4）结转"利润分配"所属各明细账户的业务。

【例 6-51】　年终，华通公司将"利润分配"账户所属各明细账户的借方分配数结转到"利润分配——未分配利润"账户的借方。

借：利润分配——未分配利润　　　　　　　　　　　　　　　　39 021.24

　　贷：利润分配——提取法定盈余公积　　　　　　　　　　　　　　6 014.16

　　　　　　　　——提取任意盈余公积　　　　　　　　　　　　　3 007.08

　　　　　　　　——应付现金股利　　　　　　　　　　　　　　　30 000

拓展阅读

遵纪守法，共筑会计职业健康发展

党的二十大报告中强调"在法治轨道上全面建设社会主义现代化国家"，既凸显了法治建设事关根本的战略地位，又明确了法治建设服务保障党和国家工作大局的战略任务。落实这一要求，要坚持以习近平新时代中国特色社会主义思想为指导，深入贯彻习近平法治思想，坚持党的领导、人民当家作主、依法治国有机统一，更好发挥法治固根本、稳预期、利长远的保障作用，为全面建设社会主义现代化国家保驾护航。

回顾中华人民共和国成立 70 多年来，党的领导，党的路线、方针、政策与共产党人的初心和使命一脉相承，与为中国人民谋幸福、为中华民族谋复兴的思想一以贯之，体现在党和国家的大政方针之中。会计法律规范体系的建立完善，也是国家财政落实党的大政方针的具体体现，它符合中国特色社会主义制度的要求，对促进国民经济发展、促进企业发展、促进改革开放作出了重大贡献。

新中国会计事业发展与国家发展进程高度一致，并与国家经济体制高度契合。新中国社会发展与经济建设的伟大成就，离不开新中国会计人的巨大贡献。随着中国经济的强劲发展、中华民族的伟大复兴以及中国在世界会计领域话语权的提升，中国会计发展成就在世界范围内受到越来越多会计学者的关注。我们坚信，新中国的会计学者和实际工作者坚持正确的政治方向，努力学习，勤奋工作，勇于创新，继往开来，定会继续开创中国特色社会主义会计的新局面。

复习思考

1. 资金筹集过程有哪些基本业务？
2. 企业供应过程有哪些基本业务？
3. 企业生产过程有哪些基本业务？
4. 企业销售过程有哪些基本业务？
5. 企业利润的形成和分配如何核算？

在线自测

自学自测

扫描此码

实战演练

实训一：

（一）实训目的：练习资金筹集业务的核算。

（二）实训资料：

A 公司 202×年 5 月发生以下经济业务。

1. 某单位投入一批原材料，总成本 1 800 000 元。

2. 向银行借入 1 月期借款 150 000 元，已存入银行。

3. 向银行借入 5 年期借款 5 400 000 元，已存入银行。

4. 以银行存款偿还短期借款 60 000 元、长期借款 400 000 元。

5. 收到某公司投入本企业商标权一项，投资双方确认的价值为 2 500 000 元。

6. 按规定将盈余公积 200 000 元转作资本金。

7. 接受外商捐赠汽车 1 辆，价值 800 000 元。

8. 企业购进建造设备所需材料，专用发票价款为 500 000 元，增值税税款为 65 000 元。货款已用银行存款支付。

9. 企业为建造设备领用上述全部材料，并计算应支付给建造设备工人的工资 20 000 元。

10. 31 日，企业上述设备建造完毕，达到预定可使用状态。

11. 购入不需安装生产设备，总价款为 60 000 元，专用发票上注明的增值税税款为 7 800 元，货款未付。

（三）实训要求：根据上述经济业务编制会计分录。

实训二：

（一）实训目的：掌握材料采购成本的核算。

（二）实训资料：某工业企业 202×年 2 月购进 A、B 两种材料，有关资料如表 6-6 所示。

表 6-6　某工业企业 202×年 2 月购进材料明细表　　　　　单位：元

材料名称	单位	单价	重量	买价	运杂费	增值税税额
A 材料	千克	4	80 000	320 000		41 600
B 材料	千克	2	40 000	80 000		10 400
合计			120 000	400 000	36 000	52 000

（三）实训要求：按材料的重量分配运杂费，计算 A、B 两种材料的采购总成本和单位成本。

实训三：

（一）实训目的：掌握材料采购业务的核算。

（二）实训资料：

某企业采用实际成本法核算，202×年 5 月发生以下经济业务。

1. 购进不需安装生产设备 1 台，买价 50 000 元，运杂费 400 元，包装费 4 300 元，所有款项均以银行存款支付，设备交付使用。

2. 向兴民公司购进 A 材料 1 500 千克，单价 30 元，计 45 000 元；购进 B 材料 2 000 千克，单价 15 元，增值税税率 13%，全部款项尚未支付。

3. 用银行存款支付上述 A、B 材料的运杂费 7 400 元（按材料重量比例分摊）。

4. 向明通公司购进 C 材料 3 000 千克，单价 25 元，计 75 000 元，增值税 9 750 元，款项以银行存款支付。

5. 用现金支付 C 材料的运费及装卸费 36 000 元。

6. A、B、C 三种材料发生入库前的挑选整理费 3 800 元（按材料重量比例分摊），用现金支付。

7. 本期购进的材料均已验收入库，现结转实际采购成本。

（三）实训要求：根据上述经济业务编制会计分录（运杂费和挑选整理费按材料重量比例分摊）。

实训四：

（一）实训目的：练习产品生产业务的核算。

（二）实训资料：

某企业 202×年 5 月发生以下经济业务。

1. 本月生产领用材料情况如表 6-7 所示。

表 6-7 某企业 202×年 5 月生产领用材料情况   单位：元

用途	甲材料	乙材料	合计
甲产品	52 000	48 000	100 000
乙产品	48 000	32 000	80 000
车间一般起用	25 000	500	25 500
合计	125 000	80 500	205 500

2. 结算本月应付工资 54 000 元，其中生产甲产品生产工人工资 30 000 元，生产乙产品生产工人工资 10 000 元，车间管理人员工资 10 000 元，厂部管理人员工资 4 000 元。

3. 按工资总额的 14%计提职工福利费。

4. 从银行存款提取现金 54 000 元。

5. 用现金发放上月职工工资 54 000 元。

6. 用银行存款支付本月水电费，计 4 200 元，其中各车间分配 700 元，厂部分配 3 500 元。

7. 按规定标准计提本月固定资产折旧费 5 200 元，其中生产甲产品用固定资产折旧费为 2 800 元，厂部固定资产折旧费为 2 400 元。

8. 按生产工人工资的比例分摊并结转本月制造费用。

9. 本月投产甲产品 1 000 件，全部完工；投产乙产品 500 件，全部未完工。甲产品已全部完工入库，结转完工产品成本。

（三）实训要求：

1. 根据上述经济业务编制会计分录。

2. 根据有关会计分录，登记"生产成本"总账、明细分类账和"制造费用"总账。

实训五：

（一）实训目的：练习销售业务的核算。

（二）实训资料：

华通公司 202×年 12 月发生以下经济业务。

1. 25 日，销售给长江公司 A 产品 40 件，每件售价 500 元，计价款 20 000 元，增值税 2 600 元，用银行存款代垫运杂费 500 元，货款及运杂费尚未收到。

2. 26 日，销售给长江公司 B 产品 70 件，每件售价 400 元，计价款 28 000 元，增值税 3 640 元，收到一张票面金额为 32 480 元的商业汇票。

3. 26 日，销售给南方公司 A 产品 20 件，每件售价 500 元，计价款 10 000 元，增值税 1 300 元，货款及增值税已收到并存入银行。

4. 26 日，将企业库存不用的 100 千克丙材料进行销售，价款 5 000 元，增值税 650 元，款项已存入银行。

5. 27 日，收到长江公司前欠货款 30 000 元，已存入银行。

6. 27 日，用银行存款支付广告费 5 000 元。

7. 30 日，结转已售 A、B 产品的成本。（注：假定发出商品时采用加权平均法）

8. 30 日，结转已售丙材料的成本。

9. 30 日，计算 A 产品应交的消费税（A 产品属消费品，消费税税率为 5%）。

10. 30 日，计提城市维护建设税和教育费附加（城市维护建设税税率为 7%，教育费附加的征收率为 3%）。

11. 30 日，用银行存款归还短期借款 10 000 元。

（三）实训要求：根据上述经济业务编制会计分录。

实训六：

（一）实训目的：练习利润及利润分配业务的核算。

（二）实训资料：

华通公司 202×年 12 月发生以下经济业务。

1. 30 日，企业以银行存款支付违约罚款 500 元。

2. 30 日，企业收到对外投资分得的利润 6 000 元，已存入银行。

3. 30 日，企业收到一笔罚款收入 200 元，已存入银行。

4. 30 日，按本月利润总额的 25%计算并结转所得税费用。

5. 30 日，将企业收入、费用类账户余额结转至"本年利润"账户。

6. 30 日，按全年净利润的 10%计提法定盈余公积。

7. 30 日，按全年净利润的 40%向投资者分配利润。

8. 30 日，结转本年利润及利润分配各明细分类账户。

9. 30 日，用银行存款缴纳所得税 5 000 元。

（三）实训要求：根据上述经济业务编制会计分录。

实训七：

（一）实训目的：练习工业企业主要经营业务的核算。

（二）实训资料：光明工厂 2024 年 12 月初"生产成本——乙产品"账户的期初余额为 15 100 元，其中，直接材料 7 500 元，直接人工 3 600 元，制造费用 4 000 元。12 月发生以下经济业务。

1. 李阳出差暂借差旅费 3 000 元，财务科以现金付讫。

2. 从南通厂购入原材料，买价 80 000 元，增值税进项税额 10 400 元，运杂费 400 元，入库前的整理挑选费 200 元，以银行存款支付，材料验收入库。

3. 从北方工厂购入原材料，其中：A 材料 300 千克，买价 60 000 元，增值税进项税额 7 800 元；B 材料 200 千克，买价 40 000 元，增值税进项税额 5 200 元。共发生运杂费 300 元，款项未支付，材料尚未到达（运杂费按材料重量比例分摊）。

4. 从北方工厂购入的原材料运到，并验收入库。

5. 胜利工厂以新建厂房一栋向本企业投资，价值 500 000 元。

6. 收到某企业向本企业的捐款 80 000 元，已存入银行。

7. 生产领用原材料 127 900 元，其中，生产甲产品用 81 000 元，生产乙产品用 35 000 元，车间一般耗用 6 400 元，行政管理部门耗用 5 500 元。

8. 分配本月应付职工工资 40 000 元，其中，生产甲产品生产工人工资为 13 000 元，生产乙产品生产工人工资为 12 000 元，车间管理人员工资为 8 000 元，厂部行政管理人员工资为 7 000 元。

9. 按工资总额的 14%提取职工福利费。

10. 计提本月固定资产折旧为 15 500 元，其中，车间固定资产折旧为 10 000 元，厂部行政管理部门折旧为 5 500 元。

11. 收到大华工厂以专利权向本企业进行的投资，评估价为 60 000 元。

12. 李阳出差回来，报销差旅费 2 500 元，退回余款 500 元。

13. 以银行存款支付本月供电公司电费 7 500 元，其中，生产车间耗用 7 000 元，厂部行政管理部门耗用 500 元。

14. 以银行存款支付本月供水公司水费 3 300 元，其中，生产车间耗用 2 280 元，厂部行政管理部门耗用 1 020 元。

15. 用银行存款支付本月短期借款利息 2 000 元。

16. 以银行存款支付生产车间设备修理费 1 200 元。

17. 以银行存款支付法律咨询费 3 000 元。

18. 经批准，将资本公积 120 000 元转增注册资本。

19. 归集本月发生的制造费用，并根据甲、乙产品的生产工人工时比例分配本月发生的制造费用（本月甲产品耗用 6 000 工时，乙产品耗用 4 000 工时）。

20. 本月投产甲、乙产品各 1 000 件，其中：甲产品全部完工入库；乙产品完工入库 800 件，月末在产品 200 件。在产品成本按单位定额成本计算确定，其中：直接材料 40 元；直接人工 21.4 元；制造费用 19.5 元。计算并结转完工入库产品的生产成本。

21. 销售给广发工厂甲产品 500 件，售价每件 300 元，增值税税率 13%，款项已收到，已存入银行。

22. 销售给友谊工厂乙产品 500 件，售价 80 000 元，增值税销项税额 10 400 元，款项尚未收到。

23. 以银行存款支付广告费 8 000 元。

24. 结转本月销售甲产品 500 件和乙产品 500 件的生产成本。

25. 销售给红星工厂材料 500 千克，售价 10 000 元，销项税额 1 300 元，款项已存入银行。

26. 结转售给红星工厂材料的成本 7 000 元。

27. 按本月应交增值税的 7% 和 3%，计算本月应缴纳的城市维护建设税和教育费附加。

28. 用银行存款缴纳上月应交所得税 63 000 元。

29. 用银行存款向灾区捐款 50 000 元。

30. 用银行存款支付违反有关税法规定的税收罚款 10 000 元。

31. 将确实无法支付的应付账款 20 000 元转作营业外收入。

32. 收到联营企业分来的投资利润 100 000 元，已存入银行。

33. 结转本月损益类收入账户的余额。

34. 结转本月损益类费用账户的余额。

35. 计算本月实现的营业利润、利润总额，按本月利润总额的 25% 计算并结转应交所得税。

36. 计算本月实现的净利润。

37. 31 日，结转全年实现的净利润 500 000 元。

38. 31 日，按全年净利润的 10% 提取盈余公积 50 000 元。

39. 31 日，经研究决定向投资者分配利润 200 000 元。

40. 31 日，用银行存款支付投资者的利润 200 000 元。

41. 31 日，经批准，将企业的盈余公积 100 000 元转增注册资本。

（三）实训要求：根据上述经济业务编制会计分录。

7 第七章
Chapter 7
会计凭证

>>> **知识目标**

理解会计凭证的意义和种类；熟悉会计凭证的基本内容和填制要求；熟悉会计凭证传递和保管的规定；掌握会计凭证的填制和审核方法。

>>> **技能目标**

能正确填制、传递和保管会计凭证；学会运用凭证审核方法审核原始凭证和记账凭证。

引导案例

2024 年 12 月，某有限责任公司出纳员小王在审查原始凭证时，发现业务员小李提供的住宿费发票和小张提供的购货发票存在问题：小李的住宿费发票大小写金额不一致；小张提供的购买办公用品的发票经审查是伪造的。

问题：小王应如何处理？

第一节　　会计凭证概述

一、会计凭证的定义

会计凭证是记录经济业务、明确经济责任、具有法律效力的书面证明，是登记账簿的依据。

填制和审核会计凭证是会计核算的一种专门方法，也是会计工作的起点和基础，是交易或事项的初始反映，在整个会计核算过程中起着至关重要的作用。任何企业、事业和行政单位在处理经济业务时，都必须由执行和完成该项经济业务的有关人员从单位外部取得或自行填制有关凭证，以书面形式记录和证明所发生经济业务的性质、内容、数量、金额等，并在凭证上签名或盖章，以对经济业务的合法性和凭证的真实性、完整性负责。任何会计凭证都必须认真填制，同时还需要经过财会部门严格审核。只有审核无误的会计凭证，才能作为经济业务发生或完成的证明，才能作为登记账簿的依据。

二、会计凭证的意义

合法地取得、正确地填制和审核会计凭证，是会计核算的基本方法之一，也是会计核算工作的起点，在会计核算中具有重要意义，主要体现在以下几个方面。

▶ 1. 会计凭证是提供原始资料、传递经济信息的工具

会计凭证详细记录了经济业务发生的具体内容，是记录经济活动最原始的资料。通过会计凭证的加工、整理和传递，对日常大量、分散的经济业务进行分类、整理、汇总，并经过会计处理，为经济管理提供有用的经济和会计信息，既协调了会计主体内部各部门、各单位之间的经济活动，保证生产经营各个环节的正常运转，又为会计分析和会计检查提供了基础资料。

▶ 2. 会计凭证是登记账簿的依据

经济业务一旦发生，就必须通过填制会计凭证来如实记录经济业务的内容、数量和金额。随着业务的执行与完成，记载业务完成情况的会计凭证就陆续按规定的程序集中到财务会计部门，经过审核无误后，作为登记账簿的基本依据。因此，做好会计凭证的填制和审核工作，是保证会计账簿资料真实性、正确性的重要前提。

▶ 3. 会计凭证是明确经济责任、强化内部控制的手段

经济业务发生后所取得、填制并审核的会计凭证，须由有关经办的部门和人员在会计凭证上签名、盖章，以表明他们对经济活动的真实性、准确性、合法性应承担的法律责任和经济责任，这就增强了有关部门和人员的法律意识和责任感，确保经济业务的记录真实可靠、准确无误；促使企业严格按照国家政策、财经制度等办事，提高管理水平，加强内部控制，分清经济责任，从而加强经济责任制，强化企业的内部控制。

▶ 4. 会计凭证是监督、控制经济活动的必要条件

会计凭证是对经济业务的发生、进程和完成等具体情况的记录和反映。通过会计凭证的审核，可以查明每一项经济业务是否符合国家有关法律法规、制度的规定，是否符合计划、预算进度，是否有铺张浪费行为等，从而及时发现企业在资金管理上存在的漏洞。对于检查出的问题，应积极采取措施予以纠正，实现对经济活动的事中控制，保证经济活动健康进行。

三、会计凭证的种类

会计凭证作为一种证明文件，在企业的经济活动中的表现形态是多种多样的，内容也是非常丰富的。由于会计凭证在会计核算中的作用不同，一般情况下，会计凭证按其用途和填制程序的不同，可分为原始凭证和记账凭证两类。

▶ 1. 原始凭证

原始凭证是指有关部门或人员在经济业务发生或完成时取得或填制的凭证，它载明了经济业务的具体内容，明确了经济责任，是具有法律效力的书面证明，也是编制记账凭证、组织会计核算的原始资料和重要依据。

▶ 2. 记账凭证

记账凭证是指会计人员根据审核无误的原始凭证或原始凭证汇总表编制的，用以记载经

济业务简要内容并按照登记账簿的要求确定账户名称、记账方向和金额的一种记录,它是进一步登记各种账簿的依据。

<h1 style="text-align:center">第二节 原 始 凭 证</h1>

一、原始凭证的定义

原始凭证又称为单据,是在经济业务发生或完成时取得或填制的,用以记录、证明经济业务发生或完成情况的书面证明。原始凭证记载着大量的经济信息,是证明经济业务发生的初始文件,也是进行会计核算的原始资料。与记账凭证相比,原始凭证具有较强的法律效力,因此原始凭证是一种重要的会计凭证,如购货发票、银行结算凭证、借款单、差旅费报销单、收料单和领料单等。

二、原始凭证的种类

原始凭证在整个企业经营活动中,随着经济业务的发生而取得或填制。由于种类繁多,可以将原始凭证按以下标准进行分类。

► 1. 原始凭证按其来源渠道不同分类

原始凭证按其来源渠道不同,分为外来原始凭证和自制原始凭证。

(1)外来原始凭证,是指与外部单位或个人发生经济业务往来关系时,从对方单位取得的原始凭证。如购货时取得的发货票,银行收付款结算凭证,出差取得的飞机票、车船票、住宿和用餐发票,对外支付款项时取得的收据等。外来原始凭证的一般格式如表 7-1 和表 7-2 所示。

表 7-1 现 金 支 票

中国工商银行 现金支票存根 Ⅳ Ⅲ 32190879 科目_____ 对方科目_____ 出票日期 2024 年 2 月 15 日 收款人 金额 用途 单位主管　　会计	本支票付款期十天	中国工商银行　**现金支票**　　　　　　　　Ⅳ　Ⅲ 32190879 出票日期(大写)贰零贰肆年零贰月壹拾伍日 收款人:　　　　　　　　　　付款行名称: 　　　　　　　　　　　　　　出票人账号:

			百	十	万	千	百	十	元	角	分
人民币 (大写)	叁仟伍佰元整				¥	3	5	0	0	0	0

用途:差旅费　　　　　　　　科目(借)
　　　　　　　　　　　　　　对方科目(贷)
出票人签章:　　　　　　　　付讫日期　　年　　月　　日
　　　　　　　　　　　　　　出纳　　复核　　　　记账

表 7-2　增值税专用发票　　　　　　No

发 票 联　　　　　　　　开票日期：2024 年 2 月 1 日

购货单位	名称：华丰股份有限公司														密码区										
	纳税人识别号：330015790557878																								
	地址、电话：杭海市光辉路 112 号、88855500																								
	开户行及账号：工商行杭海支行、2002006201395487509																								

货物或应税劳务名称	规格型号	单位	数量	单价	金　　　额									税率%	税　　　额								
					百	十	万	千	百	十	元	角	分		百	十	万	千	百	十	元	角	分
B 材料		千克	5000	19.30		9	6	5	0	0	0	0	0	13			1	2	5	4	5	0	0
合　计						¥	9	6	5	0	0	0	0	13			¥	1	2	5	4	5	0	0

价税合计（大写）　壹拾万零玖仟零肆拾伍圆整　　　　　（小写）¥109 045.00

销货单位	名　　　称：光辉公司	备注
	纳税人识别号：20002568068899	
	地　址、电话：东南市江北路 120 号、88660000	
	开户行及账号：工商行东南支行、2002006201293359079	

收款人：　　　　复核：　　　　　开票人：　　　　　　　销货单位（未盖章无效）：

（2）自制原始凭证，是指由本单位内部经办业务的部门或人员，在办理经济业务时所填制的原始凭证。如商品、材料入库时由仓库保管人员填制的入库单，商品销售时由业务部门开出的提货单、生产车间领用材料的领料单、差旅费报销单、工资结算单等。领料单如表 7-3 所示。

表 7-3　领　料　单

领用部门：　　　　　　　　　　　　　　　　　　　　　　仓库：

用　　途：生产甲产品　　　　2024 年 2 月 16 日　　　　　编号：

材料类别	材料编号	材料名称	规　格	计量单位	数　量		金　额	
					请　领	实　发	单位成本	总金额
		A 材料		千克	10 500.00	10500.00	40.00	420 000.00
合　计					10 500.00	10 500.00	40.00	420 000.00
备注：								

部门负责人：　　　　　材料库保管员：　　　　　记账员：　　　　　领料人：

▶ 2. 原始凭证按其填制的手续不同分类

原始凭证按其填制的手续不同，分为一次凭证、累计凭证、汇总凭证。

（1）一次凭证，是指填制手续一次完成，用以记录一项或若干项同类业务的原始凭证。外来原始凭证一般都是一次凭证，如发货票、银行结算凭证等。大部分自制原始凭证也是一次凭证，如收料单、领料单、费用报销单等，差旅费报销单如表 7-4 所示。

表 7-4 差旅费报销单

报销部门：　　　　　　　　　　　　　　　　　　　　　　　　　　报销日期：2024 年 2 月 18 日

姓名		李林	职务		业务员	出差事由		开展销会		
出差起止日期		自 2024 年 1 月 5 日起至 2024 年 1 月 9 日止共 5 天附单据 5 张								
日期		起讫地点		车船费			住宿费	杂费	途中伙食补助		合计
月	日	起点	终点	交通工具	张数	金额			每天补助	金额	
1	5	杭海	江阳	火车	1	100	500	100		300	1 000
1	9	江阳	杭海	火车	1	100					100
合计						200	500	100		300	1 100

负责人：　　　　　　会计：　　　　　　审核：　　　　　　主管：　　　　　　出差人：

（2）累计凭证，是指在一定时期内，连续地在一张凭证中登记若干项同类经济业务的原始凭证。这种凭证的填制手续是多次完成的，记录相同性质的经济业务，可以随时结出累计数及结余数，并按照费用限额进行费用控制，期末按实际发生额记账。但因这种凭证要反复使用，必须严格凭证的保管制度。累计凭证一般是自制原始凭证，如工业企业的限额领料单、管理费用限额表等，限额领料单如表 7-5 所示。

表 7-5 限额领料单

领料部门：加工车间　　　　　　　　　　　　　　　　　　　　　　　　　　发料仓库：5 号
用途：制造 A 产品　　　　　　　　　　2024 年 3 月 10 日　　　　　　　　计划产量：300 台

材料类别	材料编号	材料名称	规格	计量单位	单价	领料限额	全月实领	
							数量	金额
金属	3305	圆钢	2 毫米	千克	3	1 000	900	2 700
日期	请领			实发		代用材料			限额节余
	数量	领料单位负责人签章	领料人签章	数量	发料人签章	数量	单价	金额	
1	500	刘丽	张艳辉	500	郑爽				500
5	300	刘丽	张艳辉	300	郑爽				300
8	100	刘丽	张艳辉	100	郑爽				100

生产计划部门负责人：　　　　　　　　　　　　仓库负责人：

（3）汇总凭证，又称原始凭证汇总表，是将记载同类经济业务的若干张原始凭证定期汇总而编制的一种原始凭证。这种原始凭证可以简化记账工作，但其本身不具有法律效力，主要适用于处理那些在一定时期内重复发生的经济业务，如工资汇总表、发出材料汇总表、差旅费报销单等。发出材料汇总表如表 7-6 所示。

表 7-6 发出材料汇总表

年　　月　　日

领料部门		材料名称		合 计
		原材料甲	原材料乙	
基本生产车间	一车间			
	二车间			
	小计			

续表

领料部门		材料名称		合　计
		原材料甲	原材料乙	
辅助生产车间	供电车间			
	锅炉车间			
	小计			
制造费用	一车间			
	二车间			
	小计			
管理费用				
合　计				

会计负责人（签章）：　　　　　　　　复核（签章）：　　　　　　　　制表（签章）：

注意：有些单据不是原始凭证，因此它们不能证明经济业务已经发生或完成情况，不能作为编制记账凭证和登记账簿的依据，如银行存款余额调节表、派工单等。

▶ 3. 原始凭证按照格式不同分类

原始凭证按照格式不同，可以分为通用原始凭证和专用原始凭证。

（1）通用原始凭证，是指由有关部门统一印制、在一定范围内使用的具有统一格式和使用方法的原始凭证。这里的一定范围，可以是全国范围，也可以是某地区或某系统。如全国统一使用的银行承兑汇票、税务部门统一规定使用的增值税专用发票等。

（2）专用原始凭证，是指由单位根据经营管理的需要而自行设计、印制，仅在本单位内部使用的、具有特定内容和专门用途的原始凭证，如差旅费报销单、收料单、领料单等。

三、原始凭证的填制

▶ 1. 原始凭证的基本内容

由于经济业务的种类和内容不同，经营管理的要求不同，原始凭证的格式和内容也不同。原始凭证一般是由国家有关部门统一印制的，如税务票据由国家税务部门监制，普通票据由国家工商管理部门监制，转账结算票据由中国人民银行和专业银行共同监制等。也有些原始凭证是由会计主体按照业务需要自行印制的，如材料入库单、个人借款借据等。为了能够客观反映经济业务的发生或完成情况，表明经济业务的性质，各种原始凭证都要做到载明的经济业务清晰、经济责任明确，要具备以下基本内容。

（1）原始凭证的名称。

（2）原始凭证的编号和填制原始凭证的日期。

（3）填制原始凭证的单位名称或填制人姓名。

（4）接受原始凭证单位的名称。

（5）经济业务的内容摘要。

（6）经济业务的数量、单价、金额。

（7）经办部门和人员的签名或盖章。

▶ 2. 原始凭证的填制要求

由于原始凭证的种类不同，其内容和格式千差万别，因此其具体填制方法也有所不同。

一般来说，外来原始凭证是由外单位根据经济业务的执行和完成情况填制的。自制原始凭证，一部分是根据实际发生或完成的经济业务，由经办人员直接填制的，如收料单、领料单等；还有一部分是根据已经入账的经济业务，由会计人员利用有关账簿记录进行归类、整理而编制的，如各种汇总原始凭证。为保证原始凭证反映经济业务内容的准确性，填制原始凭证时应按照以下要求进行。

（1）记录真实。填制原始凭证，必须符合真实性会计原则的要求，要以事实为依据，根据经济业务发生的实际情况，如实填写经济业务的内容、发生的日期、数量和金额，使原始凭证上所记载的内容与经济业务的真实情况相符，不得弄虚作假。为了保证原始凭证记录真实可靠，经办业务的部门或人员要在原始凭证上签字或盖章，以对凭证的真实性和正确性负责。

（2）内容完整。在填制原始凭证时，应该填写的项目要逐项填写（接受凭证方应注意逐项验明），不可缺漏，尤其需要注意的是：年、月、日要按照填制原始凭证的实际日期填写；名称要写全，不能简化；品名或用途要填写明确，不能含糊不清；有关人员的签章必须齐全。

（3）填制及时。经济业务执行和完成后必须及时填制原始凭证，经签字盖章后即递交会计部门，以便会计部门审核后及时入账。

（4）手续完备。财会人员在填制或取得原始凭证时，必须做到填写手续齐备。例如，从外单位取得的原始凭证，必须盖有填制单位的财务章；从个人取得的原始凭证，必须有填制人员的签名或盖章。自制原始凭证必须有经办单位负责人或其指定人员的签名或盖章。对外开出的原始凭证，必须加盖本单位财务章。购买实物的原始凭证，必须有验收证明；支付款项的原始凭证，必须有收款单位和收款人的收款证明等。

（5）书写规范。

①原始凭证必须用蓝色或黑色笔填写，字迹清楚、规范。填写支票必须使用碳素笔；对于需要套写的凭证，必须一次套写清楚。发生填写错误时不能随意涂改，应采用规定的方法予以改正。对于已预先印定编号的原始凭证，在写错作废时，应当加盖"作废"戳记，要单独保管，不得撕毁。

②在书写阿拉伯数字时，每一个数字都要占有一个数位，逐个填写且不能连笔，书写时的顺序是从左到右、自大到小。人民币符号"￥"和阿拉伯数字之间不能有空白，阿拉伯数字前加注人民币符号"￥"的，数字后面无须再写"元"字。所有以"元"为单位的阿拉伯数字，一律写到角位和分位，没有角、分的数字，可以填写"00"或符号"—"；有角位无分位的情况，分位上写"0"，不能用符号"—"来代替。

③大写金额数字只能用正楷或行书字来填写，必须用"会计体"汉字，即壹、贰、叁、肆、伍、陆、柒、捌、玖、拾、佰、仟、万、亿、元、角、分、零、整等来填写，不应用一、二、三、四、五、六、七、八、九、十、百、千、另（或令）等，更不能使用谐音字来代替。大写金额写到"元"或"角"的，在"元"或"角"之后要写"整"字，大写金额有"分"的，"分"字后面不写"整"字。

④凡是规定填写大写金额的凭证，如发票、提货单、银行结算凭证等，都必须同时填写大小写金额，大写和小写金额必须相符。阿拉伯金额数字中间有0或者连续有几个0时，汉

字大写金额只写一个"零"字即可，如￥7 008.25，汉字大写金额应写作"人民币柒仟零捌元贰角伍分"。

四、原始凭证的审核

经过审核无误的原始凭证，才能作为记账的依据，这也是发挥会计监督作用的重要环节。为了保证会计凭证的合法、合规、准确、完整，要求会计部门的经办人员必须严格审核各项原始凭证，主要包括以下几个方面的内容。

▶ 1. 真实性审核

真实性审核需要审核原始凭证是否真实地记录所发生的经济业务，有无弄虚作假、名不符实的情况，有无伪造、涂改、刮擦原始凭证的情况。真实性审核的内容主要是其记载的经济业务的日期、数量、单价、金额、业务程序、业务手续等是否正常，是否符合有关规定要求等。

▶ 2. 合理性、合法性审核

合理性、合法性审核需要审核原始凭证所记录的经济业务是否符合国家的有关法令、制度、政策及企业间的合同，企业内部的预算、计划等规定，是否合理、合法；审核经济业务是否符合审批权限以及费用开支范围和标准是否符合有关规定；审核经济活动是否符合提高经济效益的要求等。

▶ 3. 完整性、正确性审核

完整性、正确性审核首先应审核原始凭证是否具备作为合法凭证所需具备的基本内容。如经济业务的内容摘要、数量、单价、金额的填写是否齐全，书写是否清晰，手续是否完备，是否已签章。其次是审核原始凭证的有关数量、单价、金额是否正确，注意小计、合计的加总是否准确无误，大小写的书写是否正确等。

原始凭证的审核直接关系着会计信息的准确性，是一项十分重要的会计工作。因此，审核原始凭证时，会计人员应当坚持原则，按规章制度办事。在审核中，对于内容填写不全、手续不齐、数字不准确、书写不清的原始凭证，要退还给有关的业务单位或个人，并令其补办有关手续或进行更正后再予受理；对于违反国家法规政策和财经制度、审批手续不全、伪造涂改、弄虚作假的原始凭证应拒绝受理并向领导报告。

第三节　　记 账 凭 证

一、记账凭证的定义

记账凭证是根据审核无误的原始凭证或原始凭证汇总表编制的会计凭证，是登记账簿的直接依据。

由于经济业务的种类和数量繁多，与其相关的原始凭证的格式和内容也各不相同，加上原始凭证一般都不能具体表明经济业务应记入的账户及其借贷方向，直接根据原始凭证登记账簿容易发生差错。因此，在记账之前需要根据审核无误的原始凭证，经过归类整理，填制具有统一格式的记账凭证，确定经济业务应借应贷的会计科目和金额，并将相关的原始凭证附在记账凭证的后面。这样，既方便记账，又可减少差错，也有利于原始凭证的保管，从而提高对账和查账的效率。

二、记账凭证的种类

▶ 1. 记账凭证按用途分类

记账凭证按用途可以分为通用记账凭证和专用记账凭证。

（1）通用记账凭证是各类经济业务均可使用的、具有统一格式的一种记账凭证。它既可以用来登记涉及现金、银行存款的收付款业务，也可以登记一般的转账业务。这种会计凭证适用于规模小、经济业务比较简单的企业的会计核算，通用记账凭证的一般格式如表 7-7 所示。

表 7-7　通用记账凭证的一般格式

2024 年 3 月 1 日　　　　　　　　　　　　　　凭证编号：012 号

摘要	总账科目	明细科目	借方金额										贷方金额									
			千	百	十	万	千	百	十	元	角	分	千	百	十	万	千	百	十	元	角	分
从中华工厂购入甲材料	原材料	甲材料			6	0	0	0	0	0	0	0										
	银行存款														6	0	0	0	0	0	0	0
合　计			¥	6	0	0	0	0	0	0	0		¥	6	0	0	0	0	0	0	0	

财务主管：　　　　　　记账：　　　　　　审核：　　　　　　制单：

（2）专用记账凭证是专门用来记录某一特定种类经济业务的记账凭证。按其所记录的经济业务是否与货币资金收付有关又可以进一步分为收款凭证、付款凭证和转账凭证三种。

①收款凭证。收款凭证是为了反映货币资金增加的经济业务而编制的记账凭证，也就是记录现金和银行存款等收款业务的凭证。收款凭证不仅是出纳人员收款的依据，也是登记现金日记账、银行存款日记账以及其他相关的总账和明细账的依据，如收到销货款存入银行，就应该编制银行存款的收款凭证。收款凭证的一般格式如表 7-8 所示。

表 7-8　收款凭证的一般格式

借方科目：库存现金　　　　　　2024 年 3 月 2 日　　　　　　收字第 8 号

摘　要	贷方科目		金额										记账√	
	总账科目	明细科目	千	百	十	万	千	百	十	元	角	分		
出售材料收入	其他业务收入	材料收入						4	6	0	0	0		附件　　张
合　计							¥	4	6	0	0	0		

财务主管：　　　　记账：　　　　出纳：　　　　审核：　　　　填制：

②付款凭证。付款凭证是为了反映货币资金减少的经济业务而编制的记账凭证，也就是记录现金和银行存款等付款业务的凭证。付款凭证既是出纳人员据以付款的依据，也是登记现金日记账、银行存款日记账以及相关的总账和明细账的依据，如用银行存款发放职工工资、以现金购买办公用品等，就应该编制付款凭证。付款凭证的一般格式如表7-9所示。

③转账凭证。转账凭证是指根据有关转账业务的原始凭证填制而成的，用以反映与货币资金收付无关的转账业务的记账凭证。转账凭证是登记总分类账的依据。转账凭证的一般格式如表7-10所示。

表 7-9　付款凭证的一般格式

贷方科目：库存现金　　　　　　　　　　2024 年 3 月 3 日　　　　　　　　　　付字第 6 号

摘　要	借方科目		金额										记账√	
	总账科目	明细科目	千	百	十	万	千	百	十	元	角	分	记账√	
总务部王尧预借差旅费	其他应收款	王尧						8	0	0	0	0		附件　张
合　计						￥	8	0	0	0	0			

财务主管：　　　　　　记账：　　　　　　出纳：　　　　　　审核：　　　　　　填制：

表 7-10　转账凭证的一般格式

2024 年 3 月 5 日　　　　　　　　　　转字第　　号

摘　要	总账科目	明细科目	√	借方金额										√	贷方金额									
				千	百	十	万	千	百	十	元	角	分		千	百	十	万	千	百	十	元	角	分
生产A产品领用甲材料	生产成本	A产品			1	8	0	0	0	0	0														
	主原材料	甲材料																							
合计					￥	1	8	0	0	0	0	0			￥	1	8	0	0	0	0	0		

财务主管：　　　　　　记账：　　　　　　出纳：　　　　　　审核：　　　　　　填制：

▶ **2. 记账凭证按其填制方式不同分类**

记账凭证按其填制方式不同分为复式记账凭证和单式记账凭证。

（1）复式记账凭证，是指把某项经济业务所涉及的全部会计科目都集中填列在一张凭证上的记账凭证。其优点是可以在一张凭证上集中反映账户的对应关系，有利于了解经济业务的全貌，便于查账，同时可以减少制证的工作量。不足之处在于不便于分工记账和归类汇总。上述所列举的收款凭证、付款凭证和转账凭证的格式和内容，均为复式记账凭证的格式和内容。

（2）单式记账凭证，又称单科目记账凭证，是指把某项经济业务所涉及的会计科目，分别登记在两张或两张以上的记账凭证上，每张记账凭证上只填列一个会计科目的记账凭证。单式记账凭证中的对方科目只供参考，不凭以记账。一项经济业务涉及多少个会计科目，就填制多少张凭证，内容单一，便于按科目汇总，有利于分工记账。但制证工作量大，不利于在一张凭证上完整地反映经济业务的全貌，出现差错时不便于查找原因，因而一般适用于业务量较大、会计部门内部分工较细的会计主体。单式记账凭证的基本格式如表 7-11 所示。

表 7-11　单式记账凭证的基本格式

2024 年 3 月 5 日　　　　　　　　　　　　　　　　　凭证编号：

摘要	总账科目	明细科目	账页	金额	记账√
从银行提取现金	库存现金			2 000	
对应总账科目：银行存款	合计金额			￥2 000	

财务主管：　　　　　记账：　　　　　审核：　　　　　制单：

三、记账凭证的填制

▶ 1. 记账凭证的基本内容

记账凭证虽然有多种形式，但各种记账凭证的作用都在于对原始凭证进行归类整理，确定会计分录，并作为登记账簿的直接依据。因此，为满足记账要求，记账凭证虽然种类不同，格式各异，但一般都要具备以下基本内容。

（1）记账凭证的名称。

（2）填制凭证的日期和凭证的编号。

（3）填写单位的名称。

（4）经济业务的内容摘要。

（5）会计科目，包括一级科目、二级科目和明细科目的名称、方向和金额。

（6）所附原始凭证的张数。

（7）填制、审核、记账和会计负责人签章；收付款的记账凭证还应有出纳人员的签名或盖章。

▶ 2. 记账凭证的填制要求

填制记账凭证是记账工作的开始，记账凭证填制得正确与否，直接关系到记账是否真实和准确，这就要求会计人员把记账凭证应具备的基本内容按照一定的会计方法填写齐全，对会计信息予以正确归类，便于进行账簿登记。在填制记账凭证时，除了要严格遵照原始凭证的填制要求外，还要遵守以下基本要求。

（1）摘要填写应该简明扼要。记账凭证的"摘要"栏是对经济业务的简要说明，必须认真填写，应简要概括经济业务内容的要点，以便审计查阅时，可通过摘要了解该项经济业务的性质、特征，判断会计处理的正确性。

（2）业务记录正确。一张记账凭证只能反映一项经济业务或若干项同类经济业务，不能将不同类型的经济业务合并填制。采用借贷记账法编制会计凭证时，一般是编制一借多贷或一贷多借会计分录的记账凭证，不应填制多借多贷会计分录的记账凭证。

（3）会计科目运用准确。在记账凭证上，要根据经济业务的性质，按会计制度的规定，正确确定每一项经济业务应借应贷的会计科目，不得任意更改或简化会计科目的名称和核算内容，以确保会计科目使用的正确性和核算口径的一致性。

（4）注明所附原始凭证张数。每张记账凭证要注明所附原始凭证的张数，以便于日后查对。如果根据一张原始凭证编制两张记账凭证，则应在未附原始凭证的记账凭证上注明"单据×张，附在第×号记账凭证上"，以便复核和查对。

（5）记账凭证必须连续编号。记账凭证在一个月内应当连续编号，以便查阅。在使用通用记账凭证时，可按经济业务发生的先后顺序编号。采用收款凭证、付款凭证和转账凭证时，可采用"字号编号法"，即按凭证类别顺序编号。例如，收字第×号、付字第×号、转字第×号等。也可采用"双重编号法"，即按总字顺序编号与按类别编号相结合。例如，某收款凭证为"总字第×号、收字第×号"。一项经济业务需要编制多张记账凭证时，可采用"分数编号法"，即每一项经济业务编一个总号，再按凭证张数编几个分号。

例如，第六项经济业务需要填制两张记账凭证，则可编为转字第 $6\frac{1}{2}$ 号、转字第 $6\frac{2}{2}$ 号，前面的整数表示业务顺序，分子表示两张中的第一张和第二张。单式记账凭证的编号，也可采用"分数编号法"。每月最后一张记账凭证的编号旁边，可加注"全"字，以免凭证散失。

（6）检查、核对记账凭证的内容。在记账凭证填制完毕、登记账簿之前，要对记账凭证中的各项目进行检查和核对，有关人员要签名盖章，出纳人员根据收款凭证收款，或根据付款凭证付款，要在凭证上盖"收讫"或"付讫"的戳记，以免重收重付，防止差错，从而保证账簿记录的正确性。

四、记账凭证的审核

如前所述，记账凭证是登记账簿的依据，是编制报表的基础，其准确性决定着会计信息的质量。为了使记账凭证符合会计基础工作规范的有关要求，除了要严格按照填制记账凭证的要求进行填制，还要有专人对记账凭证进行审核，经过审核无误后的记账凭证才能据以记账。记账凭证审核的主要内容包括以下几项。

（1）内容的真实性与完整性。主要审核记账凭证与所附原始凭证的内容是否相符、金额是否准确等，并按原始凭证审核的要求，再次对所附原始凭证进行复核。

（2）书写的正确性与规范性。主要审核记账凭证中会计科目的使用是否准确，应借、应贷的金额是否一致；记账凭证中的记录是否文字工整、数字清晰；核算的内容是否符合会计制度的规定等。

（3）手续的完备性与合法性。主要审核记账凭证所需要填写的项目是否齐全、完整，此外还要审查记账凭证所反映的经济业务是否合法、合规。这就要求审核人员要熟悉和掌握国家的政策、法令和规章制度等规定，同时还要熟悉和了解本单位的计划、预算等有关规定及其生产经营情况。

在审核记账凭证过程中，若发现错误，应及时查明原因，并按规定办法予以更正。只有经过审核无误的记账凭证才能作为登记账簿的依据。

第四节　会计凭证的传递与保管

一、会计凭证的传递

会计凭证的传递是指会计凭证从取得或填制时起，经过审核、记账、装订到归档保管时止，在单位内部各有关部门和人员之间按规定的时间、路线办理业务手续和进行处理的过程。

由于各种会计凭证记载的经济业务不同，涉及的部门和人员不同。因此，为了保证会计核算的正常进行，以及对会计工作的监督、控制，应明确会计凭证传递的程序、时间和手续等问题。这样既可以保证及时地反映经济业务的发生和完成情况，又可以督促各个经办部门和人员及时正确地完成经济业务和办理凭证手续，并且有利于加强经济管理的责任制度，实现会计监督。

会计凭证的传递主要包括传递程序、传递时间和传递手续三个方面。必须从满足经营管理和会计核算的需要出发，合理制定凭证传递程序，使一切会计凭证在传递过程中只经过必要的部门和人员，要规定最长停留时间，指定专人负责，这样才能保证凭证传递的畅通无阻。

▶ 1. 会计凭证的传递程序

会计凭证传递的一般程序包括填制凭证、审核凭证、根据凭证记账、凭证归档等几个步骤。各单位应根据经济业务的特点、机构设置、人员分工情况，以及经营管理的需要，科学设计会计凭证的传递流程。既要使会计凭证经过必要的环节进行审核和处理，又要避免会计凭证在不必要的环节停留，从而保证会计凭证沿着最简捷、最合理的路线传递。

▶ 2. 会计凭证的传递时间

为了保证会计信息的时效性，会计凭证在传递过程中应使传递程序合理有效，尽量节约时间，减少传递的工作量，避免在不必要的环节滞留。应明确规定各种凭证在传递环节之间停留的最长时间，确保有关部门和人员按规定手续履行职责，不得拖延、积压会计凭证的处理，以免影响会计工作的正常程序，提高会计工作的效率。

▶ 3. 会计凭证的传递手续

会计凭证在传递过程中，其衔接手续应该做到既完备严密，又简便易行。会计凭证的收发、交接都应按一定的手续制度办理，以保证会计凭证的安全和完整。

会计凭证传递涉及单位内部各个部门及环节，因此，必须加强对会计凭证传递的管理，要制定一套既完备、严密又简单易行的凭证收发、交接相互协调衔接的手续和办法，并将传递程序、传递时间和传递手续绘制成凭证流程图，监督各部门和人员遵守执行，使凭证传递工作有条不紊、迅速而有效地进行。

二、会计凭证的保管

会计凭证的保管，是指会计凭证在登记入账后的整理、装订和归档存查。会计凭证属于重要的经济档案和历史资料，任何单位都要按规定建立立卷归档制度，形成会计档案资料并妥善保管。会计凭证的保管原则是：既要保证会计凭证的安全和完整，又要便于日后查阅，实现科学管理。

▶ 1. 会计凭证的整理、装订

各种记账凭证，连同所附原始凭证和原始凭证汇总表，要分类按顺序编号，定期（每天、每旬或每月）装订成册，并加具封面、封底，注明单位名称、凭证种类、所属年月和起讫号码、凭证张数等。为防止任意拆装，应在装订处贴上封签，并由经办人员在封签处加盖骑缝章。对一些非常重要、数量很多而又随时需要查阅的原始凭证，可以单独装订保管，在封面上注明所属记账凭证的种类、日期、编号。同时在记账凭证上注明"附件另存"字样和原始凭证名称、编号，以便备查。各种经济合同、存出保证金收据以及涉外文件等重要原始凭证，应当另编目录，单独登记保管，并在有关的记账凭证和原始凭证上相互注明日期和编号。

▶ 2. 会计凭证的归档

会计凭证存档后，保管责任随之转移到档案保管人员身上。保管人员应当按照会计档案管理的要求，对装订成册的会计凭证定期归类整理，以便查阅。作为会计档案，会计凭证不得外借，其他单位若由于特殊原因需要使用原始凭证时，经本单位领导批准可以复制。向外单位提供的会计凭证复制件，应在备查簿中登记，由提供人和收取人共同签章。

▶ 3. 会计凭证的保管期限和销毁

会计凭证的保管期限和销毁手续必须严格遵守会计制度的有关规定，任何人无权自行销毁凭证，以防止会计凭证散失、错乱、残缺不全或损坏。会计凭证按规定应保管 15 年，对于涉外和其他重要的会计凭证要求永久保存。当年的会计档案，在会计年度终了后，暂由会计部门保管一年，期满后，应由会计部门移交给本单位档案部门保管。会计凭证保管期满后，必须按规定手续报经批准后才能销毁。

拓展阅读

数智化时代会计人员要培养创新精神——会计凭证电子化管理

随着信息科技的不断发展，企业财务系统在不断升级换代，业务系统、费用管控、资金管理、影像管理、电子凭证管理等财务外围辅助系统也日益成熟。因此，财务共享服务的效能日益凸显，促进了整个财务行业的变革创新，成为财务数智化转型的基础性架构。

作为电子交易的重要媒介——电子会计凭证，其应用逐渐普及，对促进互联网财务共享下会计凭证经济的发展、社会资源的节约、大数据的整合等均具有重要意义，也是未来构建财务共享中心的重要基础和前提。以规范电子会计凭证使用和管理为契机，构建集团层面的财务共享中心，将信息电子化管理向业务终端延伸，推动技术、业务、组织等更多部门加入进来，集团治理体系和治理能力现代化离不开信息技术的支撑。

为实现"信息管税"的总体目标，国家税务总局等部门自 2020 年起正式开展增值税电子专票的试点工作，2021年正式开展电子发票的试点工作。伴随大量电子票据的出现，财政部、国家档案局、国家税务总局等单位针对电子会计凭证的财务处理合规性提出了具体要求。这也给财务共享的运营优化提出了新的挑战。

由此可见，随着社会经济的进步，会计从业人员也应紧跟时代的变化学习新技术、新知识，要有开拓创新的精神。

复习思考

1. 会计凭证有哪些作用？
2. 原始凭证应具备哪些要素？
3. 原始凭证与记账凭证的关系如何？
4. 填制原始凭证和记账凭证应符合哪些要求？
5. 怎样审核会计凭证？
6. 合理地组织会计凭证传递应考虑哪些问题？

在线自测

自学自测 扫描此码

实战演练

一、实训目的：练习记账凭证的填制。

二、实训资料：

企业名称：昌隆有限公司（增值税一般纳税人）

开户行：工商银行胜利路支行

银行账号：06696900

纳税人登记号：370866782801898

（注：会计人员：王艳；出纳员：张强；会计主管：李波）

昌隆有限公司 2024 年 12 月份发生的有关交易或事项如下。

1. 12 月 1 日，仓库发出材料供有关部门使用，填制领料单。

2. 12 月 9 日，出纳员填制现金支票提取现金，准备发放工资，支票存根如图 7-1 所示。

3. 12 月 9 日，以现金 140 000 元发放本月职工工资，填制工资结算汇总表。

4. 12 月 16 日，办公室购买办公用品 870 元，开出支票付款，填制有关单据，支票存根如图 7-2 所示。

5. 12 月 18 日，开出转账支票支付车间设备修理费 1 170 元，填制有关单据，支票存根如图 7-3 所示。

6. 12 月 31 日，分配结转本月职工工资 140 000 元，其中，生产 A 产品工人工资 60 000 元，生产 B 产品工人工资 40 000 元，车间管理人员工资 23 500 元，行政管理人员工资 16 500 元，填制分配表。

中国工商银行（鲁）

现金支票存根

NO. 01621955

附加信息 _____

_____

出票日期 2024 年 12 月 9 日

收款人：昌隆有限公司
金　额：￥140 000.00
用　途：备发工资

单位主管　　会计：王艳

图 7-1　昌隆有限公司支票存根（一）

中国工商银行（鲁）

转账支票存根

NO. 01621988

附加信息 _____

_____

_____

出票日期 2024 年 12 月 15 日

收款人：利群商厦
金　额：￥870.00
用　途：办公用品

单位主管　　会计：王艳

图 7-2　昌隆有限公司支票存根（二）

中国工商银行（鲁）

转账支票存根

NO. 01621989

附加信息 _____

_____

_____

出票日期 2024 年 12 月 18 日

收款人：黄海大修厂
金　额：￥1 170.00
用　途：支付修理费

单位主管　　会计：王艳

图 7-3　昌隆有限公司支票存根（三）

三、实训要求：根据上述资料填制如表 7-12～表 7-19 所示的原始凭证。

表 7-12　昌隆有限公司领料单（一）

领料部门：　　　　　　　　　　　　年　月　日

材　料		单　位	数　量		单位成本	金额	过账
名称	规格		请领	实发			
		千克					
		千克					
工作单号		用途					
工作项目							

会计：　　　　记账：　　　　　　　发料：　　　　　　　领料：

表 7-13 昌隆有限公司领料单（二）

领料部门： 年 月 日

材 料		单 位	数 量		单位成本	金额	过账
名称	规格		请领	实发			
		千克					
		千克					
工作单号		用途					
工作项目							

会计： 记账： 发料： 领料：

表 7-14 昌隆有限公司领料单（三）

领料部门： 年 月 日

材 料		单 位	数 量		单位成本	金额	过账
名称	规格		请领	实发			
		千克					
		千克					
工作单号		用途					
工作项目							

会计： 记账： 发料： 领料：

表 7-15 昌隆有限公司领料单（四）

领料部门： 年 月 日

材 料		单 位	数 量		单位成本	金额	过账
名称	规格		请领	实发			
		千克					
		千克					
工作单号		用途					
工作项目							

会计： 记账： 发料： 领料：

表 7-16 工资结算汇总表

年 月 日

部 门	计时工资	计件工资	工资性津贴	奖 金	应扣工资		应付工资
					事假	病假	

表 7-17　山东省商品销售统一发票

购货单位：利群商厦　　　　　　　　年　月　日填制

品名规格	单　位	数　量	单　价	金额							备　注
				万	千	百	十	元	角	分	
合　计											
合计金额（大写）											

开票人：　　　　　收款人：　　　　　单位名称（盖章）：

第二联　发票联

表 7-18　山东省增值税专用发票

发　票　联　　　开票日期：2019 年 12 月 18 日

购货单位	名称：昌隆有限公司 纳税人识别号：370866782801898 地址、电话：威海市环翠路 28 号 5230355 开户行及账号：工商银行胜利路支行 06696900			密码区	6+-〈2〉6〈869+296+/ * 加密版本：01 446〉600375〈35〉〈4/ * 37009931410 2-2〈2051+24+2618〈7　07050445 /3-15〉〉09/5/-1〉〉〉+2		
货物或应税劳务名称	规格型号	单　位	数　量	单　价	金　额	税率 13%	税额
合　计							
价税合计（大写）						（小写）	
销货单位	名　　　称：黄海大修厂 纳税人识别号：370856586263889 地址、电话：威海市幸福路 108 号 5656368 开户行及账号：中国银行幸福支行 5601022812364			备　注			

收款人：　　　　复核：　　　　开票人：　　　　销货单位：（章）

第二联：发票联　购货方记账凭证

表 7-19　工资费用分配汇总表

年　月　日

车间、部门		应分配金额
车间生产人员工资	生产 A 产品	
	生产 B 产品	
	生产人员工资小计	
车间管理人员		
行政管理人员		
合　　　计		

8

Chapter 8

第八章

会 计 账 簿

>>> **知识目标**

理解设置和登记账簿的意义及其在会计核算工作中的作用；了解账簿的种类及其记账规则；熟悉日记账、总分类账和明细分类账的内容、格式；掌握各类账簿的设置、登记和更正错账的方法。

>>> **技能目标**

能按账簿登记的规范要求，熟练对各种账簿进行登记，并能运用正确的方法进行对账、结账和更正错账。

引 导 案 例

小王是某公司新来的会计，他在该公司记账过程中遇到下面两种情况：其一，他在登记"原材料"总账时由于疏忽遗漏了一页，于是他将这张空白账页撕掉了；其二，他在登记完账簿后，发现据以登记账簿的记账凭证有错误，凭证上所用会计科目正确，但金额记小了，于是他在原有记账凭证和账簿上作了修改。

问题：小王的上述做法正确吗？若不正确应如何处理？

第一节　　会计账簿概述

一、会计账簿的定义

会计账簿，简称账簿，是指由具有一定格式而又互相联系的账页组成的，以会计凭证为依据，用来全面、系统、连续地记录和反映各项经济业务的簿籍。

如前所述，任何一个组织单位发生一笔经济业务后，首先要取得或填制会计凭证，即通过各种会计凭证来反映经济业务，这是会计核算工作的起点和基础。但会计凭证对经济业务的反映是零散的、片面的。每一张会计凭证只能记录一笔或性质相同的若干笔经济业务，不能把一个组织单位在某一时期内发生的全部经济业务全面地、系统地、连续地加以分类反映。因此，为了便于了解组织单位在某一时期内的全部经济活动情况，取得经济管理所需要的一系列会计核算资料，并为编制会计报表提供依据，就必须在会计凭证的基础上设置和登记账簿，把会计凭证上所记录的分散的、零星的会计信息，通过归类整理，将其登记到相应的账簿中，使之更加系统化。

二、设置和登记会计账簿的作用

设置和登记账簿，是编制会计报表的基础，是联系会计凭证与会计报表的中间环节，在会计核算中具有极其重要的作用，主要表现在以下四个方面。

▶ 1. 系统地登记和积累会计资料

通过设置和登记会计账簿，可以把会计凭证上所反映的全部经济业务按照不同的标准进行归类和汇总，使分散的资料进一步系统化。通过登记各种日记账，对经济业务进行序时核算，可以防止账务处理上的错误和遗漏。通过登记总分类账，对经济业务进行分类核算，可以连续、系统地记录各项资产、负债、所有者权益的增减变化以及财务成果的核算。这样对于加强经营管理、合理地使用资金、保护资产的安全完整起到控制作用。

▶ 2. 为编制会计报表提供数据资料

账簿通过对会计凭证所反映的大量经济业务进行序时、分类的记录和加工后，在一定时期终了，就积累了编制会计报表的资料，再将这些资料进行加工整理后，就可以作为编制会计报表的主要依据。会计报表信息是否真实、可靠、及时，在一定程度上都与账簿设置和记录有关。

▶ 3. 考核财务成果，进行业绩评价

根据账簿记录的结果，可以计算出收入、成本、费用和利润指标，从而反映一定时期的财务成果；确定财务成果后，按规定的方法进行利润分配，计算出一系列财务指标，进而可以评价企业经营状况和财务成果的好坏，分析和评价企业的经营活动，为企业的经营决策和预测提供可靠的参考数据。

▶ 4. 保证财产物资的安全完整

通过设置和登记账簿，能够在账簿中连续反映各项财产物资的增减变动及结存情况，并通过财产清查等方法，确定财产物资的实际结存情况。账簿记录控制实存物资，可以保证财产物资的安全完整。

三、会计账簿的种类

各个单位的经济业务特点和管理要求不同，所设置的账簿种类及格式也不同，这些账簿可以按不同的标准进行分类，常见的分类方法有以下几种。

▶ 1. 会计账簿按其用途分类

会计账簿按其用途不同可分为日记账、分类账、联合账簿和备查账簿。

（1）日记账，也称序时账簿，是指根据经济业务发生时间的先后顺序逐日逐笔进行连续登记的账簿。日记账按其记录的经济业务内容不同又分为普通日记账和特种日记账。

①普通日记账，又称分录簿，是指序时地登记全部经济业务的日记账。它是根据每日发生的经济业务的原始凭证按照其发生时间的先后顺序逐项编制会计分录，并作为登记明细分

类账的依据。这种账簿在西方会计实务界普遍使用，在我国应用则并不广泛。

②特种日记账，是指专门序时地登记某一类经济业务的日记账，如现金日记账、银行存款日记账、销货日记账和购货日记账等。在我国，为了加强对货币资金的监督和管理，各个会计主体对现金和银行存款的收付业务，均要求必须专门设置现金日记账和银行存款日记账予以登记。因此，现金日记账和银行存款日记账是最常见的特种日记账。

（2）分类账簿，又称分类账，是对全部经济业务进行分类登记的账簿。分类账按其所反映内容详细程度的不同，又分为总分类账簿和明细分类账簿。

①总分类账簿，又称总分类账，简称总账，是指根据总分类科目（一级会计科目）开设，用以分类记录全部经济业务、提供总括核算资料的分类账簿。它对明细分类账簿具有统驭和控制作用。

②明细分类账簿，又称明细分类账，简称明细账，是根据总分类账所属的二级或明细科目设置的，详细记录某一类经济业务、提供比较详细核算资料的分类账簿。明细分类账簿对总分类账簿具有辅助和补充的作用。

（3）联合账簿，是指兼有序时账簿和分类账簿两种作用的账簿。这种账簿对每项经济业务既进行序时登记，又进行分类登记。如日记总账就是兼有序时账簿和分类账簿作用的联合账簿。

（4）备查账簿，亦称辅助账簿，是对某些未能在序时账簿和分类账簿等主要账簿中登记的经济业务进行补充登记的账簿。备查账簿主要是为某些经济业务的经营决策提供一些必要的参考资料，如租入固定资产登记簿、应收票据备查簿、代管商品物资登记簿、受托加工物资登记簿等。这种账簿属于备查性质的辅助账簿，与其他账簿之间不存在严密的依存、钩稽关系。

▶ 2. 会计账簿按其外表形式分类

会计账簿按其外表形式不同，分为订本式账簿、活页式账簿和卡片式账簿。

（1）订本式账簿，又称订本账，是在账簿启用之前，就把若干按顺序编号的、具有专门格式的账页固定装订成册的账簿。一般情况下，一些重要的、具有统驭作用的账簿，如现金日记账、银行存款日记账、总分类账等，都采用订本式账簿。应用订本式账簿的优点是，可以避免账页散失，防止任意抽换账页。但是，订本式账簿也有一些缺点，如在使用时必须为每一账户预留账页，这样可能会出现某些账户预留账页不足，影响账户连续登记，不便查阅，而有些账户预留账页过多，造成浪费；另外，采用订本式账簿，在同一时间里，只能由一人负责登记，不便于分工记账。

（2）活页式账簿，又称活页账，是把若干张具有专门格式、零散的账页，根据业务需要自行组合而成，并装在活页夹内的账簿。一般情况下，一些明细账采用活页账的形式。应用活页式账簿的优点是，账页不固定装订在一起，可根据业务的需要随时加入、抽出或移动账页，这样可以适当避免浪费，使用起来灵活，而且可以分工记账，有利于提高工作效率。但是，活页式账簿也有一些缺点，由于账页是分开的，账页容易散失或被任意抽换。因此，使用时应将账页按顺序编号，置于账夹内，并在账页上由有关人员签名或盖章，以防止产生一些舞弊行为。在年度终了时，更换新账后，应将使用过的账页装订成册，作为会计档案予以保管。

（3）卡片式账簿，又称卡片账，是由若干张分散的、具有专门格式的、存放在卡片箱中的卡片组成的账簿。这种账簿主要适用于内容比较复杂、变化不大的财产明细账，如固定资产卡片、低值易耗品卡片等。

卡片式账簿具有活页式账簿的特点，便于随时查阅和归类整理，不容易损坏，但容易出现账页散失或被任意抽换的问题。因此，在使用时，需要将卡片式账页连续编号，并在卡片上由有关人员签名或盖章，放在卡片箱内，由专人保管。更换新账后，也需要捆扎起来，作为会计档案妥善保管。

▶ 3. 会计账簿按其账页格式分类

会计账簿按其账页格式分类，可分为三栏式账簿、数量金额式账簿、多栏式账簿等。

（1）三栏式账簿，是指由设置三个金额栏的账页组成的账簿。它适用于总分类账、日记账，也适用于只进行金额核算而不需要数量核算的债权、债务结算账户的明细分类账。

（2）数量金额式账簿，也称三大栏式账簿，是指在每一大栏内，设置由数量、单价、金额等小栏目的账页组成的账簿。这种账簿适用于既要进行金额核算，又要进行实物数量核算的财产物资账簿。

（3）多栏式账簿，是指由三个以上金额栏的账页所组成的账簿。这种账簿根据经济业务的特点和经营管理的需要，把同一个一级账户所属的明细账户，集中在一张账页上设置专栏，反映各有关明细账户的核算资料。它适用于成本、收入、费用和利润等账户。

四、会计账簿的基本内容

会计账簿所记录的经济内容、格式可以多种多样，但每种账簿都应具备一些基本内容，也称基本要素。这些基本要素主要包括以下几种。

（1）封面。封面主要表明单位名称和账簿的名称，如现金日记账、材料明细账等。

（2）扉页。扉页主要列明账户目录（或科目索引）和账簿启用及经管人员一览表，其一般格式如表 8-1 和表 8-2 所示。

（3）账页。账页是构成账簿的主要部分，账页根据其反映经济业务的不同，具有多种格式，其基本内容一般包括：账户名称，或称会计科目（一级、二级或明细科目）；日期栏；凭证种类和号数栏；摘要栏；金额栏；总页次和分页次。

表 8-1　扉页科目索引

页　数	科　目	页　数	科　目	页　数	科　目	页　数	科　目

表 8-2　账簿启用及经管人员一览表

使用者姓名				印鉴	
账簿名称					
账簿编号					
账簿页数					
启用日期	年　　月　　日				
责任者	主管	会计	记账		审核
经管人员姓名及交接日期					
备注					

第二节　会计账簿的启用、登记与错账更正

一、启用会计账簿的要求

账簿是存储会计信息的载体，是重要的会计档案。为了保证账簿记录的合法性，明确记账人的责任，保证账簿资料完整无缺，防止舞弊行为，在账簿启用时，应在账簿封面上写明单位名称和账簿名称。

在账簿扉页上填写"账簿使用登记表"或"账簿启用及经管人员一览表"（见表 8-2），其内容包括启用日期、账簿页数、记账人员和会计主管人员姓名及盖章、单位公章等。

启用订本式账簿，应从第一页到最后一页顺序编号，不得跳页、缺号。启用活页式账簿，应按账页顺序编号，并定期装订成册。装订后按实际使用的账页顺序编定页数，标明目录、账户名称和页次。

记账人员或会计人员调动工作时，应办理账簿交接手续，在交接记录栏内填写交接日期、交接人员和监交人员的姓名，并由交接双方人员签名或盖章。

二、登记会计账簿的基本要求

登记会计账簿一般叫作记账。会计人员登记账簿时，应当以审核无误的会计凭证为依据。

按照我国《会计基础工作规范》的规定，登记会计账簿应符合以下基本要求：

（1）登记会计账簿时，应当将会计凭证日期、编号、业务内容摘要、金额和其他有关资料逐项记入账内，做到数字准确、摘要清楚、登记及时、字迹工整。

（2）登记完毕后，要在记账凭证上签名或者盖章，并注明已经登账的符号，表示已经记账。

（3）账簿中书写的文字和数字上面要留有适当空格，不要写满格，一般应占格距的1/2。

（4）登记账簿要用蓝黑墨水或者碳素墨水书写，不得使用圆珠笔（银行的复写账簿除外）或者铅笔书写。

（5）在下列情况下，可以用红色墨水记账：按照红字冲账的记账凭证冲销错误记录；在不设借贷等栏的多栏式账页中登记减少数；在三栏式账户的余额栏前，若未印明余额方向的，在余额栏内登记负数余额；根据国家统一会计制度的规定可以用红字登记的其他会计记录。

（6）各种账簿按页次顺序连续登记，不得跳行、隔页。如果发生跳行、隔页，应当将空行、空页划线注销，或者注明"此行空白""此页空白"字样，并由记账人员签名或者盖章。

（7）凡需要结出余额的账户，结出余额后，应当在"借或贷"栏内写明"借"或者"贷"字样。没有余额的账户，应当在"借或贷"栏内写"平"字，并在余额栏内用"0"表示。现金日记账和银行存款日记账必须逐日结出余额。

（8）每一账页登记完毕结转下页时，应当结出本页合计数及余额，写在本页最后一行和下页第一行有关栏内，并在摘要栏内注明"过次页"和"承前页"字样；也可以将本页合计数及余额只写在下页第一行有关栏内，并在摘要栏内注明"承前页"字样。对需要结计本月发生额的账户，结计"过次页"的本页合计数应当为自本月初起至本页末止的发生额合计数；对需要结计本年累计发生额的账户，结计"过次页"的本页合计数应当为自年初起至本页末止的累计数；对既不需要结计本月发生额也不需要结计本年累计发生额的账户，可以只将每页末的余额结转次页。

（9）实行会计电算化的单位，总账和明细账应当定期打印。发生收款和付款业务的，在输入收款凭证和付款凭证的当天必须打印出现金日记账和银行存款日记账，并与库存现金核对无误。

（10）账簿记录发生错误，不准涂改、挖补、刮擦或者用药水消除字迹，不准重新抄写，必须按规定的方法更正。

三、会计账簿的登记方法

▶ 1. 日记账的登记方法

（1）普通日记账的登记方法。普通日记账是逐日序时登记全部经济业务的账簿。它是根据日常发生的经济业务所取得的原始凭证逐日逐笔顺序登记的，把每一笔经济业务转化为会计分录登记在账上，然后再转记列入分类账中，因此普通日记账也称分录簿，它起到了记账凭证的作用。普通日记账账页格式一般只设两个金额栏，即"借方金额"和"贷方金额"两栏，用来登记每一分录的借方账户、贷方账户及金额，这种账簿不结余额。因此，这种格式又称"两栏"式。普通日记账的账页格式如表8-3所示。

表 8-3 普通日记账的账页格式

第　页

2024年		摘　要	账户名称	借方金额	贷方金额	过　账
月	日					
5	2	收回客户欠款	银行存款	20 000		
			应收账款		20 000	
	10	从银行提取现金	库存现金	1 000		
			银行存款		1 000	
	15	赊销商品	应收账款	50 000		
			主营业务收入		50 000	
		……		……	……	

普通日记账的登记方法如下。

①日期栏，按照经济业务发生时间的先后顺序逐项登记，并指明分录的日期。

②摘要栏，简单摘录经济业务事项的内容。

③将应借账户名称记入"账户名称"栏第一行，并将金额登入借方金额栏；将应贷账户名称记入"账户名称"栏第二行（缩进一格），并将金额登入贷方金额栏。

④过账栏，根据普通日记账登记总账后，在该账户对应行内"过账"栏画"√"，或注明总账账户所在页数，表示已登过总账，以备查考。

采用普通日记账，可以逐日反映全部经济业务的发生和完成情况。但由于只有一本日记账，不便分工记账，也不可能反映各类经济业务的发生或完成情况。由于要逐笔记账，记账工作量比较繁重，因此，在手工操作的条件下，企业很少采用。

（2）现金日记账的登记方法。我国《会计基础工作规范》规定，企业必须设置现金日记账。现金日记账是记录和反映库存现金收付业务的一种特种日记账，必须采用订本式账簿。

现金日记账由出纳人员根据审核无误的现金收款凭证、现金付款凭证和银行存款付款凭证，按照业务发生时间的先后顺序逐日逐笔进行登记。三栏式现金日记账的账页格式如表 8-4 所示。

①日期栏：登记现金实际收付日期。

②凭证号栏：登记现金日记账所依据的收付款凭证的种类和编号。其中，种类是指收款或付款凭证。如现金收款凭证，可简写为"现收"；现金付款凭证和银行付款凭证（从银行提取现金），可简写为"现付""银付"等。编号按规定的编号登记。

③摘要栏：简要概括登记入账的经济业务的内容。一般根据凭证中的摘要栏填写。

④对方科目栏：登记现金收入的来源科目或现金付出的用途科目，一般根据凭证中的对方科目填写。

⑤收入栏：登记现金实际收入的金额。根据现金收款凭证和银行付款凭证中（从银行提取现金）所列金额填写。

⑥付出栏：登记现金实际支出的金额。根据现金付款凭证中所列金额填写。

⑦结余栏：登记现金的余额。通常每笔现金收入或支出后，都要随时计算出余额。

表 8-4　三栏式现金日记账

2024 年		凭证号		摘　要	对方科目	收　入	付　出	结　余
月	日	种类	编号					
8	1			月初余额				800
	5			从银行提取现金	银行存款	3 000		3 800
	13			用现金发放工资	应付职工薪酬		2 500	1 300
	16			支付办公费	管理费用		200	1 100
	28			出售废旧物资收入	其他业务收入	300		1 400
	30			职工出差预借差旅费	其他应收款		800	600
8	31			发生额及期末余额		3 300	3 500	600

（3）银行存款日记账的登记方法。我国《会计基础工作规范》规定，企业必须设置银行存款日记账。银行存款日记账是记录和反映银行存款收付业务的一种特种日记账，必须采用订本式账簿。

银行存款日记账由出纳人员根据审核无误的银行存款收款凭证、银行存款付款凭证及现金付款凭证，按照业务发生时间的先后顺序，逐日逐笔进行登记。其具体登记方法与现金日记账基本相同。只不过，由于银行存款的支付都是根据特定的结算凭证进行的，为了反映结算凭证的种类、编号，特开设结算凭证栏。结算凭证栏分为"种类"和"编号"两个专栏，分别登记结算凭证的种类和编号。其中，种类栏登记结算凭证的种类，如"现金支票""转账支票""普通支票"等；编号栏登记结算凭证的号码，现金支票登记现金支票号码，转账支票登记转账支票号码，普通支票登记普通支票号码。这样做的目的是便于和银行对账。银行存款日记账的登记如表 8-5 所示。

表 8-5　银行存款日记账

2024 年		凭证号		摘　要	结算凭证		对方科目	收　入	付　出	余　额
月	日	种类	编号		种类	编号				
8	1			期初余额						11 560
	5			从银行提取现金			库存现金		3 000	8 560
	14			付材料费			在途物资		1 500	7 060
	17			销售产品收入			主营业务收入	8 000		15 060
	25			购入固定资产			固定资产		6 000	9 060
8	31			发生额及月末余额				8 000	10 500	9 060

▶ 2. 分类账的登记方法

（1）总分类账的登记方法。为了总括、全面地反映经济活动和财务收支情况，并为编制会计报表提供资料，每个会计主体必须设置总分类账。总分类账是根据总分类账户分类登记全部经济业务的账簿。一般按照一级会计科目的编码顺序分设账户，并为每个账户预留若干账页。为了保证账簿资料的安全完整，总分类账应采用订本式账簿。因为总分类核算只运用货币量度，所以总分类账只登记各账户金额的增减。

总分类账可以根据各种记账凭证逐笔登记，也可以根据汇总记账凭证（汇总收款凭证、汇总付款凭证和汇总转账凭证）或科目汇总表定期汇总登记，还可以根据多栏式现金日记账、银行存款日记账逐笔或定期登记。总分类账采用什么方法登记，取决于所采用的账务处理程序。

（2）明细分类账的登记方法。明细分类账根据二级科目或明细科目开设，用以分类、连续记录和反映有关资产、负债、所有者权益和收入、费用、利润等各会计要素的详细情况，为编制会计报表提供所需的详细资料。各单位应结合自己的经济业务特点和经营管理的要求，在总分类账基础上设置若干明细分类账，作为总分类账的必要补充。这样，既可以根据总分类账了解某一账户的总括情况，又可以根据明细分类账了解该账户更详细的情况。根据管理要求和各种明细分类账记录的经济内容不同，明细分类账的账页格式主要有三栏式、数量金额式、多栏式三种。

①三栏式明细分类账。三栏式明细分类账的账页格式，只设有借方、贷方、余额三个金额栏，不设数量栏，用来登记只需反映金额的经济业务，一般适用于债权、债务等不需要进行数量核算的明细分类账户，如"应收账款""应付账款""其他应收款"账户等业务的明细核算。应付账款明细账如表8-6所示。

表8-6　应付账款明细账

明细科目：××公司　　　　　　　　　　　　　　　　　　　　　　　　　　　第　页

2024年		凭证号		摘　要	借　方	贷　方	借或贷	余　额
月	日	种类	编号					
8	1			月初余额			贷	3 000
				购料欠款		4 000	贷	7 000
				偿还购料款	5 000		贷	2 000
8	31			发生额及期末余额	5 000	4 000	贷	2 000

②数量金额式明细账。数量金额式明细账在收入（借方）、发出（贷方）和结存（余额）栏下分设数量、单价和金额三个小栏，用来登记既要反映金额，又要反映实物数量的经济业务，如"原材料""库存商品"账户等的收发结存业务。原材料明细账如表8-7所示。

表8-7　原材料明细账

材料名称：A材料　　　　　　　　　　　　　　　　　　　　　　最低储量：
编号：　　　　　　规格：　　　　　　计量单位：千克　　　　　最高储量：

2024年		凭证号	摘　要	收　入			发　出			结　存		
月	日			数量	单价	金额	数量	单价	金额	数量	单价	金额
8	1		月初余额							10	1 200	12 000
	7		购入材料	5	1 200	6 000				15	1 200	18 000
	10		生产领用				8	1 200	9 600	7	1 200	8 400
8	31		本月发生额及月末余额	12		14 400	10		12 000	12		14 400

③多栏式明细账。多栏式明细账是根据经济业务的需求，在一张账页上按明细项目分设若干专栏，用于登记明细项目多、借贷方向单一或无须数量核算的收入、费用、利润等业务。如"生产成本""制造费用""管理费用""主营业务收入""本年利润"等明细账。

费用明细账一般按借方设置多个栏目，当发生一笔或少数几笔贷方金额时，可在借方有关栏内用红字登记，表示从借方发生额中冲减。会计期末将借方净发生额从贷方结转到"本年利润"账户或其他账户中。制造费用明细账如表8-8所示。

表8-8　制造费用明细账

第　　页

2024年		凭证号	摘　要	借　方						贷方	余额
月	日			物料消耗	工资	折旧费	办公费	水电费	合计		
8	31		工资费用的分配		3 000				3 000		
			折旧费用的分配			500			500		
			付款凭证				300		300		
			材料费用的分配	500					500		
			辅助生产费用的分配					300	300		
			制造费用的分配							4 600	
8	31			500	3 000	500	300	300	4 600	4 600	0

收入明细账一般按贷方设置多个栏目，当发生一笔或少数几笔借方金额时，可在贷方有关栏内用红字登记，表示从贷方发生额中冲减。会计期末将贷方净发生额从借方结转到"本年利润"账户。主营业务收入明细账如表8-9所示。

表8-9　主营业务收入明细账

年		凭证号		摘　要	借　方	贷　方			余　额
月	日	字	号			商品销售收入	劳务收入	合　计	

利润明细账一般按借方和贷方分设多栏，即按利润构成项目设多个栏目。本年利润明细账如表8-10所示。

表8-10　本年利润明细账

年		凭证号		摘　要	借　方	贷　方	借或贷	余额
月	日	字	号					

明细分类账可以直接根据原始凭证、记账凭证逐笔登记，也可以根据汇总原始凭证逐日或定期汇总登记。对于固定资产、低值易耗品、债权债务等明细账应当逐笔登记，以便反映和监督其具体增减变动情况。产成品和材料明细分类账，若业务发生不多，可以逐笔登记；若业务发生较多，为了适当简化记账工作，也可以逐日汇总登记。

（3）总分类账和明细分类账的平行登记。总分类账户与其所属的明细分类账户所反映的经济内容是相同的，因而保持总分类账和明细分类账记录的一致，是记账工作的一条重要规则。为了便于账户核对，使总分类账与其所属的明细分类账之间能起到统驭和补充的作用，并确保核算资料的正确完整，必须采用平行登记的方法，在总分类账及其所属的明细分类账中进行记录。平行登记是指发生经济业务后，根据会计凭证，一方面要登记有关的总分类账户；另一方面要登记该总分类账户所属的各明细分类账户。采用平行登记方法时应注意以下几点。

①依据相同。对于需要提供其详细指标的每项经济业务，应根据相关的会计凭证，一方面在有关的总分类账户中进行登记；另一方面在其所属的明细分类账户中进行登记。

②期间相同。对发生的经济业务，总分类账户和其所属的明细分类账户必须在同一会计期间（如1个月、1个季度等）全部登记入账。注意，这里所指的同一会计期间并不代表同时，因为明细分类账一般根据记账凭证及其所附的原始凭证在平时登记，而总分类账因会计核算组织程序不同，可能在平时登记，也可能定期登记。

③方向相同。在一般情况下，如果在总分类账户中登记的是借方，在其所属的明细分类账户中也应登记在借方；反之，如果在总分类账户中登记的是贷方，在其所属的明细分类账户中也应登记在贷方。

④金额相等。在总分类账户及其所属的明细分类账户中登记的金额是相等的。当总分类账户同时涉及几个明细分类账户时，则在总分类账户中登记的金额应当与其所属的明细分类账户中登记的金额之和相等。具体关系有

总分类账户本期发生额＝所属明细分类账户本期发生额合计

总分类账户期末余额＝所属明细分类账户期末余额合计

在会计核算工作中，可以利用上述关系，检查账簿记录是否正确。检查时，可以编制明细分类账簿的本期发生额和余额明细表，与相应的总分类账户本期发生额和余额相互核对，以检查总分类账与其所属的明细分类账记录的正确性。明细分类账户本期发生额和余额明细表根据不同的业务内容可以分别采用不同的格式。

【例8-1】某企业2024年8月1日"原材料"账户和"应付账款"账户的期初余额如下。

"原材料"账户内容如下。

A材料：3 000千克，单价15元，计45 000元。

B材料：2 000件，单价20元，计40 000元。

"应付账款"账户内容如下。

甲工厂：20 000元。

乙工厂：30 000元。

8月份发生以下经济业务。

①从甲工厂购入A材料2 000千克，每千克15元；购入B材料1 000件，每件20元。货款尚未支付，材料已验收入库。

②从乙工厂购入A材料1 000千克，每千克15元，货款尚未支付，材料已验收入库。

③以银行存款偿付甲工厂货款 40 000 元，偿付乙工厂货款 25 000 元。

④生产产品领用 A 材料 4 000 千克，领用 B 材料 2 000 件。

下面根据上述经济业务编制会计分录。

①借：原材料——A 材料   30 000

    ——B 材料   20 000

  贷：应付账款——甲工厂   50 000

②借：原材料——A 材料   15 000

  贷：应付账款——乙工厂   15 000

③借：应付账款——甲工厂   40 000

    ——乙工厂   25 000

  贷：银行存款   65 000

④借：生产成本   100 000

  贷：原材料——A 材料   60 000

    ——B 材料   40 000

根据以上资料，开设"原材料"和"应付账款"总分类账户和明细分类账户，并登记期初余额，将上述经济业务分别记入有关的总分类账户和明细分类账户，结出本期发生额和期末余额，并分别编制"原材料"和"应付账款"明细分类账户本期发生额和余额表，将其与"原材料"和"应付账款"总账进行核对。账簿记录及明细分类账户本期发生额和余额表如表 8-11 至表 8-18 所示。

表 8-11　总分类账（一）

会计科目：原材料

年		凭证号		摘　要	借　方	贷　方	借或贷	余　额
月	日	种类	编号					
				月初余额			借	85 000
				购入材料	50 000		借	135 000
				购入材料	15 000		借	150 000
				生产领用材料		100 000	借	50 000
				发生额及期末余额	65 000	100 000	借	50 000

表 8-12　原材料明细账（一）

材料名称：A 材料   最低储量：

编号：   规格：   计量单位：千克   最高储量：

年		凭证号	摘　要	收　入			发　出			结　存		
月	日			数量	单价	金额	数量	单价	金额	数量	单价	金额
			月初余额							3 000	15	45 000
			购入材料	2 000	15	30 000				5 000	15	75 000
			购入材料	1 000	15	15 000				6 000	15	90 000
			生产领用				4 000	15	60 000	2 000	15	30 000
			本月发生额及月末余额	3 000	15	45 000	4 000	15	60 000	2 000	15	30 000

表 8-13 原材料明细账（二）

材料名称：B 材料　　　　　　　　　　　　　　　　　　　　　　　　　　最低储量：

编号：　　　　　规格：　　　　　　　　计量单位：千克　　　　　　　最高储量：

年		凭证号	摘 要	收 入			发 出			结 存		
月	日			数量	单价	金额	数量	单价	金额	数量	单价	金额
			月初余额		20			20		2 000	20	40 000
			购入材料	1 000	20	20 000		20		3 000	20	60 000
			生产领用				2 000	20	40 000	1 000	20	20 000
			本月发生额及月末余额	1 000			2 000		40 000	1 000		20 000

表 8-14 总分类账（二）

会计科目：应付账款

年		凭证号		摘 要	借 方	贷 方	借或贷	余 额
月	日	种类	编号					
				月初余额			贷	50 000
				购入材料		50 000	贷	100 000
				购入材料		15 000	贷	115 000
				偿还材料款	65 000		贷	50 000
				发生额及期末余额	65 000	65 000	贷	50 000

表 8-15 应付账款明细账（一）

明细科目：甲工厂　　　　　　　　　　　　　　　　　　　　　　　　　　第　页

年		凭证号		摘 要	借 方	贷 方	借或贷	余 额
月	日	种类	编号					
				月初余额			贷	20 000
				购入材料		50 000	贷	70 000
				偿还购料款	40 000		贷	30 000
				发生额及期末余额	40 000	50 000	贷	30 000

表 8-16 应付账款明细账（二）

明细科目：乙工厂　　　　　　　　　　　　　　　　　　　　　　　　　　第　页

年		凭证号		摘 要	借 方	贷 方	借或贷	余 额
月	日	种类	编号					
				月初余额			贷	30 000
				购入材料		15 000	贷	45 000
				偿还购料款	25 000		贷	25 000
				发生额及期末余额	25 000	15 000	贷	25 000

表 8-17　原材料明细分类账户本期发生额和余额表

2024 年 8 月

明细分类账户名称	计量单位	单价	期初余额		本期发生额				期末余额	
					收入		发出			
			数量	金额	数量	金额	数量	金额	数量	金额
A 材料	千克	15	3 000	45 000	3 000	45 000	4 000	60 000	2 000	30 000
B 材料	件	20	2 000	40 000	1 000	20 000	2 000	40 000	1 000	20 000
合　计				85 000		65 000		100 000		50 000

表 8-18　应付账款明细分类账户本期发生额和余额表

2024 年 8 月

明细分类账户名称	期初余额		本期发生额		期末余额	
	借方	贷方	借方	贷方	借方	贷方
甲工厂		20 000	40 000	50 000		30 000
乙工厂		30 000	25 000	15 000		20 000
合　计		50 000	65 000	65 000		50 000

四、错账更正的方法

登记账簿难免会发生差错，发生错账的情况是多种多样的，有的是填制凭证和记账时发生的单纯笔误；有的是用错应借应贷的会计科目，或错记摘要、金额等；有的是过账错误；有的是合计时计算错误等。账簿记录的错误，一经发现，应立即分析发生错误的情况并按规定的方法进行更正。在手工记账的情况下，常用的错账更正方法有划线更正法、红字更正法和补充登记法三种。

▶ 1. 划线更正法

在结账以前，如果发现账簿记录中有数字或文字错误，而记账凭证没有错，可用划线更正法进行更正。更正时，先在错误的数字或文字上画一条红线，表示注销，但应保证原有字迹仍能辨认，然后在线上方空白处填写正确的数字或文字，并在更正处加盖更正人员的印章，以明确责任。但应注意，对于错误数字，必须全部划掉，不能只划去整个数字中的个别错误数字。例如，将 6 589 元误记为 6 859 元，应先在 6 859 上画一条红线以示注销，然后在其上方空白处填写正确数字，而不能只更正 85 两位数。对于文字错误，可只划去错误部分。

▶ 2. 红字更正法

红字更正法适用于以下两种情况。

（1）记账以后，如果发现记账凭证中应借、应贷科目发生错误时，应用红字更正法进行更正。更正的方法是：先用红字金额填制一张与原错误的记账凭证完全相同的记账凭证，并据此用红字记入有关账簿，冲销原来的错误记录；然后再用蓝字金额填制一张正确的记账凭证，并据此用蓝字登记入账。

【例 8-2】某公司以银行存款支付销售产品运费 1 500 元。在填制记账凭证时，误将"销售费用"科目写为"管理费用"科目，并据以登记入账。其错误会计分录如下。

①借：管理费用　　　　　　　　　　　　　　　　　　　　　　　　　1 500

　　贷：银行存款　　　　　　　　　　　　　　　　　　　　　　　　　　1 500

上述错误更正时，应先用红字金额填制如下记账凭证。

②借：管理费用 　　　　　　　　　　　　　　　　　　　　　　　　1 500

　　贷：银行存款 　　　　　　　　　　　　　　　　　　　　　　　　　1 500

用红字金额记账之后，表明已冲销原错误账簿记录。然后，用蓝字填制以下正确的记账凭证。

③借：销售费用 　　　　　　　　　　　　　　　　　　　　　　　　　1 500

　　贷：银行存款 　　　　　　　　　　　　　　　　　　　　　　　　　1 500

以上有关账户的记录如图 8-1 所示。

借方	银行存款	贷方		借方	管理费用	贷方		借方	销售费用	贷方
		（1）1 500			（1）1 500				（3）1 500	
		（2）1 500			（2）1 500					
		（3）1 500								

图 8-1　科目错误更正时有关账户的记录

（2）记账以后，如果发现记账凭证和账簿记录中各会计科目无错误，但金额有错误，且错误金额大于应记的正确金额，应采用红字更正法进行更正。更正方法是：将多记的差额用红字金额编制一张与错误凭证相同的记账凭证，并据以用红字登记入账，以冲销原账簿记录中多记的金额。

【例 8-3】　承例 8-2，在填制记账凭证时，误将金额 1 500 元填为 15 000 元，并已登记入账。其错误会计分录如下。

①借：销售费用 　　　　　　　　　　　　　　　　　　　　　　　　15 000

　　贷：银行存款 　　　　　　　　　　　　　　　　　　　　　　　　15 000

更正时，应用红字金额编制以下会计分录，将多记的 13 500 元冲销掉。

②借：销售费用 　　　　　　　　　　　　　　　　　　　　　　　　135 000

　　贷：银行存款 　　　　　　　　　　　　　　　　　　　　　　　　135 000

以上有关账户的记录如图 8-2 所示。

借方	销售费用	贷方		借方	银行存款	贷方
（1）15 000						（1）15 000
（2）13 500						（2）13 500

图 8-2　金额多填错误更正时有关账户的记录

▶ 3. 补充登记法

记账以后，如果发现记账凭证和账簿记录中各会计科目无错误，但金额有错误，且错误金额小于应记的正确金额，应采用补充登记法进行更正。更正方法是：将少记的差额用蓝字金额填制一张与错误凭证相同的记账凭证，并据以蓝字登记入账。

【例 8-4】　承例 8-2，在填制记账凭证时，误将金额 1 500 元填为 150 元，并已登记入账。其错误会计分录如下。

①借：销售费用　　　　　　　　　　　　　　　　　　　　　　　150

　　贷：银行存款　　　　　　　　　　　　　　　　　　　　　　　150

更正时，应用蓝字金额编制以下会计分录，将少记的 1 350 元补上。

②借：销售费用　　　　　　　　　　　　　　　　　　　　　　1 350

　　贷：银行存款　　　　　　　　　　　　　　　　　　　　　　1 350

以上有关账户的记录如图 8-3 所示。

借方	银行存款	贷方		借方	销售费用	贷方
	（1）150				（1）150	
	（2）1 350				（2）1 350	

图 8-3　金额少填错误更正时有关账户的记录

第三节　对账和结账

一、对账

▶ 1. 对账的意义

对账是指核对账簿记录，是审计常用的一种查账方法。它是会计核算的一项重要内容，也是审计常用的一种查账方法。

在会计工作中，由于种种原因，账簿记录难免会有错漏。为了保证账簿记录的正确、完整、合理和可靠，如实地反映和监督经济活动，并为编制会计报表提供真实的数据和资料，就必须进行账簿之间的核对，确保账证相符、账账相符、账实相符。

▶ 2. 对账的内容

（1）账证核对。账证核对是指各种账簿记录与会计凭证之间的核对，包括总分类账、明细分类账和日记账的记录与记账凭证、原始凭证之间的相互核对。这种核对主要是在平时编制记账凭证和记账过程中随时进行的，做到随时发现错误，随时查明纠正。但是若在月末发现总分类账试算不平衡、账账不符或账实不符等情况，仍应核对账证是否相符。核对时，主要是抽查与账账不符或账实不符的有关凭证，直至查出错误为止，而不是核对全部凭证。

（2）账账核对。账账核对是核对会计账簿之间的记录是否相符，包括以下几个方面。

①总分类账户之间的核对。一般通过编制"总分类账户期末余额试算表"进行。检查各总分类账户本期借方发生额合计是否等于本期贷方发生额合计，期末所有账户借方余额之和是否等于贷方余额之和。

②总分类账户与所属明细分类账户之间的核对。一般通过编制"总分类账户与明细分类账户对照表"进行。检查总分类账户本期借方、贷方发生额及期末余额与所属明细分类账户本期借方、贷方发生额及期末余额是否相符。

③总分类账户与现金、银行存款日记账之间的核对。检查"库存现金""银行存款"账户本期发生额及期末余额与总账是否相符。

④财会部门登记的各种财产物资明细分类账同财产物资保管、使用部门之间的核对。检查各方期末财产物资结存数是否相等。

（3）账实核对。账实核对是指账簿记录结存数同各项财产物资的实存数之间的核对。主要包括以下几个方面。

①现金日记账的账面余额同实地盘点的库存现金实有数之间的核对。

②银行存款日记账的账面余额同各开户银行对账单之间的核对。

③财产物资明细分类账结存数同清查盘点后的实有数之间的核对。

④应收、应付款项明细分类账的账面余额同有关债权、债务单位或个人的账目之间的核对；应交款项明细分类账的余额同国库及有关部门之间的核对。

二、结账

▶ 1. 结账的意义

结账，是指在将本期发生的经济业务全部登记入账的基础上，结算出每个账户的本期发生额和期末余额，并将期末余额结转至下期的一种方法。

结账是会计核算工作的又一项重要内容。如果只记账而不定期结账，记账就失去了意义。结账可以考察各期资产、负债、所有者权益和资金周转的情况，以便正确计算资金的耗费与产品成本，更重要的是为编制会计报表提供资料。

▶ 2. 结账的内容

（1）结账前，检查本期内发生的经济业务是否已全部登记入账，不能将本期发生的经济业务延至下期入账。这是结账工作的前提和基础，只有这样才能保证结账的正确性。

（2）按权责发生制的原则调整和结转有关账项。对于本期内所有应计和预收收入及应计和预付费用，应编制记账凭证并记入有关账簿，以调整账簿记录。例如，将待摊费用按规定的比例分配到本期的成本、费用中；将本期所发生的各项收入、费用、成本、支出结转到"本年利润"账户。

（3）计算各账户本期发生额和期末余额。在本期全部经济业务已登记入账的基础上，结算出现金日记账、银行存款日记账，以及总分类账和明细分类账的本期发生额和期末余额。

注意，不能为了提前编制会计报表而先结账，也不能先编制会计报表而后结账。

▶ 3. 结账的方法

结账的目的通常是为了总结一定时期的财务状况和经营成果，因此结账工作一般是在会计期末进行的，可以分为月结、季结和年结。结账主要采用的是划线法，即期末结出各账户的本期发生额和期末余额后，加划线标记，并将期末余额结转至下期的方法。划线的具体方法在月结、季结、年结时有所不同。

月底应办理月结。在各账户本月份最后一笔记录下面画一通栏红线，表示本月结束。然后，在红线下结算出本月发生额和月末余额。如果没有余额，在余额栏内注明"平"字或"0"符号。同时，在"摘要"栏注明"本月合计"或"×月份发生额及余额"字样，然后在下面再画一通栏红线，表示完成月结。

季末应办理季结。办理季结，首先，应在各账户本季度最后一个月的月结下面（需按月结出累计发生额的，应在"本季累计"下面）画一通栏红线，表示本季结束；其次，在红线下结算出本季发生额和季末余额，并在摘要栏内注明"第×季度合计"或"本季合计"字样；

最后，再在本摘要栏下面画一通栏红线，表示完成季结工作。

年终应办理年结。首先在 12 月份或第 4 季度季结下面画一通栏红线，表示年度终了，然后在红线下面结算出全年 12 个月份的月结发生额或 4 个季度的季结发生额，同时在摘要栏内注明"年度发生额及余额"或"本年合计"字样，并在"年度发生额及余额"或"本年合计"下面通栏画双红线。年度终了，要把各账户的余额结转到下一会计年度，并在摘要栏内注明"结转下年"字样；在下一会计年度新建有关会计账簿的第一行余额栏内填写"上年结转"字样。

应收账款总分类账如表 8-19 所示。

表 8-19　应收账款总分类账

年		凭证号数	摘　要	借　方	贷　方	借或贷	余　额
月	日						
1	1		上年结转			借	1 500 000
	5				60 000	借	1 440 000
	10			100 000		借	1 540 000
	21				40 000	借	1 500 000
	31		1 月份发生额及余额	100 000	100 000	借	1 500 000
2	1		月初余额			借	1 500 000
	5			200 000		借	1 700 000
	10			50 000		借	1 750 000
	25				100 000	借	1 650 000
	28		2 月份发生额及余额	250 000	100 000	借	1 650 000
3	1		月初余额			借	1 650 000
	5			100 000		借	1 750 000
	10			50 000		借	1 800 000
	15			150 000		借	1 950 000
	20				50 000	借	1 900 000
	31		3 月份发生额及余额	300 000	50 000	借	1 900 000
	31		第 1 季度合计	650 000	250 000	借	1 900 000
……	……	……	……	……	……	……	……
12	31		第 4 季度合计				
12	31		年度发生额及余额	1 000 000	600 000	借	1 900 000
12	31		结转下年		1 900 000	平	0
			合　计				

第四节　会计账簿的更换与保管

一、会计账簿的更换

会计账簿的更换，是指在会计年度开始时启用新账簿，并将上年度的会计账簿归档保管。

现金日记账、银行存款日记账、总分类账及绝大多数的明细分类账，每年都要更换新账。对于个别采用卡片式的明细账，如固定资产卡片明细账，可以跨年度使用，不必每年更换新账。

会计账簿更换的具体做法是：首先检查本年度账簿记录在年终结账时是否全部结清，然后在新账中有关账户的第一行日期栏内注明1月1日，摘要栏内注明"上年结转"或"年初余额"字样，将上年的年末余额以同方向记入新账中的余额栏内，并在借或贷栏内注明余额的方向（即借方还是贷方）。需注意的是，新旧账簿更换时账户余额结转不编制记账凭证，也不记入借方栏或贷方栏，而是直接记入余额栏，因此凭证号数栏、借方栏和贷方栏无须填制。

二、会计账簿的保管

会计账簿是重要的会计资料，且有些是需要保密的，因此必须建立严格的会计账簿保管制度，妥善保管会计账簿。对会计账簿的管理包括日常管理和旧账簿的归档保管两个方面的内容。

▶ 1. 会计账簿的日常管理

（1）会计账簿的日常管理要分工明确，指定专人管理，会计账簿经管人员既要负责记账、对账、结账等工作，又要负责保证会计账簿的安全、完整。

（2）会计账簿未经领导和会计负责人或者有关人员批准，非经管人员不能随意翻阅、摘抄和复制等。

（3）会计账簿除需要与外单位核对外，一般不能携带外出，对需要携带外出的会计账簿，通常由经管人员负责或会计主管人员指定专人负责。

（4）会计账簿不能随意交与其他人员管理，以保证账簿安全完整和防止任意涂改、毁坏会计账簿等问题的发生。

▶ 2. 旧账簿的归档保管

启用新账簿后，对更换下来的旧账簿需要进行整理、装订成册，并办理交接手续，归档保管。具体内容如下。

（1）整理。归档前应对更换下来的旧账簿进行整理。其工作主要包括：首先检查应归档的旧账簿是否收集齐全；然后检查账簿应办的会计手续是否完备，对于手续不充分的应补办手续，如注销空行空页、加盖印章、结转余额等。

（2）装订成册。会计账簿经过整理后要装订成册。装订前首先应检查会计账簿的扉页内容是否填写齐全，手续是否完备；其次检查订本式账页从第一页到最后一页是否顺序编写页数，有无缺页或跳页，活页式账簿或卡片式账簿是否按账页顺序编号，是否加具封面。装订时，根据实际情况，一个账户可装订成一册或数册，也可以将几个账户合并装订成一册。装订后应由经管人员、装订人员和会计主管人员在封口处签名或盖章。

（3）办理交接手续，归档保管。账簿装订成册后，应编制目录，填写移交清单，办理交接手续，归档保管。保管人员应按照《会计档案管理办法》的要求，妥善保管，以便于日后查阅，要注意防火、防盗，库房通风良好，以防账簿毁损、霉烂等。保管期满后，应按规定的审批程序报经批准后才能销毁，不得任意销毁。

拓展阅读

严谨工作，不做假账

《中华人民共和国会计法》第二十三条、第四十二条至第四十五条规定了会计账簿的法律责任。为适应《中华人民共和国会计法》的发展，全国人大常委会于1999年通过了我国第一个《刑法修正案》，其中第一条规定：第一百六十二条后增加一条，作为第一百六十二条之一。至此，隐匿、故意销毁会计凭证、会计账簿、财务会计报告正式成为我国的一种犯罪行为，打击此类行为从立法方面迈进了新的阶段。有关会计账簿刑事责任规定的增加，使我国会计刑事法律责任制度得以完备，整个会计流程实际处于《中华人民共和国刑法》的管理之下。

按照《中华人民共和国会计法》第十六条的规定，各单位发生的各项经济业务事项应当在依法设置的会计账簿上统一登记、核算，不得违反本法和国家统一的会计制度的规定私设会计账簿登记、核算。会计账簿是会计档案的重要组成部分，作为记载单位财务活动的重要资料，其是相关单位财务管理的重要依据，对加强企业管理、提高经济效益、健全财务制度、保护国家和单位利益、打击经济犯罪活动具有重要的现实作用和意义。常常在很多民事案件中，作为重要证据使用，民事案件的诉讼时效最长为20年，结合会计档案的实际利用需求，我国2015年修订的《会计档案管理办法》，将会计档案的定期保管期限由原3年、5年、10年、15年、25年五类，调整为10年、30年两类。我们应当熟悉会计账簿的有关法律知识，只有在知法的基础上，才能做到守法。

《会计基础工作规范》规定，账簿记录发生错误，不得涂改、挖补、刮擦或者用药水消除字迹，不准重新抄写，必须按规范的方法更正。错账的更正方法通常有划线更正法、红字更正法和补充登记法等，每一种方法都有不同的适用范围和操作技巧。会计上的错账更正机制对大学生及管理者来说至少具有以下启示意义："人非圣贤，孰能无过"。会计人如此，管理者如此，大学生更是概莫能外。然而，无论谁犯了错误，都应该承认错误、接受批评或处罚，并加以改正。也就是说，不怕犯错，就怕不知错，更怕不改错。改错固然重要，但更为重要的是通过查错来及时发现错误。这是会计错账更正机制中最可取之处。

复 习 思 考

1. 设置和登记会计账簿有哪些作用？

2. 明细分类账账页有哪几种格式？适用情况如何？

3. 更正错账的方法有哪几种？各在什么情况下使用？

4. 总分类账和其所属明细分类账平行登记应遵循哪些规则？

5. 对账的内容有哪些？

6. 怎样结账？

7. 登记账簿的基本要求有哪些？

8. 怎样登记现金日记账？

在 线 自 测

自学自测

扫描此码

实 战 演 练

实训一：

（一）实训目的：练习错账更正方法。

（二）实训资料：

五峰公司对账时发现以下经济业务内容的账簿记录有错误。

1. 开出现金支票 800 元，支付企业管理部门日常零星开支。原编记账凭证的会计分录如下。

借：管理费用   800

    贷：库存现金   800

2. 签发转账支票 1 800 元预付本季度办公用房租金。原编记账凭证的会计分录如下。

借：管理费用   1 800

    贷：银行存款   1 800

3. 结转本月完工产品成本 49 000 元。原编记账凭证的会计分录如下。

借：库存商品   94 000

    贷：生产成本   94 000

4. 计提本月固定资产折旧费 4 100 元。原编记账凭证的会计分录如下。

借：管理费用   1 400

    贷：累计折旧   1 400

5. 用银行存款支付所欠供货单位货款 7 650 元，过账时误记为 6 750 元。

（三）实训要求：将上述各项经济业务的错误记录分别以适当的错账更正方法予以更正。

实训二：

（一）实训目的：练习凭证与账簿的登记。

（二）实训资料：泉岭公司 2024 年 8 月 31 日银行存款日记账的余额为 105 800 元，现金日记账的余额为 3 600 元。9 月份发生以下现金和银行存款收付业务。

1. 2 日，以银行存款归还前欠凯乐厂购货款 48 000 元。

2. 5 日，出售产品 500 件，货款 40 000 元及发票上的增值税 6 800 元当即收到，存入银行。

3.6 日，以银行存款上缴上月未缴所得税 19 000 元。

4.10 日，从银行提取现金 500 元备用。

5.12 日，职工王军预借差旅费 1 000 元，以现金支付。

6.15 日，收到天源厂还前欠货款 43 500 元，存入银行。

7.16 日，以现金支付销售产品搬运费 200 元。

8.20 日，以银行存款归还短期借款 26 000 元。

9.25 日，以银行存款支付外购材料款 9 400 元及增值税 1 598 元，材料已验收入库。

10.28 日，将超过核定限额的库存现金 900 元送存银行。

11.29 日，王军出差返回，报销差旅费 800 元，余款交回现金。

12.30 日，以银行存款支付本月水电费 750 元。

（三）实训要求：

1. 编制收款凭证和付款凭证。

2. 开设并登记三栏式现金日记账和银行存款日记账。

9 第九章
Chapter 9
财 产 清 查

>>> **知识目标**

熟悉财产清查的意义和种类；理解财产物资盘存制度；掌握各项财产物资和往来款项的清查方法；掌握财产清查结果的处理方法。

>>> **技能目标**

能对货币资金、实物资产、往来款项等进行清查；能编制银行存款余额调节表；能正确运用有关账户对财产清查结果进行账务处理。

引 导 案 例

某公司的李经理从出纳员小王处拿走 10 000 元钱，理由是为企业购入原材料，根据合同规定预付定金。李经理给小王打了一张借条并写明了用途，小王随后给他支付 10 000 元现金。到月末时，企业对库存现金进行盘点，发现库存现金少了 10 000 元，但是有一张借条，于是追问原因，小王说明了事情的经过。

问题: 李经理从出纳员小王处拿走 10 000 元定金是否符合财会手续？应如何进行处理？

第一节　　财产清查概述

从会计循环程序来看，当企业将所有经济业务处理完毕并登记到相关账户后，到会计期末就可准备编制财务报表。为保证财务报表信息的完整、准确、可靠，除在日常的会计循环过程中严格执行各相关程序外，还需要定期进行财产清查，做到账实相符。

一、财产清查的定义

所谓财产清查，就是对各项财产物资进行实地盘点和核对，查明财产物资、货币资金和结算款项的实有数额，确定其账面结存数额和实际结存数额是否相符，并查明账实不符原因的一种会计核算专门方法。

为了保证账簿记录的正确性，应加强会计凭证的日常审核，定期核对账簿记录，做到账证相符、账账相符。但是，只有账簿记录正确还不能说明账簿所作的记录真实可靠，由于有很多主观和客观原因使各项财产物资的账面结存数额与实际结存数额存在差异，造成账实不符。

造成账实不符的原因有很多，概括起来有以下几点：

（1）气候影响。有些财产物资在保管过程中受气候的干湿冷热影响，会发生自然损耗或升溢，如汽油的自然挥发、油漆的干耗等原因造成的数量短缺。

（2）技术原因。有些财产物资在加工时，由于机械操作、切割等工艺技术原因，会造成一些数量短缺。

（3）收发差错。企业各项财产物资在收发过程中，由于计量和检验不细致，造成财产物资在数量、品种或质量上发生差错。这种情况一般发生在材料收发过程中（如散装材料在收发中）造成的短缺或溢余；同类材料在收发中规格搞错，如应发放甲类 A 规格材料却发放了甲类 B 规格材料等。

（4）保管不善。有些财产物资由于保管时间过久、保管条件不善或保管人员失职等引起残损、霉变、短缺、过时、价值降低等。

（5）记账错误。这是指有些财产物资由于手续不全、凭证不全，或漏登账、重复登账、登错账等引起的差错。

（6）贪污盗窃、营私舞弊。由于不法分子的贪污盗窃、营私舞弊等直接侵占企业财产物资所发生的损失。

（7）自然灾害。由于人力不可抗拒的自然灾害或其他原因造成的财产物资损失。

（8）未达账项。由于双方记账时间不一致而发生的一方已入账而另一方没有接到有关凭证，还未入账的事项。

二、财产清查的作用

企业在财产清查过程中，若发现账存数和实存数不相符，除查明账实不符的原因以外，还应进一步采取措施，改进和加强财产管理。一般说来，财产清查具有以下几方面作用。

▶ 1. 保证账实相符，提高会计资料的真实性

通过财产清查，可查明各项财产物资的实际结存数，并与账簿记录相核对，以发现记账中的错误，确定账实是否相符。若不相符，要查明原因，分清责任，并按规定的手续及时调整账面数字，直至账实相符。只有这样才能保证根据账簿信息编制的财务报表真实可靠，从而提高会计信息质量。

▶ 2. 加速资金周转，提高资金使用效率

要充分利用各项财产物资，必须经常了解各项财产物资的使用情况。通过财产清查，可以查明各项财产物资的库存和使用情况，合理安排生产经营活动，充分利用各项财产物资，加速资金周转，提高资金使用效率。

▶ 3. 切实保证各项财产物资的完整性

通过财产清查，可以查明各项财产物资的保管情况是否良好，有无因管理不善造成霉烂、变质、损失浪费，或者被非法挪用、贪污盗窃的情况，有无储备不足、过多积压、呆滞、财产设备不配套等情况，从而促使企业管理者采取措施改善经营管理，切实保障各项财产物资的安全完整。

▶ 4. 保证财经纪律和结算制度的贯彻执行

在财产清查过程中，通过检查核对往来账项，查明各项债权债务的结算是否遵守财经纪律和结算制度，促使各单位自觉遵守财经纪律。

三、财产清查的种类

财产清查总是在一定的范围和具体时间、地点进行的，为了合理组织财产清查，正确地使用财产清查的方法，必须对财产清查进行科学的分类。

▶ 1. 财产清查按其清查范围的不同分类

财产清查按其清查范围的不同，可分为全面清查和局部清查。

（1）全面清查。全面清查是指对属于本单位或存放在本单位的所有财产物资、货币资金和各项债权债务进行全面盘点和核对。全面清查涉及的内容多、范围广、费用高，一般在以下情况下才需要进行全面清查。

①年终决算之前，要进行一次全面清查。

②单位撤并，或者改变其隶属关系时，要进行一次全面清查，以明确经济责任。

③开展资产评估、清产核资等专项经济活动时，需要进行全面清查，摸清家底，以便有针对性地组织资金供应。

（2）局部清查。局部清查是指根据管理的需要或依据有关规定，对部分财产物资、债权债务进行盘点和核对。局部清查相对于全面清查而言，需要投入的人力少，花费的时间也较短，清查范围小，可以根据需要随时进行。

①流动性较大的材料物资，除年度清查外，年内还要轮流盘点或重点抽查。

②贵重物资，每月都应清查盘点一次。

③库存现金，应由出纳人员当日清点核对。

④银行存款、银行借款，每月要同银行核对一次。

⑤对于各种应收、应付款项，每年至少与有关单位核对一至两次。

▶ 2. 财产清查按照清查时间是否事先有计划分类

财产清查按照清查时间是否事先有计划，可分为定期清查和不定期（临时）清查。

（1）定期清查。定期清查是指按事先计划安排的时间对财产物资、债权债务进行的清查。一般是在年度、季度、月份、每日结账时进行。例如，每日结账时，要对现金进行账实核对；每月结账时，要对银行存款日记账进行对账。定期清查可以是全面清查，也可以是局部清查。

（2）不定期清查。不定期清查是指事先并无计划安排，而是根据实际需要所进行的临时性清查。通常在出现以下几种情况时，需要开展不定期清查。

①在单位更换出纳人员和财产物资保管人员时，应对相关人员所保管的财产物资进行清查，以分清经济责任。

②当单位发生意外损失和非常灾害时，应对单位所受损失的相关财产物资进行清查，以查明损失情况。

③当单位撤销、合并或改变隶属关系时，应对相关单位的各项财产物资、货币资金、债权、债务进行及时清查，以摸清家底。

④上级主管部门、财政、税务、审计机关和银行等部门要对本单位进行会计检查，以验

证会计资料的准确性。

不定期清查，可以是局部清查，也可以是全面清查。

▶ 3. 财产清查按照清查的执行单位不同分类

财产清查按照清查的执行单位不同，可分为内部清查和外部清查。

（1）内部清查。内部清查是指由企业自行组织清查工作小组所进行的财产清查。财产清查多数属于内部清查。

（2）外部清查。外部清查是指由有关部门根据国家规定对企业进行的财产清查。如注册会计师对企业验资、查账，审计、司法机关对企业检查、监督过程中所进行的清查工作等。

四、财产清查前的准备工作

财产清查是一项非常复杂细致的工作，它不仅是会计部门的一项重要任务，而且是各个财产物资经营部门的一项重要职责。为了妥善地做好财产清查工作，使它发挥应有的积极作用，必须在清查前，特别是全面清查以前协调各方面力量，做好充分准备，成立清查组织，具体负责财产清查的组织和管理。清查组织应由两个层次组成，分别是组织准备和业务准备。

▶ 1. 组织准备

（1）组建工作领导小组。由单位负责人或主管会计工作的负责人任清查小组负责人。清查工作领导小组负责制订清查计划，确定清查范围，配备清查人员，规定清查时间和步骤，落实清查人员的分工和职责，检查清查工作质量，协调有关部门的清查事宜，提出清查结果的处理意见。

（2）确定清查工作人员。清查工作人员应由责任心强、业务水平高的会计、业务、技术、仓库等部门人员组成，具体负责清查的各项工作。

▶ 2. 业务准备

（1）提供正确的账簿资料。

（2）财产物资的保管使用等相关业务部门，应登记好所经管的全部财产物资明细分类账，并结出余额。将所保管以及所用的各种财产物资归位整理好，贴上标签，标明品种、规格和结存数量，以便盘点核对。

（3）对银行存款、银行借款和结算款项，要取得银行对账单，以便核对。

（4）对需使用的度量衡器，要提前校验，保证计量准确。

（5）准备好清查登记用的清单、表册，通常有"盘存表""实存账存对照表""未达账项登记表"等。

在完成以上各项准备工作以后，就应该由清查人员依据清查对象的特点及预先确定的清查目的，采用合适的清查方法，实施财产清查和盘点。

第二节　　财产物资的盘存制度

一、永续盘存制

▶ 1. 永续盘存制的定义及计量方法

永续盘存制是指企业对各项财产物资收入和发出的数量及金额，都必须根据原始凭证

和记账凭证在有关的账簿中进行连续登记，并随时结出账面余额的一种盘存制度。其计算公式为

期末账面结存数量 = 期初账面结存数量 + 本期收入数量 − 本期发出数量

【例 9-1】 某公司对甲材料采用永续盘存制，进行收入、发出、结存核算。甲材料月初结存 2 000 千克，计 4 000 元，本月 2 日购进入库 800 千克，实际成本 1 600 元，8 日购进入库 1 000 千克，计 2 000 元；本月 5 日生产领用 1 800 千克，计 3 600 元，15 日领用 500 千克，计 1 000 元；月末实地盘点甲材料实存 1 300 千克，计 2 600 元。

按永续盘存制登记甲材料明细账，如表 9-1 所示。

表 9-1 按永续盘存制登记甲材料明细账

年		凭证号数	摘　要	收　入			发　出			结　存		
月	日			数量	单价	金额	数量	单价	金额	数量	单价	金额
	1		月初结存							2 000	2	4 000
	2		入库	800	2	1 600				2 800	2	5 600
	5		发出				1 800	2	3 600	1 000	2	2 000
	8		入库	1 000	2	2 000				2 000	2	4 000
	15		发出				500	2	1 000	1 500	2	3 000
	30		本月合计	1 800	2	3 600	2 300	2	4 600	1 500	2	3 000

永续盘存制下月末甲材料账面余额 = 2 000×2 + 800×2 + 1 000×2 − 1 800×2 − 500×2 = 3 000（元）

永续盘存制虽然实际记录了财产物资的收、付、存数量和金额，但账存金额 3 000 元与实存金额 2 600 元不符。因此，即使是实行永续盘存制，也必须定期进行财产清查，以确保账实相符。若出现不一致要及时调整账面记录，从而使账存数与实存数保持一致。

▶ 2. 永续盘存制的优缺点

永续盘存制的优点是核算手续严密，能及时反映各项财产物资的收、发、结存情况。会计账簿起到了实际控制财产物资收、付、存的作用，有利于加强财产管理，因此为大多数企业所应用。另外，由于永续盘存制对财产物资的发出逐笔都有记录，且有原始凭证为依据，容易追查差错的来龙去脉，也容易控制差错和非法行为的发生，是控制差错和制止非法行为的有效方法。永续盘存制的缺点是逐日逐笔登记账簿，其工作量比较大。

二、实地盘存制

▶ 1. 实地盘存制的定义及计量方法

实地盘存制是指企业对各项财产物资，只在账簿中登记其收入数，不登记其发出数，期末通过对实物的盘点来确定财产物资结余数，然后倒挤出本期发出数的一种盘存制度。其计算公式为

本期发出数 = 期初账面结存数 + 本期收入数 − 期末实际结存数

【例 9-2】 承例 9-1，假设该公司对材料采用实地盘存制进行收入、发出、结存核算，则甲材料明细账上的记录与永续盘存制不同。

按实地盘存制登记甲材料明细账，如表 9-2 所示。

表 9-2　按实地盘存制登记甲材料明细账

年		凭证号数	摘要	收入			发出			结存		
月	日			数量	单价	金额	数量	单价	金额	数量	单价	金额
	1		月初结存							2 000	2	4 000
	2		入库	800	2	1 600				2 800	2	5 600
	8		入库	1 000	2	2 000				3 800	2	7 600
	30		本月发出				2 500	2	5 000	1 300	2	2 600
	30		本月合计	1 800	2	3 600	2 500	2	5 000	1 300	2	2 600

实地盘存制下销售甲材料的成本 $= 2\,000 \times 2 + 800 \times 2 + 1\,000 \times 2 - 1\,300 \times 2 = 5\,000$（元）

实地盘存制下本月销售甲材料的数量 $= 5\,000 \div 2 = 2\,500$（千克）

在实地盘存制下，本期发出金额是倒挤得到的，无法确定盘盈、盘亏。实际上，盘亏金额 400 元（$3\,000 - 2\,600$），也作为本期耗用数额计算确认。

▶ 2. 实地盘存制的优缺点

实地盘存制的优点是核算简单。其缺点是：财产物资的收、发手续不严密；不能通过账簿记录随时反映各项财产物资的收、发、结存情况；对财产物资管理不善造成的不合理的短缺、霉烂变质、超定额损耗、贪污盗窃的损失，全部都算入本期发出数中，反映的数字不够准确，不利于加强企业财产物资的保管。因此，一般只对发出频繁、价值较低，或发出领用时逐笔计量登记确有困难的大堆材料和零售商业货柜的零售商品采用实地盘存制。其他财产物资，特别是重要的、贵重的财产物资均应采用永续盘存制。

第三节　财产清查的方法

因财产物资有不同的形态和特征，财产清查的方法也就相应不同。常用的方法有实地盘点法、技术推算法、查询法和核对法。由于每种方法有不同的应用范围，下面将结合各类财产物资的清查，介绍每种方法的具体运用。

一、货币资金的清查

货币资金包括库存现金、在开户银行和其他金融机构的存款。货币资金的清查往往是清查的重点。

▶ 1. 库存现金的清查

库存现金清查采用实地盘点法。盘点时，要由清查人员和出纳员共同负责。盘点之前，出纳员应将现金收、付款凭证全部登记入账，并结出余额；盘点时，由清查人员逐一清点，由出纳员监督，若发生盘盈或盘亏，应由清查人员和出纳员共同核实。现金盘点可以定期进行，亦可以不定期进行。一般每月月末必须进行盘点，平时应做一两次突然性的临时盘点，盘点中同时要关注出纳员有无违反现金管理规定的行为，特别注意是否有短缺，或者以借条、白条抵充现金的现象，是否超过库存限额等。盘点结束后，应根据盘点结果及时填写库存现金盘点报告表，对现金的长款、短款的原因认真调查，提出意见，并由清查人员和出纳员共同签章认可。此表是明确经济责任的依据，也是调整账实不符的原始凭证。库存现金盘点报告表如表 9-3 所示。

表 9-3 库存现金盘点报告表

单位：   年 月 日

品 种	实存金额	账存金额	对比结果		备 注
			盘 盈	盘 亏	
合 计					

盘点人：   出纳员：

▶ **2. 银行存款的清查**

银行存款是企业存入开户银行或其他金融机构的存款。银行存款的清查采用核对法，即将单位登记的"银行存款日记账"与银行送来的对账单逐笔核对，以查明银行存款收付及余额是否正确。一般地，在正式清查之前应先检查本单位银行存款日记账的正确性和完整性；再以每个银行账户为单位，核对银行与企业账目是否相符。若不相符，主要原因有两个：一是正常的"未达账项"；二是双方账目可能发生不正常的错账、漏账。如果发现错账、漏账，应及时查明原因，予以更正。

（1）未达账项。所谓未达账项，指单位与银行之间一方已入账，另一方因未收到有关凭证而未入账的款项。未达账项有以下四种情况。

①单位已记银行存款增加，而开户银行尚未记账。例如，企业销售产品收到支票，送存银行后即可根据银行盖章后返回的"进账单"回单联登记银行存款的增加，而银行则要等款项收妥后再记增加。如果此时对账，就会出现企业已记银行存款增加，而开户银行尚未记增加的款项。

②单位已记银行存款减少，而开户银行尚未记账。例如，企业开出一张支票支付购料款，企业可根据支票存根登记银行存款减少，而此时银行由于尚未接到支付款项的凭证，尚未记减少。如果此时对账，就会出现企业已记银行存款减少，而开户银行尚未记减少的款项。

③开户银行已记单位存款增加，而单位尚未记账。例如，外地某单位给本企业汇来款项，银行收到汇款单后，马上登记企业存款增加，而企业由于尚未收到收账通知，尚未登记银行存款增加。如果此时对账，就会出现银行已记单位存款增加，而单位尚未记账增加的款项。

④开户银行已记单位存款减少，而单位尚未记账。例如，银行收取企业借款的利息，银行已从单位存款账户中收取并已记作单位存款减少，而单位尚未接到银行的计付利息通知单，尚未记作银行存款减少。如果此时对账，就会出现银行已记单位存款减少，而单位尚未记账的款项。

以上四种情况的未达账项都会导致企业银行存款日记账与银行对账单的余额不一致。因此，企业在与银行核对账目时，首先应确认是否有未达账项存在，若有未达账项，企业就必须通过编制"银行存款余额调节表"来进行调整。

（2）银行存款余额调节表的编制方法。银行存款余额调节表的编制方法，一般是在单位的银行存款日记账账面余额和银行对账单余额的基础上，分别补记对方已记账而自己尚未记账的未达账项金额，然后验证经调节后双方的余额是否相等。如果相等，表明双方记账都是正确的；如果调节后双方的余额仍不相等，就表明还存在记账错误，应进一步查明原因，予以更正。银行存款余额调节表如表 9-4 所示。

表 9-4　银行存款余额调节表

开户银行：　　　　　　　　　　　　银行账号：　　　　　　　　　　　　币种：

银行对账单	金　额	企业银行存款日记账	金　额
开户银行对账单期末余额		企业账面期末余额	
加：企业已收，银行未收		加：银行已收，企业未收	
减：企业已付，银行未付		减：银行已付，企业未付	
调整后银行存款对账单期末余额		调整后企业存款日记账余额	

上述调节表的计算公式为

企业银行存款日记账余额+银行已收企业未收款−银行已付企业未付款＝银行对账单存款余额+企业已收银行未收款−企业已付银行未付款

银行存款余额调节表的编制步骤如下。

①将银行存款日记账与开户银行对账单逐笔核对，包括日期、银行结算凭证种类、号码、金额，找出"未达账项"，凡双方都有记录的用铅笔作"√"记号于金额边。

②将银行存款日记账中未打"√"记号的记入"银行存款余额调节表"的"企业已收，银行未收"栏和"企业已付，银行未付"栏；将开户银行对账单中未打"√"记号的分别填入"银行存款余额调节表"的"银行已收，企业未收"和"银行已付，企业未付"栏中。

③核对时，要特别关注上月末"银行存款余额调节表"的未达账项是否在本月的对账单中列入，以确定此笔款项的下落，防止差错、贪污、挪用情况的发生。

④分别计算出"银行存款余额调节表"中调整后银行对账单余额以及调整后企业账面余额，若二者相等，说明银行存款日记账正确。

⑤将填制完毕的银行存款余额调节表，经主管会计签章后，呈报开户银行，清查完毕。

凡有外币银行存款日记账的企业，应分别编制本币、外币银行存款余额调节表。

【例 9-3】　假设某企业 2024 年 3 月 31 日银行存款日记账的月末余额为 50 000 元，银行对账单余额为 61 000 元，经逐笔核对，发现有下列未达账项：

①将转账支票 3 000 元送存银行，企业已记存款增加，银行尚未记账；

②企业开出现金支票 6 000 元，企业已记存款减少，银行尚未记账；

③企业委托银行托收的货款 10 000 元已经收到，银行已记存款增加，企业尚未记账；

④银行为企业支付的电费 2 000 元，银行已记存款减少，企业尚未记账。

根据上述"未达账项"，编制银行存款余额调节表，如表 9-5 所示。

表 9-5　银行存款余额调节表
2024 年 3 月 31 日

开户银行：　　　　　　　　　　　　银行账号：　　　　　　　　　　　　币种：

银行对账单	金　额	企业银行存款日记账	金　额
开户银行对账单期末余额	61 000	企业账面期末余额	50 000
加：企业已收，银行未收	3 000	加：银行已收，企业未收	10 000
减：企业已付，银行未付	6 000	减：银行已付，企业未付	2 000
调整后银行存款对账单期末余额	58 000	调整后企业存款日记账余额	58 000

需要注意的是，银行存款余额调节表只是为核对银行存款余额而编制的，不能作为记账的原始凭证，也不作任何账务处理。当然，如果在银行存款清查过程中发现了错账或漏账，应及时进行必要的账务处理。

二、实物资产的清查

▶ **1. 实物资产的清查方法**

各种实物如材料、半成品、在产品、产成品、低值易耗品、包装物、固定资产等，都要从数量和质量上进行清查。由于实物的形态、体积、重量、堆放方式等不尽相同，因而所采用的清查方法也不尽相同。实物资产的清查方法比较常用的有以下两种。

（1）实地盘点法，是指在财产物资存放现场逐一清点数量或用计量仪器确定其实存数的一种方法。这种方法适用于容易清点或计量的财产物资，也适用于库存现金等货币资金的清查。它适用范围较广，要求严格，数字准确可靠，清查质量高；但工作量大，要求事先按财产物资的实物形态进行科学的摆放。

（2）技术推算法，是指利用技术方法推算财产物资实存数的方法。主要针对大量成堆、难以逐一清点的财产物资使用，如露天存放的煤、矿石等的实存数量可以采用这种方法。

在清查过程中，还要检查财产物资的质量，了解其储存、利用情况，以及在收发、保管等方面是否存在问题。对于实物的质量，应根据不同的实物采用不同的检查方法，如有的采用物理方法来检查实物的质量，有的采用化学方法来检查实物的质量。

▶ **2. 存货的清查**

存货清查过程中，实物保管人员和盘点人员必须同时在场，按照上述的清查方法进行盘点，确定其实有数量，并同时检查其质量情况。对于盘点结果，应如实登记盘存单，并由盘点人和实物保管人签字或盖章，以明确经济责任。盘存单既是记录盘点结果的书面证明，也是反映财产物资实存数的原始凭证，盘存单和实存账存对比表见表 9-6、表 9-7。

表 9-6　盘存单

单位名称：　　　　　　　　　　　　盘点时间：　　　　　　　　　　　　编号：

财产类别：　　　　　　　　　　　　存放地点：　　　　　　　　　　　　金额单位：

编　号	名　称	规格和型号	计量单位	数　量	单　价	金　额	备　注

盘点人签章：　　　　　　　　　　　　保管人：

表 9-7　实存账存对比表

编号	类别及名称	规格或型号	计量单位	单价	对比结果								备注
					实　存		账　存		盘　盈		盘　亏		
					数量	金额	数量	金额	数量	金额	数量	金额	

主管人员：　　　　　　　　　　　　会计：　　　　　　　　　　　　制表：

对于委托外单位加工、保管的材料、商品、物资以及在途的材料、商品、物资等，可以用询证的方法与有关单位进行核对，以查明账实是否相符。

▶ 3. 固定资产的清查

固定资产的清查，是对房屋、建筑物、机器设备、交通工具等所进行的清查，通常采用实地盘点的方法。固定资产的清查应按以下步骤进行：

（1）在清查之前应将固定资产总账的期末余额同固定资产明细账核对，保证固定资产总账余额与其所属的固定资产明细账余额相一致。

（2）进行实地盘点，对固定资产的状况进行清查，要按固定资产明细账上所列明的固定资产名称、类别、编号等内容与固定资产实物进行逐一核对，确认账实是否相符，在查明原因的基础上编制固定资产清查盘盈盘亏报告表，固定资产清查盘盈盘亏报告表如表9-8所示。

表9-8　固定资产清查盘盈盘亏报告表

部门：　　　　　　　　　　　年　　月　　日　　　　　　　　金额单位：万元

固定资产编号	固定资产名称	固定资产规格或型号	盘　盈			盘　亏			毁　损			原　因
			数量	重置价值	累计折旧	数量	原价	已提折旧	数量	原价	已提折旧	
	××设备					1	6.5	3.4				待查
处理意见	审批部门：				清查小组：			使用保管部门：				

盘点人（签章）：　　　　　　　　　　　　　实物保管（签章）：

三、债权债务的清查

债权债务的清查是指对单位应收、应付项目及其他应收、应付项目等结算和往来款项所实施的清查，所采用的方法是查询法或核对法，也可同时采用两种方法。在清查过程中，不仅要查明债权债务的余额，还要查明形成的原因，以便加强管理。在清查中发现的坏账损失要按有关规定进行处理，不得擅自冲销账簿记录。其清查的程序大致如下。

（1）检查、核对账簿记录。有关会计人员应将本单位的债权债务业务全部登记入账，不得遗漏，以保证账簿记录的完整性。在此之后，清查人员应依据会计凭证对有关账簿记录进行核对，保证账簿记录准确无误。

（2）编制债权债务款项对账单。单位将编制的对账单送债权人或债务人进行核对，确认债权债务。对账单一般可采用二联形式，其中一联为回单，由债权人确认并签章。如果债权人核对后发现不一致，则须注明原因，寄回本单位。单位在收到对账单后，若存在不一致事项，应就不一致事项作进一步调查；若存在未达账项，应进行余额调整（调整方法类似于银行存款余额调节），然后确认债权债务余额。当然，在清查中也可直接派人去对方单位面询，或利用电话、电报、传真、互联网等手段进行核实。

（3）编制债权债务清查结果报告表。在检查、核对并确认了债权债务后，清查人员应根据清查中发现的问题和情况，及时编制债权债务清查结果报告表。对于本单位与对方单位或个人有争议的款项，收回希望较小和无法支付的款项，清查人员应当在报告中尽可能详细说明，以便有关部门及时采取措施，减少不必要的坏账损失。债权债务清查结果报告表如表 9-9 所示。

表 9-9 债权债务清查结果报告表

单位名称：　　　　　　　　　　　　　　　　　　　　　年　　月　　日

总分类账户		明细账户		发生日期	对方结存额	对比结果及差异额	差异原因及金额			备注
名　称	金　额	名　称	金　额				未达账项	有争议账项	无法收回账项	

财产清查工作结束后，清查人员应认真整理清查资料，对清查工作中发现的问题，分析其原因并提出改进措施，撰写财产清查报告，对财产清查中发现的问题作出客观公正的评价。

第四节　财产清查结果的处理

一、财产清查结果的处理程序

财产清查的结果不外乎三种情况：一是账存数与实存数相等；二是账存数大于实存数，即盘亏；三是账存数小于实存数，即盘盈。第二种和第三种情况为账实不符，对财产清查结果进行处理，也就是对这两种情况进行处理。一旦发生账实不符，无论是短缺还是盈余，原则上都必须认真调查研究，分析原因，做好清查结果的处理工作。财产清查结果的一般处理程序如下。

（1）客观地分析账实不符的性质和原因，明确经济责任，并按规定程序如实将盘盈、盘亏情况及处理意见报请有关部门审批处理。

（2）积极处理积压物资，及时清理长期不清的债权债务，以提高财产物资的使用效率。

（3）针对财产清查中发现的问题，应当总结经验教训，建立健全有关财产物资管理的岗位责任制，保证财产安全完整。

（4）对财产清查中所查明的各种差异，应及时地调整账簿记录，做到账实相符。在会计上对账实不符的具体处理分为以下两个步骤。

第一步，根据"实存账存对比表"中所填列的财产盘盈、盘亏或毁损的金额，填制记账凭证，据以登记有关账目，调整账簿记录，使各项财产物资的实存数和账存数一致。同时，还应按规定把清查结果及原因报送有关部门审批处理。

第二步，待查清原因及明确责任后，再根据审批后的处理意见，填制记账凭证，分别记入有关账户。

二、财产清查结果的账务处理

为了核算和监督企业在财产清查中查明的财产盘盈、盘亏和毁损及其处理情况，应设置"待处理财产损溢"账户。各项待处理财产物资的盘盈数额，在批准转销前记入该账户的贷方，批准转销时登记在该账户的借方。各项待处理财产物资的盘亏及毁损数，批准转销前记入该账户的借方，批准结转时登记在该账户的贷方。本账户结转后没有余额。

为了分别反映固定资产和流动资产的盘盈、盘亏情况，应在本账户下分别设置"待处理流动资产损溢"和"待处理固定资产损溢"两个明细分类账户，进行明细分类核算。

待处理财产损溢账户的基本结构和内容如图 9-1 所示。

待处理财产损溢账户的基本结构和内容

| 待处理财产盘亏金额 | 待处理财产盘盈金额 |
| 根据批准的处理意见结转待处理财产盘盈数 | 根据批准的处理意见结转待处理财产盘亏数 |

图 9-1　待处理财产损溢账户的基本结构和内容

▶ **1. 库存现金清查的账务处理方法**

（1）库存现金盘盈。当发现现金盘盈时，应查明原因，及时办理现金入账手续，调整现金账簿记录，借记"库存现金"账户，贷记"待处理财产损溢"账户，并经有关部门批准后，借记"待处理财产损溢"账户，贷记有关账户。

【例 9-4】　某企业在现金清查中，发现现金长款 65 元，经查，其中 60 元是在与甲单位结算零星销货款时，在发票以外多收的现金，另外 5 元原因不明，计入营业外收入。

在清点后（报批前），先做到账实相符，应根据"实存账存对比表"确认长款数额，作以下调整分录。

借：库存现金　　　　　　　　　　　　　　　　　　　　　　　　65
　　贷：待处理财产损溢——待处理流动资产损溢　　　　　　　　　　　65

经批准后，作以下会计分录。

借：待处理财产损溢——待处理流动资产损溢　　　　　　　　　　　65
　　贷：营业外收入　　　　　　　　　　　　　　　　　　　　　　　5
　　　　应付账款——甲单位　　　　　　　　　　　　　　　　　　　60

（2）库存现金盘亏。当发现现金盘亏时，应先转入"待处理财产损溢"账户，待批准后根据不同情况进行处理：能确定具体交款单位的大笔错点、少收款，应先计入其他应收款；不能确定具体交款单位的错点、少收款，或者虽能确定具体交款单位但数额较小或对方不认账时，应由过失人赔偿。

【例 9-5】　某企业在现金清点中发现现金短款 50 元，出纳人员无法说明原因，经领导研究决定由出纳员赔偿。

在盘点后先做到账实相符，根据"实存账存对比表"作以下调整分录。

借：待处理财产损溢——待处理流动资产损溢　　　　　　　　　　　50
　　贷：库存现金　　　　　　　　　　　　　　　　　　　　　　　50

经批准后，作以下会计分录。

借：其他应收款——出纳人员　　　　　　　　　　　　　　　　　　50
　　贷：待处理财产损溢——待处理流动资产损溢　　　　　　　　　　50

▶ **2. 存货清查结果的账务处理方法**

（1）存货盘盈。发生盘盈的存货，经查明是收发计量或核算上的误差原因造成的，应及时办理存货入账手续，调整存货账簿的实存数，借记有关存货账户，贷记"待处理财产损溢"

账户，经有关部门批准后，再冲减管理费用，借记"待处理财产损溢"账户，贷记"管理费用"账户。

【例 9-6】 某企业在财产清查时，发现乙材料盘盈 80 千克，单价 10 元，价值 800 元，经调查，是由于收发计量不准确的原因造成的。

在批准前，根据"实存账存对比表"所确定的甲材料盘盈数额，作以下会计分录。

借：原材料——甲材料   800
  贷：待处理财产损溢——待处理流动资产损溢   800

经有关部门批准后，此盘盈材料的价值冲减管理费用，作以下会计分录。

借：待处理财产损溢——待处理流动资产损溢   800
  贷：管理费用   800

（2）存货盘亏和毁损。发生盘亏和毁损的存货，批准前应先结转到"待处理财产损溢"账户，批准后再根据造成亏损的原因，分情况进行账务处理。

①属于正常损失，经批准后转作管理费用，借记"管理费用"账户，贷记"待处理财产损溢"账户。

【例 9-7】 某企业进行盘点，发现甲产品短缺 10 千克，单位成本 120 元，经查属于定额内正常损耗。

审批前，根据"实存账存对比表"所确定的甲产品盘亏数额作以下会计分录。

借：待处理财产损溢——待处理流动资产损溢   1 200
  贷：库存商品——甲产品   1 200

审批后，批准损失列为管理费用处理，作以下会计分录。

借：管理费用   1 200
  贷：待处理财产损溢——待处理流动资产损溢   1 200

②属于非正常损失，能确定过失人的由过失人负责赔偿；已经投保的存货属于自然灾害造成的盘亏和损失，应由保险公司赔偿，借记"其他应收款"账户；扣除责任人和保险公司赔款后的部分，借记"营业外支出"账户，贷记"待处理财产损溢"账户。

【例 9-8】 某企业发现乙材料损失 90 千克，单价 5 元，购货发票列明增值税进项税额为 76.50 元，经检查确认为非正常损失，月末批准列作营业外支出。

批准前，根据"账存实存对比表"作以下会计分录。

借：待处理财产损溢——待处理流动资产损溢   526.50
  贷：原材料——乙材料   450
   应交税费——应交增值税（进项税额转出）   76.50

批准后，列入营业外支出，应作以下会计分录。

借：营业外支出   526.50
  贷：待处理财产损溢——待处理流动资产损溢   526.50

▶ 3. 固定资产清查结果的账务处理方法

（1）固定资产盘盈。企业盘盈的固定资产，应作为前期差错处理，按固定资产的入账价值，借记"固定资产"账户，贷记"以前年度损益调整"账户。

【例 9-9】 某企业于 2024 年 6 月 8 日对企业全部的固定资产进行盘查，盘盈一台机器设备，该设备同类产品市场价格为 100 000 元，估计折旧为 30 000 元。

借：固定资产 70 000

 贷：以前年度损益调整 70 000

（2）固定资产盘亏。盘亏的固定资产，企业应及时办理固定资产注销手续，按盘亏固定资产净值，借记"待处理财产损溢"账户，按已提折旧额借记"累计折旧"账户，按其原值，贷记"固定资产"账户。按规定程序批准后，应按盘亏固定资产的原值扣除累计折旧和过失人及保险公司赔偿后的差额，借记"营业外支出"账户，同时按过失人及保险公司应赔偿额，借记"其他应收款"账户，按盘亏固定资产的净值，贷记"待处理财产损溢"账户。

【例 9-10】 某企业在财产清查中发现短缺设备一台，原值 75 000 元，已提折旧 20 000 元，报有关部门批准处理。

①批准前编制以下会计分录。

借：待处理财产损溢——待处理固定资产损溢 55 000

 累计折旧 20 000

 贷：固定资产 75 000

②批准后，作为营业外支出处理，作以下会计分录。

借：营业外支出 55 000

 贷：待处理财产损溢——待处理固定资产损溢 55 000

▶ 4. 债权债务清查结果的账务处理方法

在财产清查中发现长期不清的往来款项，应当及时清理，不通过"待处理财产损溢"账户核算。对于经查明确实无法支付的应付款项和无法收回的应收款项，可按规定程序报有关部门，经批准后，分别转作资本公积和冲减坏账准备。

【例 9-11】 某企业在财产清查中，查明应付 A 单位的货款 4 000 元确实无法支付，经批准转作资本公积，作以下会计分录。

借：应付账款——A 单位 4 000

 贷：资本公积 4 000

【例 9-12】 某工厂在财产清查中，查明应收 B 单位的货款 10 000 元，过期已久，经再三催要只收回 8 000 元，转存开户银行，其余 2 000 元作为坏账损失。

① 收回的 8 000 元转存银行，作以下会计分录。

借：银行存款 8 000

 贷：应收账款——B 单位 8 000

② 不能收回的 2 000 元，作为坏账损失处理，作以下会计分录。

借：坏账准备 2 000

 贷：应收账款——B 单位 2 000

拓展阅读

遵守会计谨慎性原则

会计素以谨慎而著称，会计上的谨慎不仅有助于会计信息的可靠性，而且对于企业的风险控制来说，往往也会起到"安全阀"的作用。

谨慎性是会计处理的一项重要原则。按照会计信息的谨慎性质量要求，企业既要对资产进行定期或不定期清查，以确保资产的账面价值与其实际价值相符；同时，对于有减值迹象的资产，还要计提坏账准备等有关资产的减值准备，以防止发生夸大资产和虚增利润的问题。显然，会计谨慎性原则对于保证资产和利润信息的真实可靠具有重要作用。

精益求精是会计一以贯之的工作态度。会计每天都要与数据和资金打交道，最能考验一个人做事是否仔细、严谨。从事会计工作最忌讳粗心大意，差一分钱，都不能平账；如果因一时的马虎而写错一个小数点，都有可能给企业造成巨大的损失。因此，会计只有秉持精益求精的工作态度，才能清清楚楚记账，兢兢业业理财，仔仔细细做事，老老实实做人。

财务人员与钱、财、物紧密相连，这就要求财务人员在职业活动中必须廉洁、自律、奉公守法、公私分明，始终保持清醒的头脑，能经受各种考验。作为会计人员需要树立正确的人生观、价值观，自觉做到知法守法、抵制各种不法诱惑。

复 习 思 考

1. 什么是财产清查？财产清查有何重要意义？
2. 造成企业账实不符的原因有哪些？
3. 财产清查的制度有哪两种？各有何优缺点？
4. 实物资产的清查方法有哪几种？清查步骤是怎样的？
5. 现金资产采用的清查方法是什么？如何清查？
6. 什么是未达账项？有哪些表现形式？
7. 财产清查结果的处理步骤是怎样的？

在 线 自 测

自学自测  扫描此码

实 战 演 练

实训一：

（一）实训目的：练习"银行存款余额调节表"的编制。

（二）实训资料：华夏公司 2024 年 6 月 30 日银行存款日记账余额为 80 000 元，银行对账单上的余额为 82 425 元，经过逐笔核对发现有以下未达账项。

1. 企业于 6 月 30 日存入从其他单位收到的转账支票一张计 8 000 元，银行尚未入账。

2. 企业于 6 月 30 日开出的转账支票 6 000 元、现金支票 500 元，持票人尚未到银行办理转账和取款手续，银行尚未入账。

3. 委托银行代收的外埠货款 4 000 元，银行已经收到入账，但收款通知尚未到达企业。

4. 银行受运输机构委托代收运费，已经从企业存款中转出 150 元，但企业尚未接到转账付款通知。

5. 银行计算企业的存款利息 75 元，已经记入企业存款账户，但企业尚未入账。

（三）实训要求：根据上述资料编制"银行存款余额调节表"。

实训二：

（一）实训目的：练习现金清查的账务处理。

（二）实训资料：某企业 2024 年 6 月 30 日盘点库存现金，实存现金 1 500 元，现金日记账余额为 2 000 元。现金保险柜中有账外单据 5 张，具体内容如下。

1. 职工甲开出的白条借据 1 张，金额 350 元；

2. 职工乙医药费用报销单据 2 张，金额 120 元；

3. 职工丙市内交通费报销单据 2 张，金额 30 元；

上列各项，除白条借据 350 元应由出纳人员自行垫补外，其余各项均责令出纳员补记入账。

（三）实训要求：根据以上清查情况及处理意见做出会计分录。

实训三：

（一）实训目的：练习财产清查结果的账务处理。

（二）实训资料：某工厂年终进行财产清查，在清查中发现以下事项。

1. 盘亏水泵一台，原价 5 200 元，账面已提折旧 2 400 元。

2. 发现账外机器一台，估计重置价值为 10 000 元，净值为 6 000 元。

3. 甲材料账面余额为 455 千克，价值 19 110 元，盘存实际存量为 445 千克，经查明其中 7 千克为定额损耗，3 千克为日常收发计量差错。

4. 乙材料账面余额为 156 千克，价值 4 992 元，盘存实际存量为 151 千克，缺少数为保管人员失职造成的损失。

5. 丙材料盘盈 30 千克，每千克 30 元，经查明其中 25 千克为代其他工厂加工剩余材料，该厂未及时提回，其余属于日常收发计量差错。

6. 经检查其他应收款，尚有某运输公司欠款 250 元，属于委托该公司运输材料，由于装卸工疏忽造成的损失，已确定由该公司赔偿，但该公司已注销，无法收回。

（三）实训要求：根据上述资料，编制相关会计分录。

第十章
Chapter 10
会计核算形式

>>> **知识目标**

　　熟练地区分各种核算形式，理解各种核算形式的优缺点；重点掌握记账凭证核算形式及科目汇总表核算形式。了解汇总记账凭证核算形式、多栏式日记账核算形式、日记总账核算形式的登记方法和优缺点。

>>> **技能目标**

　　能够综合运用会计核算组织程序；培养对企业会计核算组织程序的设计能力。

引导案例

　　小董是一名会计专业的学生，他刚学完会计核算组织程序的内容，基本掌握了记账凭证核算组织程序、科目汇总表核算组织程序和汇总记账凭证核算组织程序的内容，但将几种核算组织程序进行对比后，小董觉得第一种程序最容易操作。在这种程序下，依据填制好的记账凭证直接进行汇总，之后根据汇总的数字登记有关总账账户，而编制科目汇总表及汇总记账凭证则比较烦琐，处理起来会增加不少的工作量。于是，小董便产生了这样的想法：第一种会计核算组织程序既简便又适用，如果他毕业后从事会计工作的话，一定要选用记账凭证核算组织程序。

　　问题： 你认为小董的想法有道理吗？你认为一个企业应当怎样选择恰当的会计核算组织程序？

第一节　　会计核算形式概述

　　会计核算形式，亦称账务处理程序，是指把会计凭证组织、账簿组织、记账形式和记账方法有机结合起来的方式。这里的"会计凭证组织、账簿组织"是指会计凭证和会计账簿的种类、格式以及会计凭证之间、会计账簿之间的相互联系；"记账形式和记账方法"是指从会计凭证的整理、传递到会计账簿的登记、汇总及编制会计报表的顺序和方法。由于各个单位的业务性质、规模大小、业务繁简程度各不相同，因此它们所设计和选用的凭证组织、账簿组织以及处理程序方式各具特色，从而形成了三者的不同组合形式，即不同的会计核算形式。为了科学地组织会计核算工作，每个单位都应为自己设计一种会计核算形式，或者在现有的会计核算形式中，根据本单位的特点，选择一种适用的会计核算形式。

一、会计核算形式的意义

会计核算形式对科学组织会计核算工作具有重要意义。

（1）确保会计信息的准确性，保证会计资料记录正确、及时，并迅速编制会计报表。

（2）可以减少多余的核算手续环节，避免重复，节约人力、物力、财力，提高工作效率。

（3）可以保证财务信息准确、迅速地形成，能及时提供给企业的经营决策者，以指导和控制企业的生产经营活动，提高工作质量。

（4）使单位内外有关部门能按照会计核算形式的步骤，审查每项经济业务的来龙去脉，从而便于对单位实行监督和管理。

二、设计和选择会计核算形式应满足的要求

由于各行各业经营特点不同，业务性质和规模大小也不同，因而管理要求也各不相同，会计核算形式也有所差异。因此，选择会计核算形式一般要满足以下要求。

▶ 1. 满足经营管理的需要

会计为了正确核算和监督经济活动，首先必须如实地提供经济管理所需要的数据资料。因此，一种科学适用的会计核算形式，必须能够正确、全面、及时地提供经济管理所需要的有关经济活动、财务收支等情况的指标，为不断改善经营管理、提高劳动效率和经济效益服务。

▶ 2. 适应本单位的实际情况

各单位的生产经营和业务工作都有自己的特点，规模大小、业务繁简不同，会计机构设置、人员配备和内部分工等也有差异，这就要求企业要根据本单位生产经营活动和业务活动的特点、企业规模大小和业务繁简程度、会计工作分工和会计人员素质等实际情况确定本单位最适宜的会计核算形式。

▶ 3. 在保证会计核算质量的前提下力求简化

会计核算工作中，有大量的记录、计算工作。从会计凭证到报表，只有环环紧扣、组织严密才能保证质量。但也应尽量简化凭证组织、账簿组织，科学、合理地去除不必要的计算和重复工作，从而节约账务处理费用，提高会计工作的效率。

三、会计核算形式的种类

根据上述要求，结合会计工作的实际情况，目前我国各企业单位一般采用以下五种会计核算形式。

（1）记账凭证核算形式。

（2）科目汇总表核算形式。

（3）汇总记账凭证核算形式。

（4）多栏式日记账核算形式。

（5）日记总账核算形式。

这五种会计核算形式在许多方面是相同的，但也各有特点。它们的主要区别在于登记总分类账的依据和方法不同，各种会计核算形式的名称也正是以这一区别命名的。

第二节 记账凭证核算形式

一、记账凭证核算形式的特点

记账凭证核算形式的特点是：对一切经济业务都根据原始凭证或原始凭证汇总表编制记账凭证，并直接根据记账凭证逐笔登记总账。记账凭证核算形式是会计核算形式中最基本的核算形式，其他几种核算形式都是以它为基础根据经济管理的需要发展而成的。在记账凭证核算形式下，记账凭证可以采用通用记账凭证格式，也可采用收款凭证、付款凭证和转账凭证等专用记账凭证格式。在记账凭证核算形式下，需要设置库存现金日记账、银行存款日记账、总分类账和明细分类账。库存现金日记账、银行存款日记账、总分类账一般均采用三栏式账页，明细分类账则可以根据管理的需要分别采用三栏式、数量金额式和多栏式账页。

二、记账凭证核算形式的账务处理程序

（1）根据原始凭证或原始凭证汇总表编制记账凭证（采用记账凭证核算形式，应尽量将同类原始凭证进行汇总，编制原始凭证汇总表，以便减少记账凭证数量，减轻登记总账的工作量）。

（2）根据收款凭证和付款凭证登记库存现金日记账和银行存款日记账。

（3）根据原始凭证、汇总原始凭证、记账凭证登记各种明细分类账。

（4）根据所有记账凭证逐笔登记总分类账。

（5）期末，将库存现金日记账、银行存款日记账的余额及各种明细分类账的余额合计数分别与总分类账中的有关账户的余额核对相符。

（6）期末，根据核对无误的总分类账和明细分类账的记录编制会计报表。

记账凭证核算形式的账务处理程序如图 10-1 所示。

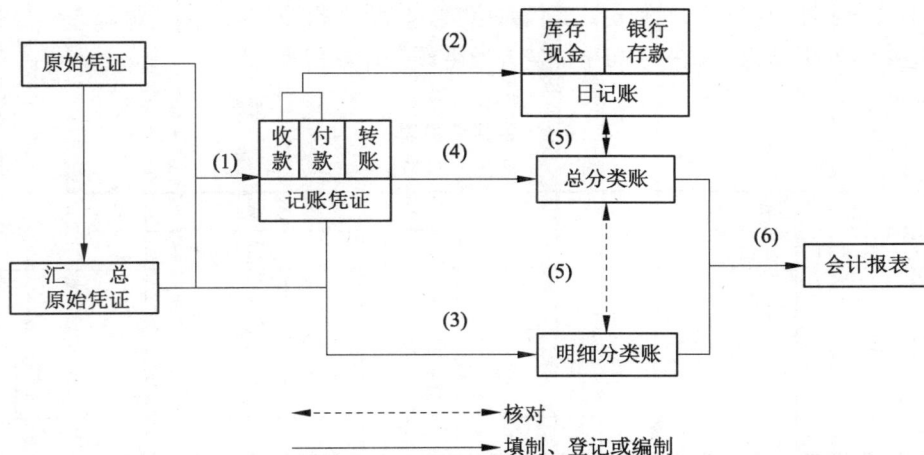

图 10-1 记账凭证核算形式的账务处理程序

三、记账凭证核算形式的优缺点及适用范围

记账凭证核算形式的优点是：账务处理程序简单明了，易于理解，而且直接根据记账凭证登记总账，操作环节少，也便于查账。缺点是：根据记账凭证逐笔登记总分类账的工作量比较大。因此，这种核算形式一般只适用于规模小、经济业务简单、业务量少和会计凭证不多的单位。

第三节　　科目汇总表核算形式

一、科目汇总表核算形式的特点

科目汇总表核算形式的特点是：先根据记账凭证定期编制科目汇总表，然后再根据科目汇总表登记总分类账。编制科目汇总表，并根据科目汇总表登记总账是这种核算形式区别于其他核算形式的主要特征。在科目汇总表核算形式下，记账凭证可以采用通用记账凭证格式，也可采用收款凭证、付款凭证和转账凭证等专用记账凭证格式。所设账簿与记账凭证核算形式类似。

二、科目汇总表的编制方法

在一些大中型企业和单位，记账凭证很多，如果根据记账凭证逐笔登记总账，过账工作量很大。因此，有必要将记账凭证加以汇总，然后过账，以简化手续。科目汇总表的编制方法是：定期将一定时期内的全部记账凭证按照相同会计科目归类，汇总出每一个总账科目的借方发生额合计数和贷方发生额合计数，填写在科目汇总表的相关栏内，用以反映全部总账科目的借方本期发生额合计数和贷方本期发生额合计数。

在实际工作中，科目汇总表可以根据需要设计、采用不同的格式，但是所有格式的科目汇总表只反映各总账科目借、贷方本期发生额，不反映各总账科目的对应关系。科目汇总表可以每月汇总一次，也可以每旬汇总一次。科目汇总表常用格式如表 10-1 和表 10-2 所示。

由于借贷记账法的记账规则是"有借必有贷，借贷必相等"，因此，编制的科目汇总表内的全部借方发生额合计数一定与全部贷方发生额合计数相等。

表 10-1　科目汇总表（一）

年　　月　　日至　　日　　　　　　　　　　第　　号

会计科目	总账页数	本期发生额		记账凭证起讫号数
		借方	贷方	
合　计				

会计主管：　　　　　会计：　　　　　复核：　　　　　制表：

表 10-2　科目汇总表（二）

年　　月　　　　　　　　　　　　　　　　　　　第　　号

会计科目	总账页数	记账凭证起讫号数	1—10 日		11—20 日		21—30 日	
			借方	贷方	借方	贷方	借方	贷方
合　计								

会计主管：　　　　　会计：　　　　　　　　复核：　　　　　　　　制表：

三、科目汇总表核算形式的账务处理程序

科目汇总表核算形式的账务处理程序如下。

（1）根据原始凭证或汇总原始凭证编制记账凭证。

（2）根据收款凭证和付款凭证，逐笔登记库存现金日记账和银行存款日记账。

（3）根据原始凭证、汇总原始凭证、记账凭证登记各种明细分类账。

（4）根据记账凭证定期编制科目汇总表。

（5）根据科目汇总表登记总分类账。

（6）期末，将库存现金日记账、银行存款日记账的余额和各种明细分类账的余额合计数与总分类账中有关账户的余额核对相符。

（7）期末，根据总分类账和有关明细分类账的记录编制会计报表。

科目汇总表核算形式的账务处理程序如图 10-2 所示。

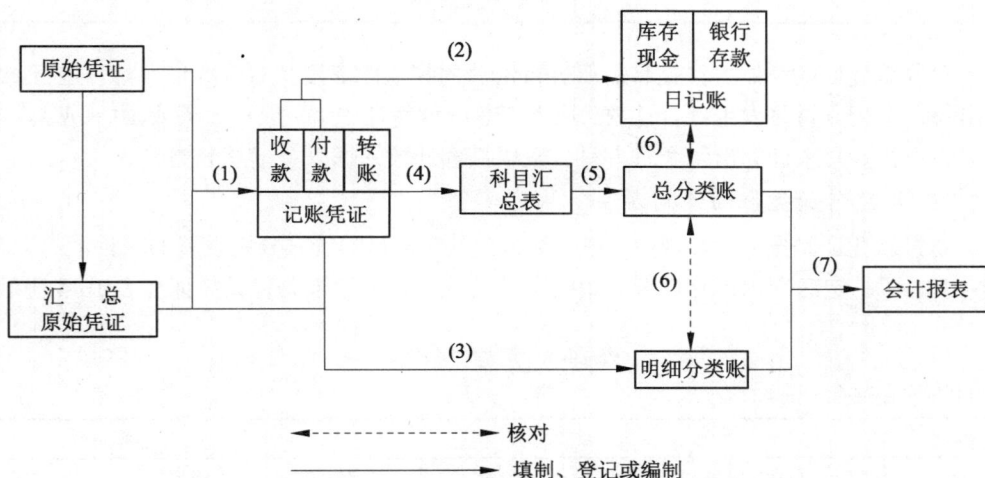

图 10-2　科目汇总表核算形式的账务处理程序

四、科目汇总表核算形式的优缺点及适用范围

科目汇总表核算形式的优点主要表现在两个方面：一是通过编制科目汇总表可以起到试算平衡的作用，可及时发现和纠正会计账簿记录的错误，以保证记账工作质量；二是根据科目汇总表登记总分类账，可以减轻登记总账的工作量。缺点是：不能反映各账户之间的对应关系，也不便于查账和了解经济业务内容。这种核算形式适用于规模较大、业务量较多的大中型企业。

第四节　汇总记账凭证核算形式

一、汇总记账凭证核算形式的特点

汇总记账凭证核算形式的特点是：定期将所有记账凭证按照收款凭证、付款凭证和转账凭证分别归类编制成汇总记账凭证，然后再根据汇总记账凭证登记总分类账。在汇总记账凭证核算形式下，除设置收款凭证、付款凭证以外，还应设置汇总收款凭证、汇总付款凭证和汇总转账凭证，作为登记总分类账的依据。所设账簿与记账凭证核算形式类似。

二、汇总记账凭证的编制方法

▶ 1. 汇总收款凭证的编制方法

汇总收款凭证是按"库存现金"或"银行存款"科目的借方分别设置的一种汇总记账凭证，它汇总了一定时期内库存现金和银行存款的收款业务。汇总收款凭证如表10-3所示。

表10-3　汇总收款凭证

借方科目：银行存款　　　　　　　　　年　　月　　　　　　　　　第　　号

贷方科目	金额				总账页数	
	1—10日	11—20日	21—30日	合计	借方	贷方
合计						

汇总收款凭证的编制方法是将需要进行汇总的收款凭证按其对应的贷方科目进行归类，计算出每一个贷方科目发生额合计数，填入汇总收款凭证中，一般可5天或10天汇总一次，每月编制一张。月末计算出每个贷方科目发生额合计数，据以登记总分类账。

▶ 2. 汇总付款凭证的编制方法

汇总付款凭证是按"库存现金"或"银行存款"科目的贷方分别设置的一种汇总记账凭证，它汇总了一定时期内库存现金和银行存款的付款业务。汇总付款凭证如表10-4所示。

表10-4　汇总付款凭证

贷方科目：库存现金　　　　　　　　　年　　月　　　　　　　　　第　　号

借方科目	金额				总账页数	
	1—10日	11—20日	21—30日	合计	借方	贷方
合计						

汇总付款凭证的编制方法是将需要进行汇总的付款凭证按其对应的借方科目进行归类，计算出每一个借方科目发生额合计数，填入汇总付款凭证中，一般可5天或10天汇总一次，每月编制一张。月末计算出每个借方科目发生额合计数，据以登记总分类账。

▶ 3. 汇总转账凭证的编制方法

汇总转账凭证是按每一贷方科目分别设置的，用来汇总一定时期内转账业务的一种汇总记账凭证。其格式如表 10-5 所示。

表 10-5　汇总转账凭证

贷方科目：　　　　　　　　　　　　　　年　　月　　　　　　　　　　第　　号

借方科目	金额				总账页数	
	1—10 日	11—20 日	21—30 日	合计	借方	贷方
合计						

汇总转账凭证的编制方法是将需要进行汇总的转账凭证按其对应的借方科目进行归类，计算出每一个借方科目发生额合计数，填入汇总转账凭证中，一般可 5 天或 10 天汇总一次，每月编制一张。月末计算出每个借方科目发生额合计数，据以登记总分类账。

由于汇总转账凭证上的科目对应关系是一个贷方科目与一个或几个借方科目相对应的，因此，在这种核算形式下，为了便于填制汇总转账凭证，平时要求所有转账凭证也要按一个贷方科目与一个或几个借方科目相对应来编制，而不应编制一个借方科目与几个贷方科目相对应的转账凭证。

三、汇总记账凭证核算形式的账务处理程序

汇总记账凭证核算形式的账务处理程序如下。

（1）根据原始凭证或汇总原始凭证编制记账凭证。

（2）根据收款凭证、付款凭证逐笔登记库存现金日记账和银行存款日记账。

（3）根据原始凭证、汇总原始凭证、记账凭证登记各种明细分类账。

（4）根据一定时期内的收款凭证、付款凭证和转账凭证分别汇总编制汇总收款凭证、汇总付款凭证、汇总转账凭证。

（5）根据定期编制的汇总收款凭证、汇总付款凭证、汇总转账凭证登记总分类账。

（6）期末，将库存现金日记账、银行存款日记账的余额，以及各种明细分类账的余额合计数分别与总分类账中的有关账户的余额核对相符。

（7）期末，根据核对无误的总分类账和各种明细分类账的记录编制会计报表。

汇总记账凭证核算形式的账务处理程序如图 10-3 所示。

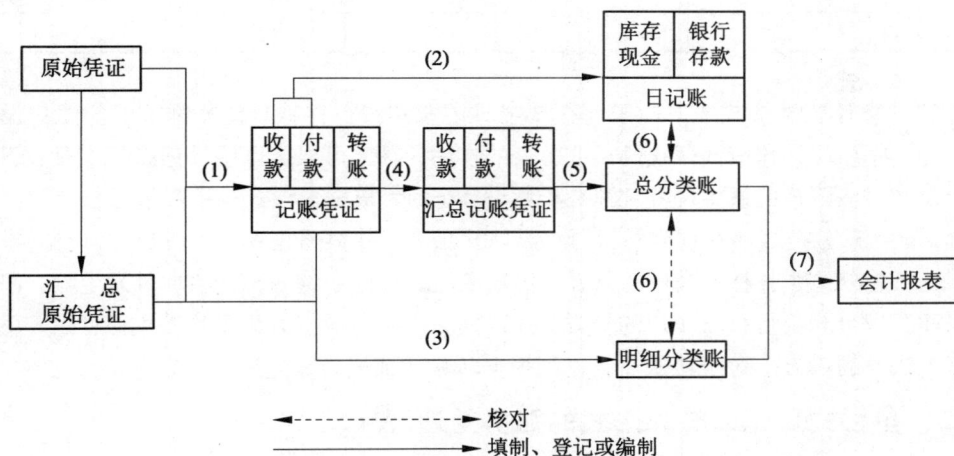

图 10-3　汇总记账凭证核算形式的账务处理程序

四、汇总记账凭证核算形式的优缺点及适用范围

汇总记账凭证核算形式的优点主要表现在：由于月末根据汇总记账凭证一次登记总分类账，减少了登记总账的工作量。缺点主要表现在：一是定期集中编制汇总记账凭证的工作量比较大；二是由于汇总转账凭证是按每一个贷方科目，而不是按经济业务的性质归类、汇总的，因而不利于会计核算工作的分工。因此，这种核算形式适用于经济业务较多、规模较大的单位。

第五节　　多栏式日记账核算形式

一、多栏式日记账核算形式的特点

多栏式日记账核算形式的特点是：设置多栏式库存现金日记账和银行存款日记账，期末根据多栏式库存现金日记账和银行存款日记账的记录登记总账；对于转账业务，可以根据转账凭证逐笔登记总账，也可以根据转账凭证定期编制转账凭证汇总表，根据转账凭证汇总表登记总账。

在多栏式日记账核算形式下，需要设置收款凭证、付款凭证和转账凭证；需设置库存现金日记账、银行存款日记账、总分类账和明细分类账，但库存现金日记账、银行存款日记账均采用多栏式账页，其格式如表 10-6 所示；总分类账一般采用三栏式账页；明细分类账则可以根据管理的需要分别采用三栏式、数量金额式和多栏式账页。

表 10-6　多栏式库存现金（银行存款）日记账

年		凭证号	摘　要	收入			借方	支出			贷方	余额
月	日			对应账户贷方				对应账户借方				
				预收账款	短期借款	主营业务收入		原材料	管理费用	应付账款		

在这种会计核算形式下，由于库存现金日记账和银行存款日记账都按对应账户设置专栏，具备了库存现金和银行存款科目汇总表的作用，月末可根据这些日记账的本月收方、付方发生额和对应账户的发生额登记总分类账。登记时，根据多栏式日记账借方合计栏的本月发生额，记入总分类账库存现金和银行存款账户借方，并根据收入栏对应贷方科目的本月发生额，记入总分类账各有关账户的贷方；根据多栏式日记账贷方合计栏本月发生额，记入总分类账库存现金和银行存款账户的贷方，并根据支出栏对应借方科目的发生额，记入总分类账各有关账户的借方。对于转账业务，则根据转账凭证或转账凭证汇总表登记总账。

二、多栏式日记账核算形式的账务处理程序

多栏式日记账核算形式的账务处理程序如下。

（1）根据原始凭证或汇总原始凭证编制记账凭证。

（2）根据收款凭证、付款凭证登记多栏式库存现金日记账和多栏式银行存款日记账。

（3）根据原始凭证、汇总原始凭证、记账凭证登记各种明细分类账。

（4）期末，根据多栏式库存现金日记账和多栏式银行存款日记账登记总分类账。同时，对于未能记入多栏式日记账的转账业务，根据转账凭证登记总分类账。

（5）期末，将各种明细分类账的余额合计数，分别与总分类账中有关科目的余额核对相符。

（6）期末，根据核对无误的总分类账和明细分类账的记录编制会计报表。

多栏式日记账核算形式的账务处理程序如图 10-4 所示。

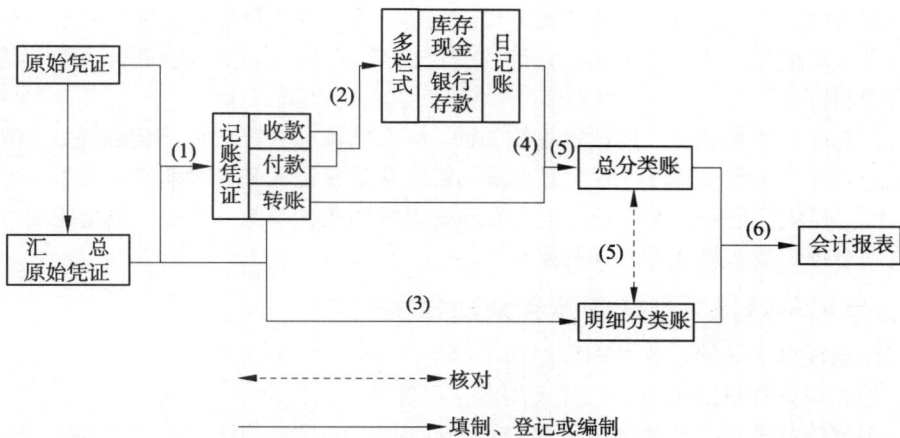

图 10-4　多栏式日记账核算形式的账务处理程序

三、多栏式日记账核算形式的优缺点及适用范围

多栏式日记账核算形式的优点是：简化了登记总分类账的工作，特别是对于收、付款业务较多的企业，这个优点更为明显；另外还可以反映各类经济业务的来龙去脉，便于核对账目。缺点是：多栏式日记账的设置和登记比三栏式日记账要复杂，在经济业务较多的企业，日记账的专栏栏次过多，账页过长，反而不便于记账。因此，这种核算形式只适用于收、付款业务较多，但会计科目少、业务量小的单位。

第六节　日记总账核算形式

一、日记总账核算形式的特点

日记总账核算形式的特点是：设置日记总账，所有经济业务都根据记账凭证逐笔登记日记总账。所谓日记总账，是指日记账和分类明细账结合在一起的联合账簿，将全部科目都集中设置在一张账页上，以记账凭证为依据，对所发生的全部经济业务进行序时登记，月末将每个科目借、贷登记的数字分别进行合计，并计算出每个科目的月末余额。日记总账如表 10-7 所示。

表 10-7　日　记　总　账

年		凭证		摘要	发生额	××科目		××科目		××科目		××科目	
月	日	字	号			借方	贷方	借方	贷方	借方	贷方	借方	贷方

日记总账的登记方法是：对于收款业务、付款业务和转账业务，都分别根据收款凭证、付款凭证和转账凭证逐日逐笔登记日记总账，对每一笔经济业务所涉及的各个会计科目的借方发生额和贷方发生额，都应分别登记在同一行的不同科目的借方栏和贷方栏内，并将借贷发生额合计数记在"发生额"栏内。月终时，分别结出各栏次的合计数，计算各科目的月末借方或贷方余额，进行账簿记录的核对工作。它要核对"发生额"栏内的本月合计数，与全部科目的借方发生额或贷方发生额的合计数是否相符，各科目的借方余额合计数与贷方余额合计数是否相符。

在日记总账核算形式下，要设置收款凭证、付款凭证和转账凭证等记账凭证。除需特别开设日记总账外，还要设置库存现金日记账、银行存款日记账和各种明细分类账。库存现金日记账、银行存款日记账一般采用三栏式账页；设置的各种明细分类账，根据需要可采用三栏式、数量金额式或多栏式等不同的账页。

二、日记总账核算形式的账务处理程序

日记总账核算形式的账务处理程序如下。

（1）根据原始凭证或汇总原始凭证编制记账凭证。

（2）根据收款凭证、付款凭证逐笔登记库存现金日记账和银行存款日记账。

（3）根据原始凭证、汇总原始凭证、记账凭证登记各种明细分类账。

（4）根据收款凭证、付款凭证、转账凭证逐日逐笔登记日记总账。

（5）期末，将库存现金日记账、银行存款日记账的余额以及各种明细分类账余额合计数，分别与日记总账中有关科目的余额核对相符。

（6）期末，各种明细分类账余额合计数与总分类账中有关科目的余额核对相符。

（7）期末，根据核对无误的日记总账和各种明细分类账的记录编制会计报表。

日记总账核算形式的账务处理程序如图 10-5 所示。

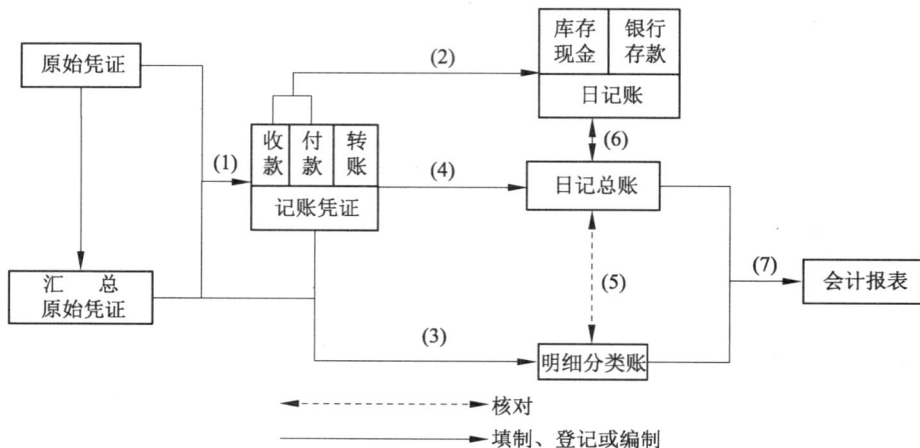

图 10-5　日记总账核算形式的账务处理程序

三、日记总账核算形式的优缺点及适用范围

日记总账核算形式所采用的账簿组织简单，所有账户都集中反映在一张账页上。所以这种核算形式的优点是：便于记账和查阅账目；便于了解企业在一定会计期间的全部经济活动；便于编制会计报表。缺点是：这种核算形式将所有账户集中在一张账页上，账页太长，既不方便记账，又不便于会计人员分工协作。若规模较大的企业采用这种核算形式，不但不会简化核算手续，而且会增加一些不必要的工作量。因此，它只适用于规模小、经济业务简单、使用账户不多的企业。

第七节　　记账凭证核算形式应用举例

由于记账凭证核算形式是最基本的会计核算形式，下面就以某企业账务为例来说明在这种核算形式下的账务处理程序。

该企业的资料如下。

（1）企业背景及采用的会计政策：光大公司为制造企业。该公司属于增值税一般纳税人，适用17%的基本税率。该公司对原材料和库存商品的日常核算采用实际成本法。该公司对验收入库材料采购成本的结转和已销产品销售成本的结转采用的是月末集中结转法。该公司采用记账凭证核算形式在月末集中进行账务处理，记账凭证格式采用通用记账凭证。

（2）光大公司202×年11月30日总分类账户和有关明细分类账户期末余额分别如表10-8和表10-9所示。

表10-8　11月30日总分类账户期末余额　　　　　　单位：元

序　号	账户名称	借方金额	序号	账户名称	贷方金额
1	库存现金	2 000.00	9	累计折旧	300 000.00
2	银行存款	146 000.00	10	应付票据	5 000.00
3	应收账款	2 000.00	11	应付账款	60 500.00
4	原材料	13 304.00	12	应付职工薪酬	11 905.00
5	应收票据	6 000.00	13	应交税费	10 503.00
6	其他应收款	1 000.00	14	实收资本	1 000 000.00
7	库存商品	47 604.00	15	本年利润	400 000.00
8	固定资产	1 600 000.00	16	利润分配	30 000.00
合计		1 817 908.00	合计		1 817 908.00

表10-9　11月30日明细分类账户期末余额　　　　　　单位：元

序号	总分类账名称	明细分类账名称	借方金额	贷方金额
1	应收账款	红星工厂	3 000.00	
		川威公司		1 000.00
2	原材料	甲材料	5 200.00	
		乙材料	5 019.00	
		丙材料	3 085.00	
3	库存商品	A产品	47 604.00	
4	应付账款	伟达公司		70 500.00
		慧德公司	10 000.00	

（3）光大公司202×年12月份发生的经济业务如下。

①12月1日，收到某投资者投入企业的现金投资560 000元，已存入银行。该投资者认缴的资本额为500 000元。

②12月4日，为筹集生产用资金，公司向银行借入短期流动资金贷款200 000元。

③12月4日，因购置生产设备需要向银行借入600 000元，借款期为3年。

④12月4日，向长远公司和新力公司购进甲材料，采购明细表如表10-10所示，材料已经验收入库，但货款、增值税及供应单位收取的运输费尚未支付。

表 10-10　甲材料采购明细表

供应单位	数量/吨	单价/元	货款/元	运输费/元	增值税/元	金额合计/元
长远公司	400	50.00	20 000.00	500.00	3 485.00	23 985.00
新力公司	100	50.00	5 000.00	125.00	871.25	5 996.25
合计	500		25 000.00	625.00	4 356.252	29 981.25

⑤12月4日，以银行存款支付购入甲材料的包装费375元，增值税63.75元。

⑥12月5日，向飞乐公司购入乙、丙两种材料，材料采购明细表如表10-11所示，材料已全部验收入库，货款、增值税和运输费均以银行存款支付。

表 10-11　材料采购明细表

材料名称	数量/千克	单价/元	货款/元	运输费/元	增值税/元	金额合计/元
乙材料	300	70.00	21 000.00	450.00	3 646.50	25 090.50
丙材料	150	60.00	9 000.00	225.00	1 568.25	10 793.25
合计			30 000.00	675.00	5 214.75	35 889.75

⑦12月5日，以银行存款支付购入乙材料和丙材料的包装费90元，增值税15.3元。包装费按照两种材料的重量比例进行分摊。

⑧12月5日，以银行存款偿还长远公司欠款23 985元、新力公司欠款5 996.25元。

⑨12月8日，结转本月验收入库的甲、乙、丙三种材料的实际采购总成本，材料采购成本计算表如表10-12所示。

⑩12月10日，仓库发出材料用于生产A、B两种产品和其他一般耗用，发料汇总表如表10-13所示。

表 10-12　材料采购成本计算表

项目	甲材料（500吨）		乙材料（300千克）		丙材料（150千克）		成本合计/元
	总成本/元	单位成本/元	总成本/元	单位成本/元	总成本/元	单位成本/元	
买价	25 000.00	50.00	21 000.00	70.00	9 000.00	60.00	55 000.00
运输费	625.00	1.25	450.00	1.50	225.00	1.50	1 300.00
包装费	375.00	0.75	60.00	0.20	30.00	0.20	465.00
采购成本	26 000.00	52.00	21 510.00	71.70	9 255.00	61.70	56 765.00

表 10-13 发料汇总表

| 用途 | 甲材料 | | | 乙材料 | | | 丙材料 | | | 金额 |
	数量/吨	单价/元	金额/元	数量/千克	单价/元	金额/元	数量/千克	单价/元	金额/元	合计/元
生产投料										
A 产品	192.31	52.00	10 000.00	100	71.70	7 170.00				17 170.00
B 产品	144.23	52.00	7 500.00	180	71.70	12 906.00				20 405.96
小计	336.54	52.00	17 500.00	280	71.70	20 076.00				37 576.00
车间一般耗用							50	61.70	3 085.00	3 085.00
企业一般耗用							70	61.70	4 319.00	4 319.00
合计	336.54	52.00	17 500.00	280	71.70	20 076.00	120	61.70	7 404.00	44 980.00

⑪12 月 10 日，从银行提取现金 50 000 元，准备用以发放职工工资。

⑫12 月 10 日，以现金 50 000 元发放职工工资。

⑬12 月 15 日，行政管理部门人员李华报销差旅费 1 300 元，原预借 1 000 元。

⑭12 月 16 日，销售给方宏公司 A 产品 500 件，每件售价 100 元，增值税 85 00 元，货款及增值税款已收存银行。

⑮12 月 16 日，以银行存款支付 A 产品包装费用 1 075 元。

⑯12 月 18 日，以银行存款支付本月水电费 710 元，其中生产车间应负担 430 元，行政管理部门应负担 280 元。

⑰12 月 18 日，销售给红星工厂 A 产品 400 件，每件售价 100 元，增值税 6 800 元，货款及增值税暂欠。

⑱12 月 20 日，以银行存款支付本月办公费 1 800 元，其中生产车间 1 200 元，行政管理部门 600 元。

⑲12 月 20 日，以现金支付车间本月仓库租金费用 1 035 元。

⑳12 月 25 日，接银行通知后，红星工厂偿付所欠款项 46 800 元已收。

㉑12 月 26 日，以银行存款支付销售 A、B 产品的广告费 1 900 元。

㉒12 月 31 日，分配本月应付工资，即按工资的用途分别计入有关账户。应付工资 50 000 元中，按其用途归集如下：生产工人工资 43 000 元，其中 A 产品生产工人工资 18 000 元，B 产品生产工人工资 25 000 元；车间技术、管理人员工资 2 000 元；厂部技术、管理人员工资 5 000 元。

㉓12 月 31 日，计提本月固定资产折旧 4 600 元，其中车间固定资产折旧 3 000 元，厂部固定资产折旧 1 600 元。

㉔12 月 31 日，把本月发生的制造费用按 A、B 产品的工人工资比例分配转入"生产成本"。

㉕12 月 31 日，A 产品 1 000 件全部制造完工并已验收入库，该产品月初没有在产品，按其实际生产成本 39 670 元转账；B 产品尚未完工，均作为月末在产品。

㉖12 月 31 日，计提本月销售 A 产品的应交消费税 4 500 元。

㉗12 月 31 日，结转已销售 A 产品的实际生产成本 35 703 元。

㉘12 月 31 日，应付伟达公司 1 000 元，现因伟达公司违约，转作罚款收入。

㉙12 月 31 日，没收未退回包装物押金的同时，加收罚款 800 元。

㉚12 月 31 日，以银行存款支付因违反经济合同而承担的违约金 1 000 元。

㉛12 月 31 日，将本月各收入、费用类账户的余额转入"本年利润"账户。

㉜12 月 31 日，按企业全年实现利润总额的 25%计提应交所得税并结转所得税费用账户。

㉝12 月 31 日，将税后净利润转入利润分配。

㉞12 月 31 日，按税后利润的 10%计提法定盈余公积。

㉟12 月 31 日，向投资者分配利润 158 000 元。

一、编制记账凭证

编制记账凭证如表 10-14～表 10-51 所示。

表 10-14　记账凭证（1）

202×年 12 月 1 日　　　　　　　　　　　　　　字第 001 号

摘　要	总账科目	明细科目	借方金额	贷方金额	账　页
收到投资者投入现金	银行存款		560 000.00		
	实收资本			500 000.00	
	资本公积	资本溢价		60 000.00	
合计金额			￥560 000.00	￥560 000.00	

会计主管：　　　　　记账：　　　　　出纳：　　　　　审核：　　　　　制证：

表 10-15　记账凭证（2）

202×年 12 月 4 日　　　　　　　　　　　　　　字第 002 号

摘　要	总账科目	明细科目	借方金额	贷方金额	账　页
向银行贷款	银行存款		200 000.00		
	短期借款			200 000.00	
合计金额			￥200 000.00	￥200 000.00	

会计主管：　　　　　记账：　　　　　出纳：　　　　　审核：　　　　　制证：

表 10-16　记账凭证（3）

202×年 12 月 4 日　　　　　　　　　　　　　　字第 003 号

摘　要	总账科目	明细科目	借方金额	贷方金额	账　页
向银行借入长期款项	银行存款		600 000.00		
	长期借款			600 000.00	
合计金额			￥600 000.00	￥600 000.00	

会计主管：　　　　　记账：　　　　　出纳：　　　　　审核：　　　　　制证：

表 10-17　记账凭证（4）

202×年 12 月 4 日　　　　　　　　　　字第 004 号

摘　要	总账科目	明细科目	借方金额	贷方金额	账　页
赊购甲材料	在途物资	甲材料	25 625.00		
	应交税费	应交增值税	4 356.25		
	应付账款	长远公司		23 985.00	
		新力公司		5 996.25	
	合计金额		￥29 981.25	￥29 981.25	

会计主管：　　　　记账：　　　　出纳：　　　　审核：　　　　制证：

表 10-18　记账凭证（5）

202×年 12 月 4 日　　　　　　　　　　字第 005 号

摘　要	总账科目	明细科目	借方金额	贷方金额	账　页
以银行存款支付包装费	在途物资	甲材料	375.00		
	应交税费	应交增值税	63.25		
	银行存款			438.75	
	合计金额		￥438.75	￥438.75	

会计主管：　　　　记账：　　　　出纳：　　　　审核：　　　　制证：

表 10-19　记账凭证（6）

202×年 12 月 5 日　　　　　　　　　　字第 006 号

摘　要	总账科目	明细科目	借方金额	贷方金额	账　页
购入乙材料和丙材料	在途物资	乙材料	21 450.00		
		丙材料	9 225.00		
	应交税费	应交增值税	5 214.75		
	银行存款			35 889.75	
	合计金额		￥35 889.75	￥35 889.75	

会计主管：　　　　记账：　　　　出纳：　　　　审核：　　　　制证：

表 10-20　记账凭证（7）

202×年 12 月 5 日　　　　　　　　　　字第 007 号

摘　要	总账科目	明细科目	借方金额	贷方金额	账　页
支付乙材料和丙材料包装费	在途物资	乙材料	60.00		
		丙材料	30.00		
	应交税费	应交增值税	15.30		
	银行存款			105.30	
	合计金额		￥105.30	￥105.30	

会计主管：　　　　记账：　　　　出纳：　　　　审核：　　　　制证：

表 10-21 记账凭证（8）

202×年 12 月 5 日 字第 008 号

摘　要	总账科目	明细科目	借方金额	贷方金额	账　页
以银行存款支付欠款	应付账款	长远公司	23 985.00		
		新力公司	5 996.25		
	银行存款			29 981.25	
合计金额			￥29 981.25	￥29 981.25	

会计主管：　　　　记账：　　　　出纳：　　　　审核：　　　　制证：

表 10-22 记账凭证（9）

202×年 12 月 8 日 字第 009 号

摘　要	总账科目	明细科目	借方金额	贷方金额	账　页
结转本月实际采购成本	原材料	甲材料	26 000.00		
		乙材料	21 510.00		
		丙材料	9 225.00		
	在途物资	甲材料		26 000.00	
		乙材料		21 510.00	
		丙材料		9 225.00	
合计金额			￥56 765.00	￥56 765.00	

会计主管：　　　　记账：　　　　出纳：　　　　审核：　　　　制证：

表 10-23 记账凭证（10）

202×年 12 月 10 日 字第 010 号

摘　要	总账科目	明细科目	借方金额	贷方金额	账　页
发生材料用于生产	生产成本	A 产品	17 170.00		
		B 产品	20 406.00		
	制造费用		3 085.00		
	管理费用		4 319.00		
	原材料	甲材料		17 500.00	
		乙材料		20 076.00	
		丙材料		7 404.00	
合计金额			￥44 980.00	￥44 980.00	

会计主管：　　　　记账：　　　　出纳：　　　　审核：　　　　制证：

表 10-24 记账凭证（11）

202×年 12 月 10 日 字第 011 号

摘　要	总账科目	明细科目	借方金额	贷方金额	账　页
从银行存款提取现金	库存现金		50 000.00		
	银行存款			50 000.00	
合计金额			￥50 000.00	￥50 000.00	

会计主管：　　　　记账：　　　　出纳：　　　　审核：　　　　制证：

表 10-25 记账凭证（12）

202×年 12 月 10 日   字第 012 号

摘　要	总账科目	明细科目	借方金额	贷方金额	账　页
以现金发放职工工资	应付职工薪酬		50 000.00		
	库存现金			50 000.00	
	合计金额		¥ 50 000.00	¥ 50 000.00	

会计主管：　　　　　记账：　　　　　出纳：　　　　　审核：　　　　　制证：

表 10-26 记账凭证（13）

202×年 12 月 15 日   字第 013 号

摘　要	总账科目	明细科目	借方金额	贷方金额	账　页
报销差旅费	管理费用		1 300.00		
	其他应收款	李华		1 000.00	
	库存现金			300.00	
	合计金额		¥ 1 300.00	¥ 1 300.00	

会计主管：　　　　　记账：　　　　　出纳：　　　　　审核：　　　　　制证：

表 10-27 记账凭证（14）

202×年 12 月 16 日   字第 014 号

摘　要	总账科目	明细科目	借方金额	贷方金额	账　页
销售 A 产品给方宏公司	银行存款		58 500.00		
	主营业务收入	A 产品		50 000.00	
	应交税费	应交增值税		8 500.00	
	合计金额		¥ 58 500.00	¥ 58 500.00	

会计主管：　　　　　记账：　　　　　出纳：　　　　　审核：　　　　　制证：

表 10-28 记账凭证（15）

202×年 12 月 16 日   字第 015 号

摘　要	总账科目	明细科目	借方金额	贷方金额	账　页
以银行存款支付包装费	销售费用		1 075.00		
	银行存款			1 075.00	
	合计金额		¥ 1 075.00	¥ 1 075.00	

会计主管：　　　　　记账：　　　　　出纳：　　　　　审核：　　　　　制证：

表 10-29　记账凭证（16）

202×年12月18日　　　　　　　　　　　　　字第 016 号

摘　要	总账科目	明细科目	借方金额	贷方金额	账　页
以银行存款支付水电费	制造费用		430.00		
	管理费用		280.00		
	银行存款			710.00	
合计金额			￥710.00	￥710.00	

会计主管：　　　　　记账：　　　　　出纳：　　　　　审核：　　　　　制证：

表 10-30　记账凭证（17）

202×年12月18日　　　　　　　　　　　　　字第 017 号

摘　要	总账科目	明细科目	借方金额	贷方金额	账　页
赊销A产品给红星工厂	应收账款	红星工厂	46 800.00		
	主营业务收入	A产品		40 000.00	
	应交税费	应交增值税		6 800.00	
合计金额			￥46 800.00	￥46 800.00	

会计主管：　　　　　记账：　　　　　出纳：　　　　　审核：　　　　　制证：

表 10-31　记账凭证（18）

202×年12月20日　　　　　　　　　　　　　字第 018 号

摘　要	总账科目	明细科目	借方金额	贷方金额	账　页
以银行存款支付办公费	制造费用		1 200.00		
	管理费用		600.00		
	银行存款			1 800.00	
合计金额			￥1 800.00	￥1 800.00	

会计主管：　　　　　记账：　　　　　出纳：　　　　　审核：　　　　　制证：

表 10-32　记账凭证（19）

202×年12月20日　　　　　　　　　　　　　字第 019 号

摘　要	总账科目	明细科目	借方金额	贷方金额	账　页
以现金支付租金费用	制造费用		1 035.00		
	库存现金			1 035.00	
合计金额			￥1 035.00	￥1 035.00	

会计主管：　　　　　记账：　　　　　出纳：　　　　　审核：　　　　　制证：

表 10-33 记账凭证（20）

202×年 12 月 25 日 字第 020 号

摘　要	总账科目	明细科目	借方金额	贷方金额	账　页
红星工厂偿付所欠款项	银行存款		46 800.00		
	应收账款	红星工厂		46 800.00	
	合 计 金 额		￥46 800.00	￥46 800.00	

会计主管：　　　　记账：　　　　出纳：　　　　审核：　　　　制证：

表 10-34 记账凭证（21）

202×年 12 月 26 日 字第 021 号

摘　要	总账科目	明细科目	借方金额	贷方金额	账　页
以银行存款支付广告费	销售费用		1 900.00		
	银行存款			1 900.00	
	合 计 金 额		￥1 900.00	￥1 900.00	

会计主管：　　　　记账：　　　　出纳：　　　　审核：　　　　制证：

表 10-35 记账凭证（22）

202×年 12 月 31 日 字第 022 号

摘　要	总账科目	明细科目	借方金额	贷方金额	账　页
分配本月应付工资	生产成本	A 产品	18 000.00		
		B 产品	25 000.00		
	制造费用		2 000.00		
	管理费用		5 000.00		
	应付职工薪酬			50 000.00	
	合 计 金 额		￥50 000.00	￥50 000.00	

会计主管：　　　　记账：　　　　出纳：　　　　审核：　　　　制证：

表 10-36 记账凭证（23）

202×年 12 月 31 日 字第 023 号

摘　要	总账科目	明细科目	借方金额	贷方金额	账　页
计提本月固定资产折旧	制造费用		3 000.00		
	管理费用		1 600.00		
	累计折旧			4 600.00	
	合 计 金 额		￥4 600.00	￥4 600.00	

会计主管：　　　　记账：　　　　出纳：　　　　审核：　　　　制证：

表 10-37   记账凭证（24）

202×年 12 月 31 日   字第 024 号

摘　要	总账科目	明细科目	借方金额	贷方金额	账　页
分配本月发生的制造费用	生产成本	A 产品	4 500.00		
		B 产品	6 250.00		
	制造费用			10 750.00	
合计金额			￥10 750.00	￥10 750.00	

会计主管：　　　　记账：　　　　出纳：　　　　审核：　　　　制证：

表 10-38   记账凭证（25）

202×年 12 月 31 日   字第 025 号

摘　要	总账科目	明细科目	借方金额	贷方金额	账　页
结转 A 产品成本	库存商品	A 产品	39 670.00		
	生产成本	A 产品		39 670.00	
合计金额			￥39 670.00	￥39 670.00	

会计主管：　　　　记账：　　　　出纳：　　　　审核：　　　　制证：

表 10-39   记账凭证（26）

202×年 12 月 31 日   字第 026 号

摘　要	总账科目	明细科目	借方金额	贷方金额	账　页
计提销售 A 产品消费税	税金及附加		4 500.00		
	应交税费	应交消费税		4 500.00	
合计金额			￥4 500.00	￥4 500.00	

会计主管：　　　　记账：　　　　出纳：　　　　审核：　　　　制证：

表 10-40   记账凭证（27）

202×年 12 月 31 日   字第 027 号

摘　要	总账科目	明细科目	借方金额	贷方金额	账　页
结转已销 A 产品成本	主营业务成本	A 产品	35 703.00		
	库存商品	A 产品		35 703.00	
合计金额			￥35 703.00	￥35 703.00	

会计主管：　　　　记账：　　　　出纳：　　　　审核：　　　　制证：

表 10-41 记账凭证（28）

202×年 12 月 31 日 字第 028 号

摘 要	总账科目	明细科目	借方金额	贷方金额	账 页
转作违约罚款收入	应付账款	伟达公司	1 000.00		
	营业外收入			1 000.00	
	合计金额		￥1 000.00	￥1 000.00	

会计主管： 记账： 出纳： 审核： 制证：

表 10-42 记账凭证（29）

202×年 12 月 31 日 字第 029 号

摘 要	总账科目	明细科目	借方金额	贷方金额	账 页
加收包装物罚金	库存现金		800.00		
	营业外收入			800.00	
	合计金额		￥800.00	￥800.00	

会计主管： 记账： 出纳： 审核： 制证：

表 10-43 记账凭证（30）

202×年 12 月 31 日 字第 030 号

摘 要	总账科目	明细科目	借方金额	贷方金额	账 页
以银行存款支付违约金	营业外支出		1 000.00		
	银行存款			1 000.00	
	合计金额		￥1 000.00	￥1 000.00	

会计主管： 记账： 出纳： 审核： 制证：

表 10-44 记账凭证（31）

202×年 12 月 31 日 字第 031-1 号

摘 要	总账科目	明细科目	借方金额	贷方金额	账 页
结转收入类账户	主营业务收入	A 产品	90 000.00		
	营业外收入		1 800.00		
	本年利润			91 800.00	
	合计金额		￥91 800.00	￥91 800.00	

会计主管： 记账： 出纳： 审核： 制证：

表 10-45　记账凭证（32）

202×年 12 月 31 日　　　　　　　　　　　　　　　　字第 031-2 号

摘　要	总账科目	明细科目	借方金额	贷方金额	账　页
结转费用类账户	本年利润		57 277.00		
	主营业务成本	A 产品		35 703.00	
	销售费用			2 975.00	
	税金及附加			4 500.00	
	管理费用			13 099.00	
	营业外支出			1 000.00	
	合计金额		￥57 277.00	￥57 277.00	

会计主管：　　　　记账：　　　　出纳：　　　　审核：　　　　制证：

表 10-46　记账凭证（33）

202×年 12 月 31 日　　　　　　　　　　　　　　　　字第 032-1 号

摘　要	总账科目	明细科目	借方金额	贷方金额	账　页
计提所得税	所得税费用		8 630.75		
	应交税费	应交所得税		8 630.75	
	合计金额		￥8 630.75	￥8 630.75	

会计主管：　　　　记账：　　　　出纳：　　　　审核：　　　　制证：

表 10-47　记账凭证（34）

202×年 12 月 31 日　　　　　　　　　　　　　　　　字第 032-2 号

摘　要	总账科目	明细科目	借方金额	贷方金额	账　页
结转所得税费用	本年利润		8 630.75		
	所得税费用			8 630.75	
	合计金额		￥8 630.75	￥8 630.75	

会计主管：　　　　记账：　　　　出纳：　　　　审核：　　　　制证：

表 10-48　记账凭证（35）

202×年 12 月 31 日　　　　　　　　　　　　　　　　字第 033 号

摘　要	总账科目	明细科目	借方金额	贷方金额	账　页
转入利润分配账户	本年利润		325 892.25		
	所得税费用			325 892.25	
	合计金额		￥325 892.25	￥325 892.25	

会计主管：　　　　记账：　　　　出纳：　　　　审核：　　　　制证：

表 10-49　记账凭证（36）

202×年 12 月 31 日　　　　　　　　　　　　　　字第 034 号

摘　要	总账科目	明细科目	借方金额	贷方金额	账　页
计提盈余公积	利润分配	提取盈余公积	32 589.23		
	盈余公积	法定盈余公积		32 589.23	
合计金额			￥32 589.23	￥32 589.23	

会计主管：　　　　　　记账：　　　　　　出纳：　　　　　审核：　　　　　　制证：

表 10-50　记账凭证（37）

202×年 12 月 31 日　　　　　　　　　　　　　　字第 035 号

摘　要	总账科目	明细科目	借方金额	贷方金额	账　页
向投资者分配股利	利润分配	应付利润	158 000.00		
		应付股利		158 000.00	
合计金额			￥158 000.00	￥158 000.00	

会计主管：　　　　　　记账：　　　　　　出纳：　　　　　审核：　　　　　　制证：

表 10-51　记账凭证（38）

202×年 12 月 31 日　　　　　　　　　　　　　　字第 036 号

摘　要	总账科目	明细科目	借方金额	贷方金额	账　页
结转利润分配	利润分配	未分配利润	190 589.23		
	利润分配	提取盈余公积		32 589.23	
	利润分配	应付利润		158 000.00	
合计金额			￥190 589.23	￥190 589.23	

会计主管：　　　　　　记账：　　　　　　出纳：　　　　　审核：　　　　　　制证：

二、登记日记账

根据编制的记账凭证逐日逐笔登记库存现金日记账、银行存款日记账。库存现金日记账如表 10-52 所示。

表 10-52　库存现金日记账

202×年		凭证种类及编号	摘　要	对方科目	收　入	支　出	结　余
月	日						
12	1		期初余额				2 000.00
12	10	字第 011 号	从银行提取现金	银行存款	50 000.00		52 000.00
12	10	字第 012 号	发放职工工资	应付职工薪酬		50 000.00	2 000.00
12	15	字第 013 号	报销差旅费	管理费用		300.00	1 700.00
12	20	字第 019 号	支付租金费用	制造费用		1 035.00	665.00
12	31	字第 029 号	加收包装物罚金	营业外收入	800.00		1 465.00
12	31		本月合计		50 800.00	51 335.00	1 465.00

　　同理，根据记账凭证逐日逐笔登记银行存款日记账，因为银行存款日记账的登记方法与库存现金日记账的基本相同，所以此处从略。

三、登记明细账

　　根据原始凭证和记账凭证，登记明细分类账。此处只列出应收红星工厂账款明细账、A产品生产成本明细账的登记方法，其他有关明细账的登记方法与该两种明细账的登记方法基本相同，此处从略。上述两种明细账的登记内容如表 10-53 和表 10-54 所示。

表 10-53　应收账款明细账

单位名称：红星工厂　　　　　　　　　　　　　　　　　　　　　　　　　　第×页

202×年		凭证种类及编号	摘　要	借　方	贷　方	借或贷	余　额
月	日						
12	1		期初余额			借	2 000.00
12	25	字第 017 号	赊销A产品给红星厂	46 800.00		借	48 800.00
12	25	字第 020 号	收到偿付所欠款项		46 800.00	借	2 000.00
12	31		本月合计	46 800.00	46 800.00	借	2 000.00

表 10-54　生产成本明细账

产品名称：A产品　　　　　　　　　　　　　　　　　　　　　　　　　　　第×页

202×年		凭证种类及编号	摘　要	借　方				转　出
月	日			直接材料	直接人工	制造费用	合计	
12	30	字第 010 号	生产产品领用材料	17 170.00			17 170.00	
12	31	字第 022 号	生产人员工资		18 000.00		18 000.00	
12	31	字第 024 号	分配本月制造费用			4 500.00	4 500.00	
12	31		本月生产费用	17 170.00	18 000.00	4 500.00	39 670.00	
12	31	字第 025 号	转出完工产品成本	17 170.00	18 000.00	4 500.00	39 670.00	39 670.00

四、登记总分类账

　　根据编制的记账凭证登记有关总分类账。此处只列出一部分账户的总分类账，其他的总分类账的登记方法与其基本相同，故从略。登记的有关总分类账的情况如表 10-55～表 10-74 所示。

表 10-55　总账科目：应收票据

第×页

| 202×年 | | 凭证号 | 摘　要 | 借　方 | 贷　方 | 借或贷 | 余　额 |
月	日						
12	1		期初余额			借	6 000.00

表 10-56　总账科目：应收账款

第×页

| 202×年 | | 凭证号 | 摘　要 | 借　方 | 贷　方 | 借或贷 | 余　额 |
月	日						
12	1		期初余额			借	2 000.00
12	18	字第 017 号	赊销 A 产品给红星厂	46 800.00		借	48 800.00
12	25	字第 020 号	偿付所欠款项		46 800.00	借	2 000.00
12	31		本月合计	46 800.00	46 800.00	借	2 000.00

表 10-57　总账科目：其他应收款

第×页

| 202×年 | | 凭证号 | 摘　要 | 借　方 | 贷　方 | 借或贷 | 余　额 |
月	日						
12	1		期初余额			借	1 000.00
12	15	字第 013 号	行政人员报销差旅费		1 000.00	平	0.00
12	31		本月合计		1 000.00	平	0.00

表 10-58　总账科目：原材料

第×页

| 202×年 | | 凭证号 | 摘　要 | 借　方 | 贷　方 | 借或贷 | 余　额 |
月	日						
12	1		期初余额			借	13 304.00
12	8	字第 009 号	结转入库材料成本	56 765.00		借	70 069.00
12	10	字第 010 号	仓库发材料用于生产		44 980.00	借	25 089.00
12	31		本月合计	56 765.00	44 980.00	借	25 089.00

表 10-59　总账科目：制造费用

第×页

| 202×年 | | 凭证号 | 摘　要 | 借　方 | 贷　方 | 借或贷 | 余　额 |
月	日						
12	10	字第 010 号	车间耗用丙材料	3 085.00		借	3 085.00
12	18	字第 016 号	以银行存款支付水电费	430.00		借	3 515.00
12	20	字第 018 号	以银行存款支付办公费	1 200.00		借	4 715.00
12	20	字第 019 号	以现金支付车间租金	1 035.00		借	5 750.00
12	31	字第 022 号	车间人员工资	2 000.00		借	7 750.00
12	31	字第 023 号	计提固定资产折旧	3 000.00		借	10 750.00
12	31	字第 024 号	分配本月的制造费用		10 750.00	平	0.00
12	31		本月合计	10 750.00	10 750.00	平	0.00

表 10-60　总账科目：库存商品

第×页

202×年		凭证号	摘　要	借　方	贷　方	借或贷	余　额
月	日						
12	1		期初余额			借	47 604.00
12	31	字第 025 号	结转完工 A 产品成本	39 670.00		借	87 274.00
12	31	字第 027 号	结转已销 A 产品成本		35 703.00	借	51 571.00
12	31		本月合计	39 670.00	35 703.00	借	51 571.00

表 10-61　总账科目：生产成本

第×页

202×年		凭证号	摘　要	借　方	贷　方	借或贷	余　额
月	日						
12	10	字第 010 号	生产产品耗用材料	37 576.00		借	37 576.00
12	31	字第 022 号	生产人员工资	43 000.00		借	80 576.00
12	31	字第 024 号	分配本月制造费用	10 750.00		借	91 326.00
12	31	字第 025 号	转出完工 A 产品成本		39 670.00	借	51 656.00
12	31		本月合计	91 326.00	39 670.00	借	51 656.00

表 10-62　总账科目：固定资产

第×页

202×年		凭证号	摘　要	借　方	贷　方	借或贷	余　额
月	日						
12	1		期初余额			借	1 600 000.00

表 10-63　总账科目：累计折旧

第×页

202×年		凭证号	摘　要	借　方	贷　方	借或贷	余　额
月	日						
12	1		期初余额			贷	300 000.00
12	31	字第 023 号	计提本月固定资产折旧		4 600.00	贷	304 600.00
12	31		本月合计		4 600.00	贷	304 600.00

表 10-64　总账科目：短期借款

第×页

202×年		凭证号	摘　要	借　方	贷　方	借或贷	余　额
月	日						
12	4	字第 002 号	向银行借入短期贷款		200 000.00	贷	200 000.00
12	31		本月合计		200 000.00	贷	200 000.00

表 10-65 总账科目：应付票据

第×页

202×年		凭证号	摘 要	借 方	贷 方	借或贷	余 额
月	日						
12	1		期初余额			贷	5 000.00

表 10-66 总账科目：应付账款

第×页

202×年		凭证号	摘 要	借 方	贷 方	借或贷	余 额
月	日						
12	1		期初余额			贷	60 500.00
12	4	字第 004 号	赊购甲材料		29 981.25	贷	90 481.25
12	5	字第 008 号	偿还长远和新力公司欠款	29 981.25		贷	60 500.00
12	31	字第 028 号	罚款收入	1 000.00		贷	59 500.00
12	31		本月合计	30 981.25	29 981.25	贷	59 500.00

表 10-67 总账科目：应付职工薪酬

第×页

202×年		凭证号	摘 要	借 方	贷 方	借或贷	余 额
月	日						
12	1		期初余额			贷	11 905.00
12	10	字第 012 号	以现金发放职工工资	50 000.00		贷	38 095.00
12	31	字第 022 号	分配本月应付工资		50 000.00	贷	11 905.00
12	31		本月合计	50 000.00	50 000.00	贷	11 905.00

表 10-68 总账科目：应付股利

第×页

202×年		凭证号	摘 要	借 方	贷 方	借或贷	余 额
月	日						
12	31	字第 035 号	向股东分配股利		158 000.00	贷	158 000.00
12	31		本月合计		158 000.00	贷	158 000.00

表 10-69 总账科目：长期借款

第×页

202×年		凭证号	摘 要	借 方	贷 方	借或贷	余 额
月	日						
12	4	字第 003 号	向银行借入长期款项		600 000.00	贷	600 000.00
12	31		本月合计		600 000.00	贷	600 000.00

表 10-70　总账科目：实收资本

202×年		凭证号	摘　要	借　方	贷　方	借或贷	余　额
月	日						
12	1		期初余额			贷	1 000 000.00
12	1	字第 001 号	收到投资者的投资		500 000.00	贷	1 500 000.00
12	31		本月合计		500 000.00	贷	1 500 000.00

表 10-71　总账科目：盈余公积

202×年		凭证号	摘　要	借　方	贷　方	借或贷	余　额
月	日						
12	31	字第 034 号	计提法定盈余公积		32 589.23	贷	32 589.23
12	31		本月合计		32 589.23	贷	32 589.23

表 10-72　总账科目：主营业务成本

202×年		凭证号	摘　要	借　方	贷　方	借或贷	余　额
月	日						
12	31	字第 027 号	结转已销 A 产品成本	35 703.00		借	35 703.00
12	31	字第 031 号	结转主营业务成本		35 703.00	平	0.00
12	31		本月合计	35 703.00	35 703.00	平	0.00

表 10-73　总账科目：税金及附加

202×年		凭证号	摘　要	借　方	贷　方	借或贷	余　额
月	日						
12	31	字第 026 号	计提 A 产品消费税	4 500.00		借	4 500.00
12	31	字第 031 号	结转税金及附加		4 500.00	平	0.00
12	31		本月合计	4 500.00	4 500.00	平	0.00

表 10-74　总账科目：销售费用

202×年		凭证号	摘　要	借　方	贷　方	借或贷	余　额
月	日						
12	16	字第 015 号	支付包装费	1 075.00		借	1 075.00
12	26	字第 021 号	支付广告费	1 900.00		借	2 975.00
12	31	字第 031 号	结转销售费用余额		2 975.00	平	0.00
12	31		本月合计	2 975.00	2 975.00	平	0.00

五、核对账务，进行试算平衡并编制试算平衡表

月末，一方面应将库存现金日记账、银行存款日记账的余额和各种明细分类账的余额合计数与总分类账中有关账户的余额核对相符，这项核对工作一般是通过编制总分类账户与明细分类账户和库存现金、银行存款日记账发生额及余额对照表来完成；另一方面，根据核对无误的总分类账和明细分类账的记录，编制总分类账科目本期发生额及余额试算平衡表。总分类账科目本期发生额及余额试算平衡表的内容如表 10-75 所示。

表 10-75　总分类账科目本期发生额及余额试算平衡表

序号	总分类账科目	期初余额		本期发生额		期末余额	
		借方	贷方	借方	贷方	借方	贷方
1	库存现金	2 000.00		50 800.00	51 335.00	1 465.00	
2	银行存款	146 000.00		1 465 300.00	122 900.05	1 488 399.95	
3	应收票据	6 000.00				6 000.00	
4	应收账款	2 000.00		46 800.00	46 800.00	2 000.00	
5	其他应收款	1 000.00				1 000.00	
6	库存商品	47 604.00		39 670.00	35 703.00	51 571.00	
7	在途物资			56 765.00	56 765.00		
8	原材料	13 304.00		56 765.00	44 980.00	25 089.00	
9	生产成本			91 326.00	39 670.00	51 656.00	
10	制造费用			10 750.00	10 750.00		
11	固定资产	1 600 000.00				1 600 000.00	
12	累计折旧		300 000.00		4 600.00		304 600.00
13	短期借款				200 000.00		200 000.00
14	应付票据		5 000.00				5 000.00
15	应付账款		60 500.00	30 981.25	29 981.25		59 500.00
16	应付职工薪酬		11 905.00	50 000.00	50 000.00		11 905.00
17	应交税费		10 503.00	9 650.05	128 430.75		129 283.70
18	应付股利				158 000.00		158 000.00
19	长期借款				600 000.00		600 000.00
20	实收资本		1 000 000.00		500 000.00		1 500 000.00
21	资本公积				60 000.00		60 000.00
22	盈余公积				32 589.23		32 589.23
23	本年利润		400 000.00	491 800.00	91 800.00		
24	利润分配		30 000.00	381 178.00	516 481.48		165 303.02
25	主营业务收入			90 000.00	90 000.00		
26	主营业务成本			35 703.00	35 703.00		
27	税金及附加			4 500.00	4 500.00		
28	销售费用			2 975.00	2 975.00		
29	管理费用			13 099.00	13 099.00		
30	营业外收入			1 800.00	1 800.00		
31	营业外支出			1 000.00	1 000.00		
32	所得税费用			8 630.75	8 630.75		
	合计	1 817 908.00	1 817 908.00	2 939 493.51	2 939 493.51	3 226 180.95	3 226 180.95

拓展阅读

人工智能时代财务的新发展

随着人工智能时代的到来，财务领域也迎来了新的发展，财务机器人出现了。2017 年 5 月，德勤率先推出财务机器人产品，同属国际四大会计师事务所的毕马威、普华永道、安永也相继推出自己的财务机器人以及财务机器人解决方案。财务机器人越来越多地应用于各种单位的财务领域。财务机器人，简单来说就是一种计算机控制软件，能够代替人执行基于一定规则的重复性指令，可跨软件、跨平台、多窗口操作，是机器人流程自动化（RPA）系列产品中的一种。

在实际操作过程中，财务机器人可以完成应付账款、应收账款、固定资产、差旅及费用、现金管理、总账、账务管理等各层面的简单会计分录、重复性的记账和报销工作。其运算速度快，可以 24 小时不间断工作，大大提高了财务工作效率。目前，RPA 的应用并没有改变会计基本理论和处理程序，面对非常规事项，仍然需要会计人员进行异常的非结构化处理，需要根据自然、政治、经济环境的变化，再造财务处理的新模式、新流程和新规则，这是财务机器人短期甚至长期都无法实现的。

人类作为具有主观能动性的主体，有着机器人无可比拟的学习力、创造力，人类还可以做人工智能做不到的事情。对于财务机器人而言，最具挑战性的两个方面：一是对新信息的不断获取和判断；二是与人沟通的能力。商业环境瞬息万变，人工智能很难不断根据新的变化作出准确的判断。而与人沟通的能力，以及面对复杂商业环境挑选最有用的信息进行分析并作出决策的能力，至少在短时间内，人工智能难以超越人类。

而随着新技术的应用，社会对会计本身的要求也发生了改变，复合型人才的作用和重要性凸显。实际上，很多财务问题并不只是专业性的问题，而是人的问题、管理的问题、文化的问题，这也是管理会计在中国迅速崛起的原因。

由此可见，财务人员要在工作中提高自身的专业能力，也要与时俱进，不断地与新技术进行融合从而不断进步，还要保持自主学习和创新精神，以使自己不被淘汰。

复 习 思 考

1. 说明记账凭证核算形式的账务处理程序、优缺点及适用范围。
2. 说明科目汇总表核算形式的账务处理程序、优缺点及适用范围。
3. 说明汇总记账凭证核算形式的账务处理程序、优缺点及适用范围。
4. 比较科目汇总表核算形式和汇总记账凭证核算形式两者的异同。

在 线 自 测

自学自测　　扫描此码

<h1 style="text-align:center">实 战 演 练</h1>

（一）实训目的：练习记账凭证核算形式。

（二）实训资料：

1. 某股份有限公司 2024 年 11 月 30 日资产、负债、所有者权益类账户余额如表 10-76 所示。

表 10-76　11 月 30 日总分类账户余额　　　　单位：元

账户名称	借方余额	账户名称	贷方余额
库存现金	3 000	应付票据	80 000
银行存款	4 860 550	短期借款	290 000
交易性金融资产	320 000	应付账款	85 100
应收票据	120 000	预收账款	100 000
应收账款	180 000	其他应付款	6 000
其他应收款	5 000	应交税费	45 000
在途物资	60 000	应付利息	10 000
原材料	720 000	长期借款	2 000 000
库存商品	2 300 000	实收资本	10 000 000
长期待摊费用	24 000	资本公积	100 000
固定资产	7 700 000	盈余公积	144 000
无形资产	300 000	本年利润	2 308 150
待处理财产损溢	1 700	累计折旧	2 212 000
利润分配	786 000		
合　计	17 380 250	合　计	17 380 250

2. 相关明细账户余额如下。

应收账款：E 单位 120 000 元；F 单位 60 000 元。

原材料：甲材料 10 000 千克，每千克 15 元，计 150 000 元；乙材料 6 000 千克，每千克 60 元，计 360 000 元；丙材料 8 000 千克，每千克 20 元，计 160 000 元；丁材料 1 000 千克，每千克 50 元，计 50 000 元。

库存商品：M 商品 10 000 件，每件 110 元，计 1 100 000 元；N 商品 8 000 件，每件 150 元，计 1 200 000 元。

应付账款：B 单位 85 100 元。

应交税费：应交所得税 37 100 元；应交城市维护建设税 4 900 元；应交车船使用税 1 000 元；应交房产税 2 000 元；其他明细账户的余额略。

3. 1—11 月各损益类账户发生额如表 10-77 所示。

表 10-77　1—11 月各损益类账户发生额　　　　　单位：元

账户名称	借方发生额	账户名称	贷方发生额
主营业务成本	15 000 000	主营业务收入	21 000 000
税金及附加	90 000	其他业务收入	1 800 000
其他业务支出	1 200 000	投资收益	800 000
管理费用	1 800 000	营业外收入	5 000
销售费用	1 750 000	财务费用	200 000
营业外支出	120 000	所得税费用	1 136 850
合　计	19 960 000	合　计	24 941 850

4. 该公司 2024 年 12 月份发生以下经济业务。

（1）1 日，签发转账支票购买办公用品 1 500 元，交付使用。其中：车间领用 200 元，管理部门领用 1 100 元，独立销售部门领用 300 元。

（2）1 日，仓库送来收货单，上月从 A 单位购进乙材料 1 000 千克，每千克 60 元，计 60 000 元（上月已付款），今日到货并验收入库。

（3）2 日，上月委托银行向 E 单位收取的货款 120 000 元，银行已收妥入账，收到收账通知；同日，F 单位交来转账支票一张，归还前欠货款 60 000 元，当即填制进账单送存银行。

（4）2 日，管理人员李平出差归来，报销差旅费 2 800 元，并将余款 200 元交回现金。

（5）2 日，向 D 企业销售 M 产品 3 000 件，单价 160 元，计 480 000 元，增值税 62 400 元，扣除 100 000 元预收款，其余款项收到转账支票，当即填制进账单送存银行。

（6）3 日，经查，上月末盘亏的丙材料 1 700 元属于定额内的合理损耗，转作管理费用。

（7）3 日，签发转账支票偿还前欠 B 单位货款 85 100 元。

（8）5 日，接受某外商投入资金 3 000 000 元，存入银行。

（9）6 日，向 A 单位购买甲材料 3 000 千克，单价 15 元，计 45 000 元，增值税 5 850 元，货款及运费 3 000 元（不考虑增值税）通过银行汇出，材料已入库。

（10）7 日，以转账支票上缴上月各项税金共计 45 000 元。

（11）8 日，以银行存款支付省电视台产品广告费 120 000 元。

（12）8 日，签发转账支票预付 C 单位货款 100 000 元。

（13）9 日，向乙单位销售 M 产品 1 000 件，单价 160 元，计 160 000 元；销售 N 产品 2 000 件，单价 200 元，计 400 000 元。增值税共计 72 800 元。以现金为对方垫付运杂费 300 元，已办妥银行收款手续。

（14）9 日，车间技术人员王维出差归来，报销差旅费 3 000 元（原借 2 000 元），出纳员付给王维现金 1 000 元。

（15）10 日，签发转账支票（60353#）支付电费 16 200 元，其中车间耗用 12 000 元，厂部耗用 3 000 元，独立销售部门耗用 1 200 元。

（16）12 日，向 C 单位购买乙材料 2 000 千克，单价 60 元，计 120 000 元，增值税 15 600 元。扣除预付的货款 100 000 元，差额以转账支票支付，材料已经验收入库。

（17）12 日，9 日委托银行向 E 单位收取的款项已划回入账，收到收账通知。

（18）12 日，向 B 企业购进丙材料 3 000 千克，单价 20 元，计 60 000 元；购进丁材料 1 000 千克，单价 50 元，计 50 000 元。增值税共计 14 300 元。款项签发转账支票付讫，材料已经验收入库。

（19）12 日，签发转账支票向灾区捐款 100 000 元。

（20）15 日，签发现金支票，从银行提取现金 2 000 元，以备日常零星开支。

（21）16 日，发放本月工资 69 000 元（通过银行转入职工个人的储蓄账户）。

（22）17 日，向 D 企业销售 M 产品 3 500 件，单价 160 元，计 560 000 元；销售 N 产品 1 000 件，单价 200 元，计 200 000 元。增值税共计 99 800 元。收到付货款支票一张，送存银行。

（23）18 日，以银行存款偿还到期的短期借款 100 000 元。

（24）18 日，签发转账支票一张支付电话费 15 000 元。其中：车间 300 元；厂部 5 000 元；独立销售部门 7 000 元。

（25）18 日，销售人员李文出差，预借差旅费 3 000 元，以现金付讫。

（26）19 日，从 A 企业购买甲材料 3 000 千克，单价 14 元，计 42 000 元；购买乙材料 3 000 千克，单价 59 元，计 177 000 元。增值税共计 28 470 元，对方代垫运费 6 000 元（按重量比例分摊，不考虑增值税）。材料已入库，货款暂欠。

（27）19 日，接到银行"利息通知单"本季度短期借款利息共计 18 000 元（前两个月已预提 10 000 元）。

（28）20 日，从银行汇出款项 262 230 元，偿还 A 单位货款。

（29）21 日，从 A 单位购进丙材料 5 000 千克，单价 20 元，计 100 000 元；购进丁材料 2 000 千克，单价 48 元，计 96 000 元。增值税共计 25 480 元。对方代垫运费 4 200 元（按重量比例分摊，不考虑增值税）。款项尚未支付，材料同日到达，经验收无误入库。

（30）21 日，向 E 单位销售 N 产品 1 000 件，单价 200 元，计 200 000 元，增值税 26 000 元。收到商业汇票一张，期限三个月。

（31）22 日，企业购进卡车一辆，价款 120 000 元，增值税 20 400 元，款项签转账支票（60359#）支付。

（32）23 日，分配本月工资。其中：生产 M 产品工人工资 20 000 元；生产 N 产品工人工资 18 000 元；车间管理人员工资 4 000 元；厂部管理人员工资 15 000 元；销售人员工资 12 000 元。

（33）23 日，按职工工资总额的 14%计提职工福利费。

（34）25 日，计提固定资产折旧费 300 000 元。其中：车间折旧费 160 000 元；厂部折旧费 110 000 元；独立销售部门折旧费 30 000 元。

（35）26 日，仓库送来发出材料汇总表，如表 10-78 所示，据以结转材料费用。

表 10-78 发出材料汇总表

领料部门及用途	材料类别				合计
	甲材料	乙材料	丙材料	丁材料	
生产 M 产品	150 000	180 000	400 003		70 000
生产 N 产品		300 000	180 000	137 200	617 200
车间耗用			10 000	8 820	18 820
厂部耗用			6 000	980	6 980
销售部门耗用			4 000		4 000
合 计	150 000	480 000	600 003	147 000	1 017 000

（36）28日，按生产工人工资比例分配制造费用，将其计入M、N产品成本。

（37）29日，按上月末单价计算结转本月产品的销售成本。

（38）30日，本月M产品投产4 560件，N产品投产4 920件，月末全部完工。计算M、N产品的总成本和单位成本，并作出产品入库的账务处理。

（39）30日，经计算，本月应交城市维护建设税15 400元、教育费附加6 600元。

（40）31日，将损益类账户本月发生额结转"本年利润"账户。

（41）31日，按本月利润总额的33%计算应交所得税，并将"所得税"账户本月发生额转入"本年利润"账户。

（42）31日，按本月净利润的10%和5%分别计提法定盈余公积和公益金。

（43）31日，经公司董事会研究决定向投资者分配现金股利520 000元。

（44）31日，将"本年利润"年末余额转入"利润分配——未分配利润"账户的贷方。

（45）31日，将"利润分配"其他各明细账户余额转入"利润分配——未分配利润"账户的借方。

（三）实训要求：根据上述资料采用记账凭证账务处理程序进行日常账务处理。

11 第十一章
Chapter 11 财务会计报告

>>> **知识目标**

了解企业财务会计报告的构成与会计报表的分类；理解资产负债表、利润表、现金流量表、所有者权益变动表的功能、编制方法及原理。

>>> **技能目标**

能够正确编制资产负债表、利润表、现金流量表、所有者权益变动表。

引导案例

"股市有风险，投资需谨慎"，这句老生常谈的至理名言，现在却屡屡蜕变成每次散户经历"劫难"后用来自我解嘲的话。自从有了股市，就有了泡沫，就有了闹得沸沸扬扬的"泡沫论""赌场论""婴儿论"，不成熟和不理性似乎一直在伴随着股市和股民们的成长历程。21世纪以来，中国股市似乎一直处于戏剧化的演进过程，泡沫时而鼓起、膨胀，时而破灭，一次次挑战着投资者脆弱的心理和情感。都说成熟的股市是经济的晴雨表，然而我国的股市市值却不能很好地反映公司的真实绩效水平。股指失真，买股票如同雾里看花、水中望月，最后大家都"跟着感觉走"，除少数外资、游资"趁火打劫"，留下那些散户股民们成为盲目投资的买单者。

买一家公司的股票，实际上就是投资这家公司，该公司的经营业绩和未来现金流是其股票价格的重要决定因素。而这方面最有价值的信息来源就是会计信息，即公司定期、不定期发布的财务报告。"股神"巴菲特就是一个典型的注重基本分析的积极投资者，他把自己日常的工作概括为"阅读"，而他阅读最多的就是财务报告。曾经有个记者问巴菲特："我应该怎样学习股票投资呢？"巴菲特回答说："看上市公司的年报。"巴菲特几乎不用电脑，在他办公室里最多的就是上市公司的年报。巴菲特保存了几乎美国所有上市公司的年报。在投资前，他会对目标公司的财务报告进行非常缜密的分析。通过研究财务报告，对公司的价值进行评估，据以指导投资决策。巴菲特把大部分时间都用来阅读上市公司年报和行业资料，正是因为能透视财务报告，洞察行业发展趋势，据以判断公司的投资价值，才有巴菲特在投资上的巨大成功。

面对"迷雾重重"的股市，该如何看懂并利用财务报告进行分析，从而做出正确的投资决策呢？

第一节　　财务会计报告概述

一、财务会计报告的定义

财务会计报告是指企业对外提供的反映企业某一特定日期财务状况和某一会计期间经营成果、现金流量等会计信息的书面文件。财务会计报告是企业对外提供财务会计信息的最主要形式，编制财务会计报告是会计核算的一种专门方法，也是会计核算的最终结果和最终环节。

二、财务会计报告的基本目标

我国财务会计报告的基本目标，是向信息使用者提供其进行经济决策的会计信息，有助于财务报告使用者做出正确的经济决策。具体体现为以下三个方面的内容。

（1）财务会计报告为国家经济管理部门进行宏观调控和管理提供信息来源。经过层层汇总后的会计报表，相应地反映出某一行业、地区、部门乃至全国企业的经济活动情况的信息，这些信息是国家经济管理部门了解并掌握全国各地区、各部门、各行业的经济情况，正确制定国家产业等宏观政策，调控国民经济运行的重要决策依据。

（2）财务会计报告为与企业有经济利益关系的外部单位和个人了解企业的财务状况和经营成果提供会计信息。企业的投资者、潜在投资者及债权人要依据会计报表提供的信息做出相应的经济决策；财政、税务、工商等政府部门要根据会计报表提供的信息，了解和监督企业的生产经营。因而财务会计报告为进一步完善现有法规、制定新的法规提供了决策依据。

（3）财务会计报告为企业内部加强和改善经营管理提供重要的会计信息。企业经营管理人员要通过本企业会计报表随时掌握企业的财务状况和经营成果，以便发现问题，及时采取相应的措施，加强和改善企业的经营管理。同时，可充分利用现有的财务会计报告披露的信息，预测经济前景，使企业的生产经营活动得到良性发展。

因此，编制财务会计报告是对会计核算工作的全面总结，也是及时提供合法、真实、准确、完整的会计信息的重要环节，特别是在市场经济发展条件下，与企业的会计信息使用者（包括企业内外有关部门和有关人员）有着密切的关联。

三、财务会计报告的作用

▶ 1. 对企业的作用

财务会计报告所提供的信息资料，可以帮助企业领导和管理人员分析、检查企业的经营活动是否符合相关制度规定；考核企业资金、成本、利润等计划指标的完成程度；分析、评价经营管理中的成绩和不足，采取措施，提高经济利益；运用财务会计报告的资料和其他资料进行分析，还可为编制下期计划提供依据。同时，通过在本企业职工代表大会上公布财务会计报告的方式，可以进一步发挥职工主人翁的作用，从各方面提出改进建议，促进企业增产节约措施的落实。

► 2. 对主管部门的作用

利用财务会计报告，可考核所属单位的经营业绩及各项经济政策的贯彻执行情况，并可通过所属单位同类指标的对比分析，总结成绩，推广先进经验；对所发现的问题，分析其原因并采取措施，克服薄弱环节；同时，通过财务会计报告汇总所提供的资料，可以在一定范围内反映国民经济计划执行情况，为国家宏观管理提供依据。

► 3. 对财政、税收、银行和审计部门的作用

（1）财税部门通过财务会计报告可以了解企业资金筹集和运用是否合理，检查企业税收、利润计划的完成情况，以及有无违反税法和财经纪律的现象，从而能够更好地发挥财政、税收的监督职能。

（2）银行部门通过财务会计报告可以考察企业流动资金的使用情况，分析企业银行借款的物质保证程度，研究企业资金的正常需要量，了解银行借款的归还及信贷纪律的相关执行情况，充分发挥银行经济监督和经济杠杆的作用。

（3）审计部门通过财务会计报告可以了解企业的财务状况和经营情况及财经政策、法令和纪律执行情况，从而为进行财务审计和经济效益审计提供必要的资料。

► 4. 对投资者、债权人和其他利害相关人的作用

财务会计报告可以提供企业财务状况和偿债能力情况，为投资、贷款和贸易的决策提供依据。

四、财务会计报告的构成

企业财务会计报告由会计报表和其他应当在财务会计报告中披露的相关信息和资料组成。

► 1. 会计报表

会计报表是财务会计报告的主要部分，是以企业的会计凭证、会计账簿和其他会计资料为依据，以货币作为计量单位总括反映企业的财务状况、经营成果和现金流量，并按照规定的格式、内容和填报要求定期编制并对外报送的书面报告文件。由于它通常以表格的形式简明扼要地体现出来，因而称为会计报表。企业对外提供的会计报表至少应当包括资产负债表、利润表和现金流量表三类。其中，资产负债表是反映企业在报告期末的资产、负债和所有者权益情况的会计报表；利润表是反映企业在报告期内的收入、费用和利润情况的会计报表；现金流量表是反映企业在报告期内现金和现金等价物增减变动情况的会计报表。

为了加深对会计报表的意义及其结构内容的理解，掌握报表体系的规律性，有必要对会计报表进行分类研究。会计报表一般可以有以下几种分类。

（1）按反映的经济内容不同，会计报表可分为财务报表和成本报表。财务报表是反映企业财务状况和经营成果的报表，主要包括资产负债表、利润表和现金流量表；成本报表则是反映企业生产费用的发生和成本形成的报表。

（2）会计报表按编制时间不同可分为月（或季度）报表、半年报表和年度报表。

①月（或季度）报表又称日常报表，是在月份（或季度）终了后，通过资产负债表、利润表，以简明扼要的形式反映某一月份（或某一季度）企业财务状况和经营成果的财务会计报告。

②半年报表是指在每个会计年度的前六个月结束后编制和对外提供的财务会计报告，主要包括资产负债表、利润表及有关附表。

③年度报表是在年度终了后，按会计年度编制和报送，以全面反映会计主体全年财务收支、财务成果和现金流量的报表。年度报表在种类、揭示的指标信息方面都最为完整与齐全。它包括资产负债表、利润表、现金流量表及附表。半年度、季度和月度财务报表统称为中期报表。

（3）会计报表按编制单位的不同可分为基层报表和汇总报表。基层报表是由实行独立核算的基层单位编制的财务会计报告。汇总报表是上级主管部门根据所属单位的基层财务会计报告和本部门的会计资料汇总编制的报告。汇总报表通常按行政隶属关系逐级汇总，以反映某一部门、行业或地区的总括情况。

（4）按反映会计对象的资料状态不同，会计报表可分为静态报表和动态报表。静态报表是通过资产负债表反映某会计主体特定日期财务状况的报表，如资产负债表；动态报表是反映某会计主体在一定时期经营成果的报表，如利润表等。

（5）按使用对象的不同，会计报表可分为对外报表和对内报表。对外报表是单位按照统一会计准则的规定编制的，报送上级主管部门和其他政府管理部门及单位的债权人和使用本单位相关资料的外部需求者的财务会计报告。由此可见，财务会计报告是对外报表。对内报表是单位根据自身需要编制的，供本单位内部使用的报告。内部报表由单位的财会部门统一设置制定，经单位领导审批后，由单位的内部责任部门填报，以满足单位加强经济责任制的核算和内部管理的需要。专门为满足内部管理需要的特定目的的报告则不属于财务会计报告的范畴。

（6）按母公司、子公司之间的关系，财务报表可分为合并财务报表和个别财务报表。合并财务报表是指反映母公司和其全部子公司形成的企业集团的整体经营成果、财务状况和现金流量的报告。合并财务报表所包含的内容和报表指标与基层财务会计报表相同，只是其指标的数值中既包含母公司的情况，又包含其所属子公司的情况；个别财务报表则是由单位编制的单独反映本单位自身经营成果、财务状况和现金流量变动情况的报告。

▶ 2. 财务报表附注

财务报表附注是财务会计报告不可缺少的重要组成部分，是财务报表本身难以充分表达或无法表达的内容和项目，以另一种形式（如脚注说明、括弧旁注说明等文字形式）对财务报表的编制基础、编制依据、编制原则和方法及主要项目所作的补充说明和详细解释。财务报表附注至少应包括以下内容：①企业的基本情况；②财务报表的编制基础；③遵循会计准则的声明；④重要会计政策和会计估计的说明；⑤重要会计政策和会计估计变更及差错更正的说明；⑥报表中重要项目的说明；⑦或有事项；⑧资产负债表日后事项；⑨关联方关系及交易。

用文字表述的报表附注，不仅可以提高财务报表内有关信息的可比性和易懂性，还可以通过详细说明、重点报告，来突出有关会计信息的重要性。

▶ 3. 其他财务会计报告

其他财务会计报告是指除了会计报表和附注以外，应当在财务会计报告中披露的其他形式和内容的相关信息和资料，如管理层报告、财务情况说明书、审计报告等。

五、财务会计报告的编制要求

编制财务会计报告的基本目的，是向会计信息使用者提供有关财务方面的信息资料，及时、准确、完整、清晰地反映会计主体的财务状况和经营成果。为了充分发挥会计信息的作用，确保信息质量，各会计主体应当按照《中华人民共和国会计法》《企业财务会计报告条例》的规定，编制和对外提供真实、完整的财务会计报告。

▶ 1. 财务会计报告编报的时间要求

信息的基本特征是时效性。财务会计报告只有及时进行编制和报送，才能有利于会计信息的利用；否则，即使是真实、可靠、全面、完整的财务会计报告，如果失去了编报的及时性，也就失去了价值。在市场经济条件下，市场瞬息万变，因而对财务会计报告的及时性提出了更高的要求，企业必须根据市场提供的变化情况，及时调整生产经营活动，如果不能及时获得有关的信息资料，并对市场的变化情况做出及时反应，那么就必然在市场竞争中处于被动地位。

为了确保财务会计报告编报的及时性，政府有关部门对各会计主体财务会计报告的编报时间做出了明确的规定。一般情况下，月度报告应于月份终了后6天内报出（遇节假日顺延，下同）；季度中期财务会计报告应当于季度终了后15天内对外提供；半年度中期财务会计报告应当于年度中期结束后60天内对外提供；年度财务会计报告应当于年度终了后4个月内报出。这就要求会计部门必须加强日常核算工作，认真做好记账、算账、对账、财产清查和调整账面等编报前的一系列准备工作，加强会计人员的配合协作，高质、高效地完成会计信息的报送工作。

▶ 2. 财务会计报告编报的格式要求

各会计主体必须按照会计制度的统一规定，编制和报送特定内容、种类和格式的财务会计报告。向外提供的资产负债表、利润表、现金流量表、所有者权益变动表，其格式可参见表11-1、表11-5、表11-6、表11-7。

▶ 3. 财务会计报告的编制程序和质量要求

为了确保财务会计报告的质量，使会计信息能够真正成为使用者进行管理和决策的重要依据，各单位要在结账、对账和财产清查的基础上，以登记完整、核对无误的会计账簿记录和其他有关资料为主要依据，编制财务会计报告。财务会计报告的编制要做到数字真实、计算准确、内容完整、报送及时、便于理解。

（1）数字真实。财务会计报告的真实可靠，是指企业财务会计报告要真实地反映交易或事项的实际情况，不能人为地扭曲。财务会计报告应当根据经过审核无误的会计账簿记录和其他有关资料编制，这是保证财务会计报告质量的重要环节。财务会计报告要实事求是地反映会计主体客观存在的经济现象和经营活动过程，不允许对经核实并已列入报表的数据资料再做出任何"修正"，不允许对报告和揭示的任何一项正确的核算数据进行增删，任何人不得篡改或者授意、指使、强令他人篡改会计报表的有关数字。

（2）计算准确。会计报表必须以会计账簿中准确无误的数字资料为依据，确保各会计报表之间、会计报表各项目之间、本期报表与上期报表之间在有对应关系的数字上的衔接，绝不能用估计甚至捏造的数字填列报表。同时，企业财务会计报告所提供的财务会计信息必须与财务会计报告使用者的决策相关，这样便于财务会计报告使用者在不同企业之间及同一企业前后各期之间进行比较。

（3）内容完整。企业财务会计报告应当全面地披露企业的财务状况、经营成果和现金流量，完整地反映出企业财务活动的过程和结果。各会计主体对国家规定应予填报的各种报表和表内各项目，要认真填报齐全，不得随意漏编、漏报；应当汇总编制的所属各单位的会计报表也必须全部汇总；各补充资料和应该编制的附表，则必须同时编报。有关法律、行政法规规定会计报表必须经注册会计师审计的，则注册会计师及其所在的会计师事务所出具的审计报告，应当随同财务会计报告一并提供。

（4）报送及时。财务会计报告提供的信息具有较强的时效性，企业应当依照法律、行政法规和国家统一会计制度的有关财务会计报告提供期限的规定，及时编制并提供财务会计报告。要保证会计报表编制及时，必须加强日常的核算工作，认真做好记账、算账、对账和财产清查、调整账面等工作；同时加强会计人员的配合协作，确保会计报表编报及时。但不能为赶编会计报表而提前结账，更不能为了提前报送而影响报表质量。

（5）便于理解。会计报表编制完成之后，还必须按照会计准则和有关制度规定及上级主管部门的要求编写报表附注，以便使用者了解与财务状况、经营业绩有关的问题，从而做出正确的决策和判断。

财务会计报告应当由单位负责人和主管会计工作的负责人、会计机构负责人（会计主管人员）签名并盖章；设置总会计师的单位还须由总会计师签名并盖章。单位负责人是本单位会计行为的第一责任人，对本单位的会计报表的真实性、合法性负责；有关会计人员也应承担相应的责任，并应当保证财务会计报告的真实、完整。

第二节　　资产负债表

一、资产负债表的定义及作用

▶ 1. 资产负债表的定义

资产负债表是反映企业在某一特定日期的财务状况的报表。它是一种静态报表，反映了企业在某一特定时点上的资产、负债和所有者权益的情况及其相互关系，是根据会计等式"资产=负债+所有者权益"编制而成的。它描述了企业所掌握的经济资源及分布和构成情况，显示了企业所负担的债务及其构成内容，反映了企业偿还债务的能力，明确了所有者在企业所持有的权益及其构成情况。资产负债表是会计报表分析的主要信息来源。

资产负债表主要反映资产、负债和所有者权益三方面的内容。

资产应当按照流动资产和非流动资产两大类别在资产负债表中进行列示，在流动资产和非流动资产类别下再进一步按性质分项列示。资产负债表中列示的流动资产项目通常包括货币资金、交易性金融资产、应收票据、应收账款、预付款项、应收利息、应收股利、其他应收款、存货和一年内到期的非流动资产等；非流动资产项目通常包括长期股权投资、固定资产、在建工程、工程物资、固定资产清理、无形资产、开发支出、长期待摊费用及其他非流动资产等。

负债应当按照流动负债和非流动负债两大类别在资产负债表中进行列示，在流动负债和非流动负债类别下再进一步按性质分项列示。资产负债表中列示的流动负债项目通常包括短期借款、应付票据、应付账款、预收款项、应付职工薪酬、应交税费、应付利息、应付股利、其他应付款、一年内到期的非流动负债等；非流动负债项目通常包括长期借款、应付债券和其他非流动负债等。

所有者权益一般按照实收资本（或股本，下同）、资本公积、盈余公积和未分配利润分项在资产负债表中列示。

▶ 2. 资产负债表的作用

资产负债表提供了企业的经营者、投资者和债权人等各方面需要的信息，其具体作用主要表现在以下几方面。

（1）通过资产负债表可以了解企业所掌握的经济资源及其分布的情况，企业经营者可据此分析企业资产分布是否合理，以改进经营管理漏洞，提高经营管理水平。

（2）通过资产负债表可以了解企业资金的各来源渠道和构成比例，投资者和债权人可以据此分析企业所面临的财务风险，监督企业合理使用资金。

（3）通过资产负债表可以了解企业的财务实力、短期偿债能力和支付能力，投资者和债权人可据此做出投资和贷款的正确决策。

（4）通过对前后期资产负债表的对比分析，可以了解企业资金结构的变化情况，经营者、投资者和债权人可据此掌握企业财务状况的变化趋势。

二、资产负债表的格式及结构

我国企业的资产负债表采用账户式结构，如表 11-1 所示。

表 11-1 账户式资产负债表

会企 01 表

编制单位：　　　　　　　　　　　年　月　日　　　　　　　　　　　单位：元

资　产	期末余额	年初余额	负债和所有者权益	期末余额	年初余额
流动资产：			流动负债：		
货币资金			短期借款		
交易性金融资产			交易性金融负债		
衍生金融资产			衍生金融负债		
应收票据及应收账款			应付票据及应付账款		
预付账款			预收款项		
其他应收款			合同负债		
存货			应付职工薪酬		
合同资产			应交税费		
持有待售资产			其他应付款		
一年内到期的非流动资产			持有待售负债		
其他流动资产			一年内到期的非流动负债		
流动资产合计			其他流动负债		
非流动资产：			流动负债合计		
债权投资			非流动负债：		
其他债权投资			长期借款		
长期应收款			应付债券		
长期股权投资			其中：优先股		
其他权益工具投资			永续债		

资　　产	期末余额	年初余额	负债和所有者权益	期末余额	年初余额
其他非流动金融资产			长期应付款		
投资性房地产			预计负债		
固定资产			递延收益		
在建工程			递延所得税负债		
生产性生物资产			其他非流动负债		
油气资产			非流动负债合计		
无形资产			负债合计		
开发支出			所有者权益（或股东权益）：		
商誉			实收资本（或股本）		
长期待摊费用			其他权益工具		
递延所得税资产			其中：优先股		
其他非流动资产			永续债		
非流动资产合计			资本公积		
			减：库存股		
			其他综合收益		
			盈余公积		
			未分配利润		
			所有者权益（或股东权益）合计		
资产合计			负债和所有者权益（或股东权益）合计		

账户式资产负债表分左右两方，左方为资产项目，大体按资产的流动性大小排列，流动性大的资产如货币资金、交易性金融资产等靠前排列，流动性小的资产如长期股权投资、固定资产等排在后面。右方为负债及所有者权益项目，一般按要求清偿时间的先后顺序排列，如短期借款、应付票据及应付账款等需要在一年以内或者长于一年的一个正常营业周期内偿还的流动负债排在前面，长期借款等在一年以上才需偿还的非流动负债排在中间，在企业清算之前不需要偿还的所有者权益项目则排在后面。

账户式资产负债表中资产各项目的合计等于负债和所有者权益各项目的合计，即资产负债表左方和右方始终平衡。因此，通过账户式资产负债表，可以反映资产、负债、所有者权益之间的内在恒等关系，即

$$资产 = 负债 + 所有者权益$$

三、资产负债表的编制

（一）资产负债表各项目的填列说明

（1）"货币资金"项目，反映企业库存现金、银行结算户存款、外埠存款、银行汇票存款、银行本票存款、信用卡存款、信用证保证金存款等的合计数。本项目根据"库存现金""银行存款""其他货币资金"科目期末余额的合计数填列。

（2）"交易性金融资产"项目，反映企业资产负债表日企业分类为以公允价值计量且其变动计入当期损益的金融资产，以及企业持有的直接指定为以公允价值计量且其变动计入当

期损益的金融资产的期末账面价值。本项目应根据"交易性金融资产"科目及明细科目期末余额分析填列。

（3）"衍生金融资产"项目，反映衍生金融工具的资产价值。本项目应根据"衍生金融资产"科目的期末余额填列。

（4）"应收票据及应收账款"项目，反映企业因销售商品、提供服务等而收到的商业汇票及应收取的款项。本项目中的应收票据，应根据"应收票据"科目的期末余额，减去"坏账准备"科目中有关应收票据计提的坏账准备期末余额后的金额填列；本项目中的应收账款，应根据"应收账款"和"预收账款"科目所属各明细科目的期末借方余额合计数，减去"坏账准备"科目中有关应收账款计提的坏账准备期末余额后的金额填列。若"应收账款"科目所属明细科目期末有贷方余额，应在资产负债表"预收款项"项目内填列。

（5）"预付账款"项目，反映企业按照购货合同规定预付给供应单位的款项。本项目应根据"预付账款"和"应付账款"科目所属各明细科目的期末借方余额合计数，减去"坏账准备"科目中有关预付款项计提的坏账准备期末余额后的金额填列。若"预付账款"科目所属各明细科目期末有贷方余额，应在资产负债表"应付账款"项目内填列。

（6）"其他应收款"项目，反映企业除应收票据、应收账款、预付账款等经营活动以外的其他应收、暂付的款项。本项目应根据"其他应收款""应收股利""应收利息"科目的期末余额分析填列。

（7）"存货"项目，反映企业期末在库、在途和在加工中的存货的成本或可变现净值。本项目应根据"材料采购""原材料""低值易耗品""库存商品""周转材料""委托加工物资""生产成本"等科目的期末余额合计数，减去"存货跌价准备"科目期末余额后的金额填列。材料采用计划成本核算的，还应按加或减材料成本差异后的金额填列。

（8）"合同资产"项目，反映企业已向客户转让商品而有权收取对价的权利（该权利取决于时间流逝之外的其他因素）的价值。本项目应根据"合同资产"科目及相关明细科目的期末余额填列。

（9）"持有待售资产"项目，反映企业划分为持有待售的非流动资产及划分为持有待售的处置组中的资产的期末账面价值。本项目应根据单独设置的"持有待售资产"科目的期末余额填列，或根据非流动资产类科目的余额分析计算填列。

（10）"一年内到期的非流动资产"项目，反映企业将于一年内到期的非流动资产项目金额。本项目应根据有关科目的期末余额填列。

（11）"其他流动资产"项目，反映企业除货币资金、交易性金融资产、应收票据、应收账款、存货等流动资产以外的其他流动资产。本项目应根据有关科目的期末余额填列。

（12）"债权投资"项目，反映企业业务管理模式以特定日期收取合同现金流量为目的的摊余成本计量的金融资产的账面价值。本项目应根据"债权投资"科目余额减去"债权投资减值准备"科目的余额填列。

（13）"其他债权投资"项目，反映企业既可能持有至到期收取现金流量，也可能在到期之前全部出售的债券投资的账面价值（即公允价值）。本项目应根据"其他债权投资"科目的期末余额填列。

（14）"长期应收款"项目，反映企业融资租赁产生的应收款项、采用递延方式具有融资性质的销售商品和提供服务等产生的长期应收款项等。本项目应根据"长期应收款"科目的期末余额，减去相应的"未实现融资收益"和"坏账准备"科目所属相关明细科目期末余额后的金额填列。

（15）"长期股权投资"项目，反映企业持有的对子公司、联营企业和合营企业的长期股权投资。本项目应根据"长期股权投资"科目的期末余额，减去"长期股权投资减值准备"科目期末余额后的金额填列。

（16）"其他权益工具投资"项目，反映企业不具有控制、共同控制和重大影响的股权及非交易性股票投资的账面价值（即公允价值）。本项目应根据"其他权益工具投资"科目的期末余额填列。

（17）"其他非流动金融资产"项目，反映企业自资产负债表日起超过一年到期且预期持有超过一年的以公允价值计量且其变动计入当期损益的非流动金融资产的期末账面价值。本项目应根据"交易性金融资产"的发生额分析填列。

（18）"投资性房地产"项目，反映企业持有的投资性房地产。企业采用成本模式计量投资性房地产的，本项目应根据"投资性房地产"科目的期末余额，减去"投资性房地产累计折旧（或摊销）"和"投资性房地产减值准备"科目期末余额后的金额填列。企业采用公允价值模式计量投资性房地产的，本项目应根据"投资性房地产"科目的期末余额填列。

（19）"固定资产"项目，反映企业各种固定资产的账面净额。本项目应根据"固定资产"科目的期末余额，减去"累计折旧"和"固定资产减值准备"科目期末余额及"固定资产清理"科目的余额分析填列。

（20）"在建工程"项目，反映企业期末各项未完工程的实际支出数额。本项目应根据"在建工程""工程物资""在建工程减值准备"科目的期末余额分析填列。

（21）"生产性生物资产"项目，反映企业持有的生产性生物资产。本项目应根据"生产性生物资产"科目的期末余额，减去"生产性生物资产累计折旧"和"生产性生物资产减值准备"科目期末余额后的金额填列。

（22）"油气资产"项目，反映企业持有的矿区权益和油气井及相关设施的原价减去累计折耗和累计减值准备后的净额。本项目应根据"油气资产"科目的期末余额，减去"累计折耗"科目期末余额和相应减值准备后的金额填列。

（23）"无形资产"项目，反映企业持有的无形资产，包括专利权、非专利技术商标权、著作权、土地使用权等。本项目应根据"无形资产"科目的期末余额，减去"累计摊销"和"无形资产减值准备"科目期末余额后的金额填列。

（24）"开发支出"项目，反映企业开发无形资产过程中能够资本化形成无形资产成本的支出部分。本项目应根据"研发支出"科目中所属的"资本化支出"明细科目的期末余额填列。

（25）"商誉"项目，反映企业合并中形成的商誉的价值。本项目应根据"商誉"科目的期末余额，减去相应减值准备后的金额填列。

（26）"长期待摊费用"项目，反映企业已经发生但应由本期和以后各期负担的分摊期限在一年以上的各项费用。长期待摊费用中在一年内（含一年）摊销的部分在资产负债表"一年内到期的非流动资产"项目填列。本项目应根据"长期待摊费用"科目的期末余额减去将于一年内（含一年）摊销的数额后的金额填列。

（27）"递延所得税资产"项目，反映企业确认的可抵扣暂时性差异产生的递延所得税资产。本项目应根据"递延所得税资产"科目的期末余额填列。

（28）"其他非流动资产"项目，反映企业除长期股权投资、固定资产、在建工程、工程物资、无形资产等资产以外的其他非流动资产。本项目应根据有关科目的期末余额填列。

（29）"短期借款"项目，反映企业向银行或其他金融机构等借入的期限在一年以内（含一年）的各种借款。本项目应根据"短期借款"科目的期末余额填列。

（30）"交易性金融负债"项目，反映企业承担的以公允价值计量且其变动计入当期损益为交易目的所持有的金融负债。本项目应根据"交易性金融负债"科目的期末余额填列。

（31）"衍生金融负债"项目，反映衍生金融工具的负债价值。本项目根据"衍生金融负债"科目的期末余额填列。

（32）"应付票据及应付账款"项目，反映企业购买材料、商品和提供服务等而开出、承兑的商业汇票及应支付的款项。本项目应根据"应付票据""应付账款""预付账款"科目及所属各明细科目分析填列。

（33）"预收款项"项目，反映企业按照购货合同规定预收购货方的款项。本项目应根据"预收账款"和"应收账款"科目所属各明细科目的期末贷方余额合计数填列。

（34）"合同负债"项目，反映企业已收或应收客户对价而应向客户转让商品的义务的价值。本项目应根据"合同负债"科目的期末余额填列。

（35）"应付职工薪酬"项目，反映企业根据有关规定应付给职工的工资、职工福利、社会保险费、住房公积金、工会经费、职工教育经费、非货币性福利、辞退福利等各种薪酬。

（36）"应交税费"项目，反映企业按照税法规定计算应缴纳的各种税费，包括增值税、消费税、所得税、资源税、土地增值税、城市维护建设税、房产税、城镇土地使用税、车船税、教育费附加、矿产资源补偿费等。本项目应根据"应交税费"科目的期末贷方余额填列。若"应交税费"科目期末为借方余额，应以"—"号填列。

（37）"其他应付款"项目，反映企业除应付票据、应付账款、预收账款、应付职工薪酬、应交税费等经营活动以外的其他各项应付、暂收的款项。本项目应根据"其他应付款"科目的期末余额填列。

（38）"持有待售负债"项目，反映企业划分为持有待售的处置组中的负债。本项目应根据单独设置的"持有待售负债"科目的期末余额填列，或根据非流动负债类科目的余额分析计算填列。

（39）"一年内到期的非流动负债"项目，反映企业非流动负债中将于资产负债表日后一年内到期部分的金额，如将于一年内偿还的长期借款。本项目应根据有关科目的期末余额填列。

（40）"其他流动负债"项目，反映企业除短期借款、交易性金融负债、应付票据、应付账款、应付职工薪酬、应交税费等流动负债以外的其他流动负债。本项目应根据有关科目的期末余额填列。

（41）"长期借款"项目，反映企业向银行或其他金融机构借入的期限在一年以上（不含一年）的各项借款。本项目应根据"长期借款"科目的期末余额填列

（42）"应付债券"项目，反映企业为筹集长期资金而发行的债券本金和利息。本项目应根据"应付债券"科目的期末余额填列。

（43）"长期应付款"项目，反映企业除长期借款和应付债券以外的其他各种长期应付款项。本项目应根据"长期应付款"科目的期末余额，减去相应的"未确认融资费用"科目期末余额后的金额填列。

（44）"预计负债"项目，反映企业确认的对外提供担保、未决诉讼、产品质量保证、重组义务、亏损性合同等预计负债。本项目应根据"预计负债"科目的期末余额填列。

（45）"递延收益"项目，反映企业应当在以后期间计入当期损益的政府补助。本项目应根据"递延收益"科目的期末余额填列。

（46）"递延所得税负债"项目，反映企业确认的应纳税暂时性差异产生的所得税负债。本项目应根据"递延所得税负债"科目的期末余额填列。

（47）"其他非流动负债"项目，反映企业除长期借款、应付债券等负债以外的其他非流动负债。本项目应根据有关科目的期末余额减去将于一年内（含一年）到期偿还数后的余额填列。非流动负债各项目中将于一年内（含一年）到期的非流动负债，应在"一年内到期的非流动负债"项目内单独反映。

（48）"实收资本（或股本）"项目，反映企业各投资者实际投入的资本（或股本）总额。本项目应根据"实收资本（或股本）"科目的期末余额填列。

（49）"其他权益工具"项目，反映企业发行的除普通股以外的归类为权益工具的优先股、永续债的价值。本项目应根据"其他权益工具"科目的期末余额填列。"其他权益工具"项目下设的"优先股"和"永续债"两个项目，分别反映企业发行的分类为权益工具的优先股和永续债的账面价值。

（50）"资本公积"项目，反映企业资本公积的期末余额。本项目应根据"资本公积"科目的期末余额填列。

（51）"库存股"项目，反映企业持有尚未转让或注销的本公司股份金额。本项目应根据"库存股"科目的期末余额填列。

（52）"其他综合收益"项目，反映企业根据企业会计准则规定未在当期损益中确认的各项利得和损失。本项目应根据"其他综合收益"科目的期末余额填列。

（53）"盈余公积"项目，反映企业盈余公积的期末余额。本项目应根据"盈余公积"科目的期末余额填列。

（54）"未分配利润"项目，反映企业尚未分配的利润。本项目应根据"本年利润"和"利润分配"科目的余额计算填列。未弥补的亏损在本项目内以"–"号填列。

（二）资产负债表的填列方法

资产负债表中各项目均需填列"年初余额"和"期末余额"两栏。其中"年初余额"栏内各项数字，应根据上年末资产负债表的"期末余额"栏内所列数字填列。"期末余额"栏主要有以下几种填列方法。

▶ 1. 根据总账科目余额填列

"交易性金融资产""短期借款""应付票据""应付职工薪酬"等项目，应根据"交易性金融资产""短期借款""应付票据""应付职工薪酬"各总账科目的期末余额直接填列；有些项目则需根据几个总账科目的期末余额计算填列，如"货币资金"项目，需根据"库存现金""银行存款""其他货币资金"三个总账科目的期末余额的合计数填列。

【例11-1】 某企业202×年12月31日结账后的"库存现金"科目余额为20 000元，"银行存款"科目余额为4 000 000元，"其他货币资金"科目余额为1 000 000元。则该企业202×年12月31日资产负债表中的"货币资金"项目金额为

$$20\ 000 + 4\ 000\ 000 + 1\ 000\ 000 = 5\ 020\ 000（元）$$

本例中，企业应当按照"库存现金""银行存款"和"其他货币资金"三个总账科目的余额进行加总后的金额，作为资产负债表中"货币资金"项目的金额。

【例11-2】 某企业202×年12月31日结账后的"交易性金融资产"科目余额为90 000元。则该企业202×年12月31日资产负债表中的"交易性金融资产"项目金额为90 000元。

本例中，由于企业是以公允价值计量交易性金融资产，且每期交易性金融资产价值的变动，无论是上升还是下降，均已直接调整"交易性金融资产"科目金额，因此，企业应当直接以"交易性金融资产"总账科目余额填列在资产负债表中。

【例11-3】 某企业202×年3月1日向银行借入一年期借款320 000元，向其他金融机构借款230 000元，当年再无其他短期借款业务发生。则企业202×年12月31日资产负债表中的"短期借款"项目金额为

$$320\ 000 + 230\ 000 = 550\ 000（元）$$

本例中，企业应直接以"短期借款"总账科目余额填列在资产负债表中。

【例11-4】 某企业202×年12月31日应付管理人员工资300 000元，应计提福利费42 000元，应付车间工作人员工资57 000元，无其他应付职工薪酬项目。则企业202×年12月31日资产负债表中的"应付职工薪酬"项目金额为

$$300\ 000 + 42\ 000 + 57\ 000 = 399\ 000（元）$$

本例中，管理人员工资、车间工作人员工资和福利费都属于职工薪酬的范围，应当以各种应付未付职工薪酬加总后的金额，即"应付职工薪酬"总账科目余额填列在资产负债表中。

【例11-5】 某企业202×年1月1日发行了一次还本付息的公司债券，面值为1 000 000元，当年12月31日应计提的利息为9 000元。则该企业202×年12月31日资产负债表中的"应付债券"项目金额为

$$1\ 000\ 000 + 9\ 000 = 1\ 009\ 000（元）$$

本例中，企业应当将债券面值和应计提的利息加总后的金额作为"应付债券"项目的金额填列在资产负债表中。

▶ 2. 根据明细账科目余额填列

"应付账款"项目，需要根据"应付账款"和"预付账款"两个科目所属的相关明细科目的期末贷方余额计算填列；"应收账款"项目，则需要根据"应收账款"和"预收账款"两个科目所属的相关明细科目的期末借方余额计算填列。

【例11-6】某企业202×年12月31日结账后有关科目所属的明细科目借贷方余额如表11-2所示。

表11-2　结账后有关科目所属明细科目借贷方余额　　　　　　　单位：元

科目名称	明细科目借方余额合计	明细科目贷方余额合计
应收账款	1 600 000	90 000
预付账款	800 000	60 000
应付账款	400 000	1 800 000
预收账款	600 000	1 400 000

则该企业 202×年 12 月 31 日资产负债表相关项目的金额如下。

（1）"应收账款"项目金额为：1 600 000 + 600 000 = 2 200 000（元）。

（2）"预付账款"项目金额为：800 000 + 400 000 = 1 200 000（元）。

（3）"应付账款"项目金额为：60 000 + 1 800 000 = 1 860 000（元）。

（4）"预收账款"项目金额为：1 400 000 + 90 000 = 1 490 000（元）。

本例中，"应收账款"项目，应当根据"应收账款"科目所属明细科目借方余额 1 600 000 元和"预收账款"科目所属明细科目借方余额 600 000 元加总，作为资产负债表中"应收账款"项目的金额，即 2 200 000 元。

"预付账款"项目，应当根据"预付账款"科目所属明细科目借方余额 800 000 元和"应付账款"科目所属明细科目借方余额 400 000 元加总，作为资产负债表中"预付账款"项目的金额，即 1 200 000 元。

"应付账款"项目，应当根据"预付账款"科目所属明细科目贷方余额 60 000 元和"应付账款"科目所属明细科目贷方余额 1 800 000 元加总，作为资产负债表中"应付账款"项目的金额，即 1 860 000 元。

"预收款项"项目，应当根据"预收账款"科目所属明细科目贷方余额 1 400 000 元和"应收账款"科目所属明细科目贷方余额 90 000 元加总，作为资产负债表中"预收款项"项目的金额，即 1 490 000 元。

【例 11-7】 某企业 202×年 12 月 1 日购入原材料一批，价款 150 000 元，增值税 25 500 元，款项已付，材料已验收入库，当年根据实现的产品销售收入计算的增值税销项税额为 50 000 元。该月转让一项专利，需要缴纳营业税 50 000 元但尚未支付，除此之外，没有其他未支付的税费。则该企业 202×年 12 月 31 日资产负债表中"应交税费"项目的金额为

$$50\ 000 - 25\ 500 + 50\ 000 = 74\ 500（元）$$

本例中，只有增值税和营业税两项，由于本期应交增值税为销项税额减进项税额，即 24 500（50 000 − 25 500）元，加上未交纳的营业税 50 000 元，作为资产负债表中"应交税费"项目的金额，即 74 500 元。

▶ **3. 根据总账科目和明细账科目余额分析计算填列**

如"长期借款"项目，需要根据"长期借款"总账科目余额扣除"长期借款"科目所属的明细科目中将在一年内到期且企业不能自主地将清偿义务展期的长期借款后的金额计算填列。

▶ **4. 根据有关科目余额减去其备抵科目余额后的净额填列**

如资产负债表中的"应收票据""应收账款""长期股权投资""在建工程"等项目，应当根据"应收票据""应收账款""长期股权投资""在建工程"等科目的期末余额减去"坏账准备""长期股权投资减值准备""在建工程减值准备"等科目余额后的净额填列。"固定资产"项目，应当根据"固定资产"科目的期末余额减去"累计折旧""固定资产减值准备"备抵科目余额后的净额填列；"无形资产"项目，应当根据"无形资产"科目的期末余额减去"累计摊销""无形资产减值准备"备抵科目余额后的净额填列。

▶ **5. 综合运用上述填列方法分析计算填列**

如资产负债表中的"存货"项目，需要根据"原材料""委托加工物资""周转材料"

"材料采购""在途物资""发出商品""材料成本差异"等总账科目期末余额的分析汇总数，再减去"存货跌价准备"科目余额后的净额填列。

第三节 利 润 表

一、利润表的定义

利润表是反映企业一定会计期间经营成果的会计报表。该表作为动态会计报表，可以反映企业在一定会计期间收入、费用、利润（或亏损）的数额及构成情况，帮助财务报表使用者全面了解企业的经营成果，分析企业的获利能力及盈利增长趋势，从而为其做出经济决策提供可靠的依据。

二、利润表的格式及结构

我国企业的利润表采用"多步式"格式，多步式利润表是按照企业利润的性质，分层次计算利润的一种利润表。多步式利润表是以"利润总额=营业利润+营业外收入–营业外支出"这一公式为理论基础，将企业利润的构成内容分别列示，进而反映出企业利润的形成过程。多步式利润表的基本结构如表11-3所示。

三、利润表的编制

▶ 1. 我国企业利润表的主要编制步骤和内容

第一步，以营业收入为基础，减去营业成本、税金及附加、销售费用、管理费用、财务费用、资产减值损失，加上公允价值变动收益（减去公允价值变动损失）和投资收益（减去投资损失），计算出营业利润。

第二步，以营业利润为基础，加上营业外收入，减去营业外支出，计算出利润总额。

第三步，以利润总额为基础，减去所得税费用，计算出净利润（或净亏损）。

表 11-3 多步式利润表的基本结构

会企 02 表

编制单位： 年 月 单位：元

项 目	本期金额	上期金额
一、营业收入		
减：营业成本		
税金及附加		
销售费用		
管理费用		
研发费用		
财务费用		
其中：利息费用		
利息收入		
资产减值损失		
信用减值损失		

项　目	本期金额	上期金额
加：其他收益		
投资收益（损失以"–"号填列）		
其中：对联营企业和合营企业的投资收益		
净敞口套期收益（损失以"–"号填列）		
公允价值变动收益（损失以"–"号填列）		
资产处置收益（损失以"–"号填列）		
二、营业利润（亏损以"–"号填列）		
加：营业外收入		
减：营业外支出		
三、利润总额（亏损总额以"–"号填列）		
减：所得税费用		
四、净利润（净亏损以"–"号填列）		
（一）持续经营净利润（净亏损以"–"号填列）		
（二）终止经营净利润（净亏损以"–"号填列）		
五、其他综合收益的税后净额		
（一）不能重分类进损益的其他综合收益		
1. 重新计量设定受益计划变动额		
2. 权益法下不能转损益的其他综合收益		
3. 其他权益工具投资公允价值变动		
4. 企业自身信用风险公允价值变动		
……		
（二）将重分类进损益的其他综合收益		
1. 权益法下可转损益的其他综合收益		
2. 其他债权投资公允价值变动		
3. 金融资产重分类计入其他综合收益的金额		
4. 其他债权投资信用减值准备		
5. 现金流量套期储备		
6. 外币财务报表折算差额		
六、综合收益总额		
七、每股收益		
（一）基本每股收益		
（二）稀释每股收益		

对于普通股或潜在普通股已公开交易的企业，以及正处于公开发行普通股或潜在普通股过程中的企业，还应当在利润表中列示每股收益信息。

► 2. 利润表各项目的填列方法

利润表各项目均需填列"本期金额"和"上期金额"两栏。其中，"上期金额"栏内各项数字，应根据上年该期利润表的"本期金额"栏内所列数字填列。上年度利润表与本年度利润表的项目名称和内容不一致的，应对上年度利润表项目的名称和数字按本年度的规定进行调整后填列"上期金额"。"本期金额"栏内各项数字，除"基本每股收益"和"稀释每股收益"项目外，应当按照相关科目的发生额分别填列。如"营业收入"项目，应根据"主营业务收入""其他业务收入"科目的发生额分析计算填列；"营业成本"项目，应根据"主营业务成本""其他业务成本"科目的发生额分析计算填列。其他项目均按照各自科目的发生额分析填列。

▶ 3. 利润表项目的填列说明

（1）"营业收入"项目，反映企业经营主要业务和其他业务所确认的收入总额。本项目应根据"主营业务收入"和"其他业务收入"科目的发生额分析填列。

（2）"营业成本"项目，反映企业经营主要业务和其他业务所发生的成本总额。本项目应根据"主营业务成本"和"其他业务成本"科目的发生额分析填列。

（3）"税金及附加"项目，反映企业经营业务应负担的消费税、城市维护建设税、资源税、土地增值税和教育费附加等。本项目应根据"税金及附加"科目的发生额分析填列。

（4）"销售费用"项目，反映企业在销售商品过程中发生的包装费、广告费等费用和为销售本企业商品而专设的销售机构的职工薪酬、业务费等经营费用。本项目应根据"销售费用"科目的发生额分析填列。

（5）"管理费用"项目，反映企业为组织和管理生产经营发生的管理费用。本项目应根据"管理费用"科目的发生额分析填列。

（6）"研发费用"项目，反映企业为组织和管理生产经营发生的研发费用。本项目应根据"管理费用"科目的发生额分析填列；或根据"研发费用"科目的发生额分析填列。

（7）"财务费用"项目，反映企业筹集生产经营所需资金等发生的筹资费用。本项目应根据"财务费用"科目的发生额分析填列；对其中的"利息费用"和"利息收入"根据"财务费用"科目的发生额分析填列。

（8）"资产减值损失"项目，反映企业各项资产发生的减值损失。本项目应根据"资产减值损失"科目的发生额分析填列。

（9）"信用减值损失"项目，反映企业计提的各项金融工具减值准备形成的预期信用损失。本项目应根据"信用减值损失"科目的发生额分析填列。

（10）"其他收益"项目，反映计入营业利润的政府补助等。本项目应根据"其他收益"科目的发生额分析填列。

（11）"投资收益"项目，反映企业以各种方式对外投资所取得的收益。本项目应根据"投资收益"科目的发生额分析填列；若投资损失，本项目以"–"号填列。

（12）"净敞口套期收益"项目，反映净敞口套期下被套期项目累计公允价值变动转入当期损益的金额或现金流量套期储备转入当期损益的金额。本项目应根据"净敞口套期损益"科目的发生额分析填列；若套期损失，以"–"号填列。

（13）"公允价值变动收益"项目，反映企业应当计入当期损益的资产或负债的公允价值变动收益。本项目应根据"公允价值变动损益"科目的发生额分析填列；若净损失，以"–"号填列。

（14）"资产处置收益"项目，反映企业出售划分为持有待售的非流动资产或处置时确认的处置利得或损失。本项目应根据"资产处置损益"科目的发生额分析填列；若净损失，以"－"号填列。

（15）"营业利润"项目，反映企业实现的营业利润。若亏损，以"－"号填列。

（16）"营业外收入"项目，反映企业发生的与经营业务无直接关系的各项收入。本项目应根据"营业外收入"科目的发生额分析填列。

（17）"营业外支出"项目，反映企业发生的与经营业务无直接关系的各项支出。本项目应根据"营业外支出"科目的发生额分析填列。

（18）"利润总额"项目，反映企业实现的利润。若亏损，以"－"号填列。

（19）"所得税费用"项目，反映企业应从当期利润总额中扣除的所得税费用。本项目应根据"所得税费用"科目的发生额分析填列。

（20）"净利润"项目，反映企业实现的净利润。若亏损，以"－"号填列。

（21）"其他综合收益的税后净额"项目，反映企业根据企业会计准则规定未在当期损益中确认的各项利得和损失扣除所得税影响后的净额的合计数。本项目应根据"其他综合收益"科目及其所属有关明细科目的本期发生额分析填列。其中，"其他权益工具投资公允价值变动"及"企业自身信用风险公允价值变动"应根据"其他综合收益"科目相关明细科目的发生额分析填列；"金融资产重分类计入其他综合收益的金额""其他债权投资信用减值准备""现金流量套期储备"，应根据"其他综合收益""信用减值准备"等科目的发生额分析填列。

（22）"综合收益总额"项目，反映企业在某一期间除与所有者以其所有者身份进行的交易之外的其他交易或事项所引起的所有者权益变动。综合收益总额项目反映净利润和其他综合收益税后净额的合计数。

（23）"每股收益"项目包括"基本每股收益"项目和"稀释每股收益"项目。

①"基本每股收益"项目。基本每股收益只考虑当期实际发行在外的普通股股份，按照归属于普通股股东的当期净利润除以当期实际发行在外普通股的加权平均数计算确定。

计算基本每股收益时，分子为归属于普通股股东的当期净利润，即企业当期实现的可供普通股股东分配的净利润或应由普通股股东分担的净亏损金额。发生亏损的企业，每股收益以负数列示。

计算基本每股收益时，分母为当期发行在外普通股的算术加权平均数，即期初发行在外普通股股数根据当期新发行或回购的普通股股数与相应时间权数的乘积进行调整后的股数。其中，作为权数的已发行时间、报告期时间和已回购时间通常按天数计算，在不影响计算结果合理性的前提下，也可以采用简化的计算方法，如按月数计算。公司库存股不属于发行在外的普通股，且无权参与利润分配，应当在计算分母时扣除。例如，某公司 202×年期初发行在外的普通股为 40 000 万股；2 月 28 日新发行普通股 21 600 万股；12 月 1 日回购普通股 9 600 万股，以备将来奖励职工之用。该公司当年实现净利润 13 000 万元。202×年度基本每股收益计算如下：发行在外普通股加权平均数 ＝ 40 000 × 12 ÷ 12 ＋ 21 600 × 10 ÷ 12 － 9 600 × 1 ÷ 12 ＝ 57 200 万股或者 40 000 × 2 ÷ 12 ＋ 61 600 × 9 ÷ 12 ＋ 52 000 × 1 ÷ 12 ＝ 57 200 万股；基本每股收益 13 000 ÷ 57 200 ＝ 0.227 元。

②"稀释每股收益"项目，是以基本每股收益为基础，假设企业所有发行在外的稀释性潜在普通股均已转换为普通股，从而分别调整归属于普通股股东的当期净利润以及发行在外

普通股的加权平均数计算而得的每股收益。

潜在普通股是指赋予其持有者在报告期或以后期间享有普通股权利的一种金融工具或其他合同。目前，我国企业发行的潜在普通股主要有可转换公司债券、认股权证、股份期权等。

稀释性潜在普通股是指假设当期转换为普通股会减少每股收益的潜在普通股。对于亏损企业而言，稀释性潜在普通股是指假设当期转换为普通股会增加每股亏损金额的潜在普通股。计算稀释每股收益时只考虑稀释性潜在普通股的影响，不考虑不具有稀释性的潜在普通股。

【例 11-8】 某公司 202×年度有关收入、费用类账户全年累计发生额如表 11-4 所示。

表 11-4 收入、费用类账户全年累计发生额 单位：元

账户名称	借方发生额	贷方发生额
主营业务收入		500 000
主营业务成本	300 000	
税金及附加	800	
销售费用	8 000	
管理费用	62 840	
财务费用	16 600	
资产减值损失	12 360	
投资收益		12 600
营业外收入		20 000
营业外支出	7 880	
所得税费用	34 120	

要求：根据所给资料编制该公司 202×年度利润表，如表 11-5 所示。（假设该公司无纳税调整项目）

表 11-5 利润表

编制单位： 202×年 12 月 单位：元

项 目	本期金额	上期金额
一、营业收入	500 000	
减：营业成本	300 000	
税金及附加	800	
销售费用	8 000	
管理费用	62 840	
研发费用	0	
财务费用	16 600	
其中：利息费用		
利息收入		
资产减值损失	12 360	
信用减值损失		
加：其他收益	0	
投资收益（损失以"–"号填列）	12 600	

续表

项　目	本期金额	上期金额
其中：对联营企业和合营企业的投资收益	0	
净敞口套期收益（损失以"−"号填列）		
公允价值变动收益（损失以"−"号填列）		
资产处置收益（损失以"−"号填列）		
二、营业利润（亏损以"−"号填列）	112 000	
加：营业外收入	20 000	
减：营业外支出	7 880	
三、利润总额（亏损总额以"−"号填列）	124 120	
减：所得税费用	34 120	
四、净利润（净亏损以"−"号填列）	90 000	
（一）持续经营净利润（净亏损以"−"号填列）		
（二）终止经营净利润（净亏损以"−"号填列）		
五、其他综合收益的税后净额	0	
（一）不能重分类进损益的其他综合收益	0	
1. 重新计量设定受益计划变动额	0	
2. 权益法下不能转损益的其他综合收益	0	
3. 其他权益工具投资公允价值变动	0	
4. 企业自身信用风险公允价值变动	0	
……		
（二）将重分类进损益的其他综合收益	0	
1. 权益法下可转损益的其他综合收益	0	
2. 其他债权投资公允价值变动	0	
3. 金融资产重分类计入其他综合收益的金额	0	
4. 其他债权投资信用减值准备		
5. 现金流量套期储备	0	
6. 外币财务报表折算差额	0	
六、综合收益总额	90 000	
七、每股收益	（略）	
（一）基本每股收益	（略）	
（二）稀释每股收益	（略）	

第四节　现金流量表

一、现金流量的相关概念

现金流量是指一定会计期间内企业现金和现金等价物的流入和流出。企业从银行提取现金、用现金购买短期到期的国库券等现金和现金等价物之间的转换不属于现金流量。

现金是指企业库存现金及可以随时用于支付的存款，包括库存现金、银行存款和其他货币资金（如外埠存款、银行汇票存款、银行本票存款等）。不能随时用于支付的存款则不属于现金。

现金等价物是指企业持有的期限短、流动性强、易于转换为已知金额现金、价值变动风险很小的投资。期限短，一般是指从购买日起三个月内到期，通常包括三个月内到期的债券投资等。权益性投资变现的金额通常不确定，因而不属于现金等价物。企业应当根据具体情况，确定现金等价物的范围，一经确定不得随意变更。

二、现金流量的分类

企业产生的现金流量一般可分为以下三类。

▶ 1. 经营活动产生的现金流量

经营活动是指企业投资活动和筹资活动以外的所有交易和事项。经营活动产生的现金流量主要包括销售商品或提供劳务、购买商品、接受劳务、支付工资和交纳税款等流入和流出的现金和现金等价物。

▶ 2. 投资活动产生的现金流量

投资活动是指企业长期资产的购建和不包括在现金等价物范围内的投资及其处置活动。投资活动产生的现金流量主要包括购建固定资产、处置子公司及其他营业单位等流入和流出的现金和现金等价物。

▶ 3. 筹资活动产生的现金流量

筹资活动是指导致企业资本及债务规模和构成发生变化的活动。筹资活动产生的现金流量主要包括吸收投资、发行股票、分配利润、发行债券、偿还债务等流入和流出的现金和现金等价物。但偿付应付账款、应付票据等商业应付款属于经营活动，不属于筹资活动的范畴。

三、现金流量表的定义和作用

现金流量表是反映企业一定会计期间现金和现金等价物流入和流出的报表。

通过现金流量表，可以为报表使用者提供企业一定会计期间内现金和现金等价物流入和流出的信息，便于使用者了解和评价企业获取现金和现金等价物的实际能力，据以预测企业未来的现金流量。

四、现金流量表的格式及结构

我国企业现金流量表采用报告式结构，分类反映经营活动产生的现金流量、投资活动产生的现金流量和筹资活动产生的现金流量，最后汇总反映企业某一期间现金及现金等价物的净增加额。

我国企业现金流量表的格式如表 11-6 所示。

表 11-6　现金流量表

会企 03 表

编制单位：　　　　　　　　　　年　　　月　　　　　　　　　　　单位：元

项　目	本期金额	上期金额
一、经营活动产生的现金流量：		
销售商品、提供劳务收到的现金		

项　目	本期金额	上期金额
收到的税费返还		
收到其他与经营活动有关的现金		
经营活动现金流入小计		
购买商品、接受劳务支付的现金		
支付给职工及为职工支付的现金		
支付的各项税费		
支付其他与经营活动有关的现金		
经营活动现金流出小计		
经营活动产生的现金流量净额		
二、投资活动产生的现金流量：		
收回投资收到的现金		
取得投资收益收到的现金		
处置固定资产、无形资产和其他长期资产收回的现金净额		
处置子公司及其他营业单位收到的现金净额		
收到其他与投资活动有关的现金		
投资活动现金流入小计		
购建固定资产、无形资产和其他长期资产支付的现金		
投资支付的现金		
取得子公司及其他营业单位支付的现金净额		
支付其他与投资活动有关的现金		
投资活动现金流出小计		
投资活动产生的现金流量净额		
三、筹资活动产生的现金流量：		
吸收投资收到的现金		
取得借款收到的现金		
收到其他与筹资活动有关的现金		
筹资活动现金流入小计		
偿还债务支付的现金		
分配股利、利润或偿付利息支付的现金		
支付其他与筹资活动有关的现金		
筹资活动现金流出小计		
筹资活动产生的现金流量净额		
四、汇率变动对现金及现金等价物的影响		
五、现金及现金等价物净增加额		
六、期末现金及现金等价物余额		

五、现金流量表的编制

企业应当采用直接法列示经营活动产生的现金流量。直接法是指通过现金收入和现金支出的主要类别列示经营活动的现金流量。采用直接法编制经营活动的现金流量时，一般以利润表的营业收入为起算点，调整与经营活动有关的项目的增减变动，然后计算出经营活动的现金流量。采用直接法具体编制现金流量表时，通常可以采用工作底稿法或 T 型账户法，也可以根据有关科目记录分析填列。

第五节　所有者权益变动表

一、所有者权益变动表的定义及作用

所有者权益变动表是反映构成所有者权益各组成部分当期增减变动情况的报表。所有者权益变动表全面反映一定时期所有者权益变动的情况，不仅包括所有者权益总量的增减变动情况，还包括所有者权益增减变动的重要结构性信息，特别是反映直接计入所有者权益的利得或损失，让报表使用者能够准确理解所有者权益增减变动的根源。

二、所有者权益变动表的基本结构

为了清晰地反映所有者权益的各组成部分当期的增减变动情况，所有者权益变动表应当以矩阵形式列示。一方面，列示导致所有者权益变动的交易或事项，改变了以往仅仅按照各组成部分反映所有者权益的变动情况，而是从来源对一定时期所有者权益的变动情况进行全面反映；另一方面，按照所有者权益各组成部分（包括实收资本、资本公积、盈余公积、未分配利润和库存股）及其总额列示交易或事项对所有者权益的影响。因此，所有者权益（股东权益）变动表，就各项目分为"本年金额"和"上年金额"两栏分别填列，其具体格式如表 11-7 所示。

表 11-7　所有者权益(股东权益)变动表

会企 04 表

编制单位：　　　　　　　　　　　202×年度　　　　　　　　　　　单位：元

项　目	本年金额							上年金额						
	实收资本（股本）	资本公积	减：库存股	其他综合收益	盈余公积	未分配利润	所有者权益合计	实收资本（股本）	资本公积	减：库存股	其他综合收益	盈余公积	未分配利润	所有者权益合计
一、上年金额余额														
加：会计政策变更														
前期差错更正														
二、本年年初金额														
三、本年增减变动金额（减少以"－"号填列）														
（一）综合收益总额														
（二）所有者投入和减少资本														
1. 所有者投入资本														
2. 股份支付计入所有者权益的金额														
3. 其他														

项　　目	本年金额							上年金额						
	实收资本（股本）	资本公积	减：库存股	其他综合收益	盈余公积	未分配利润	所有者权益合计	实收资本（股本）	资本公积	减：库存股	其他综合收益	盈余公积	未分配利润	所有者权益合计
（三）利润分配														
1. 提取盈余公积														
2. 对所有者（或股东）的分配														
3. 其他														
（四）所有者权益内部结转														
1. 资本公积转增资本（或股本）														
2. 盈余公积转增资本（或股本）														
3. 盈余公积弥补亏损														
4. 其他														
四、本年年末余额														

三、所有者权益变动表的编制

▶ 1. "上年金额"栏的填列方法

所有者权益变动表"上年金额"栏内各项数字，应根据上年度的所有者权益变动表"本年金额"栏内所列数字填列。如果上年度所有者权益变动表规定的各个项目的名称和内容与本年度不一致，则应对上年度所有者权益变动表各项目的名称和数字按本年度的规定进行调整，然后填入所有者权益变动表"上年金额"栏内。

▶ 2. "本年金额"栏的填列方法

所有者权益变动表"本年金额"栏内各项数字一般应根据"实收资本（或股本）""资本公积""盈余公积"等科目的发生额分别填列。

第六节　　财务报表附注

一、财务报表附注概述

财务报表中所规定的内容具有一定的规定性和固定性，因此其所能反映的会计信息受到一定的限制。为了能更好地为会计信息使用者提供全面的财务信息，需要对财务报表的内容进行补充说明，即编写财务报表附注。

财务报表附注是对在资产负债表、利润表、现金流量表和所有者权益变动表中列示项目的文字描述或明细资料，以及对未能在这些报表中列示的项目的说明等。财务报表附注应当以财务报表的编制为基础，其相关信息应与资产负债表、利润表、现金流量表和所有者权益变动表等报表中所列示的项目相互参照。

二、财务报表附注的主要内容

按照《企业会计准则第 30 号——财务报表列报》的规定，财务报表附注一般应当按照以下顺序披露。

（1）企业的基本情况。包括：①企业注册地、组织形式和总部地址；②企业的业务性质和主要经营活动；③母公司以及集团最终母公司的名称；④财务报告的批准报出者和财务报告批准报出日，或者以签字人及其签字日期为准；⑤营业期限有限的企业，还应当披露有关其营业期限的信息。

（2）财务报表的编制基础。

（3）遵循企业会计准则的声明。

（4）重要会计政策和会计估计。

（5）会计政策和会计估计变更以及差错更正的说明。

（6）报表重要项目的说明。企业应当按照资产负债表、利润表、现金流量表、所有者权益变动表及其项目列示的顺序，采用文字和数字相结合的描述方式对报表的重要项目进行说明并披露。

（7）或有事项和承诺事项、资产负债表日后非调整事项、关联方交易及其交易等需要说明的事项。

（8）有助于财务报表使用者评价企业管理资本的目标、政策及程序的信息。企业应当在附注中披露在资产负债表日后、财务报告批准报出日前提议或宣布发放的股利总额和每股股利金额（或向投资者分配的利润总额）。

拓展阅读

依 法 治 国

会计作为一项经济管理活动，在维护社会主义市场经济秩序中具有重要的作用。全面依法治国要求国家的政治、经济、社会各方面的活动都要依照法律进行，不受任何个人意志的干预、阻碍或破坏，因此会计工作必须做到有法可依，违法必究。

中华人民共和国成立初期，没有制定专门的会计法律，会计工作的规范主要是国务院制定的会计行政法规和财政部制定的会计核算制度。改革开放以后，我国会计的法治建设就提上了改革的日程，自 1985 年开始，陆续制定并颁布了相关的会计法律：《中华人民共和国会计法》《中华人民共和国注册会计师法》《中华人民共和国审计法》等，初步建立起比较完整的会计法律制度体系，实现了会计工作的法治化管理。1985 年 1 月 21 日，第六届全国人民代表大会常务委员会第九次会议通过了《中华人民共和国会计法》，它是中华人民共和国成立后第一部会计专门法律，其颁布施行，对维护国家财政和财务制度，加强经济管理具有重要的意义，标志着我国的会计工作从此走上了法治化的轨道。《中华人民共和国会计法》自颁布以来，经历了一次修订、三次修正，在规范会计行为、提高会计信息质量、维护市场经济秩序、推进法治社会建设中发挥了十分重要的作用。《中华人民共和国会计法》从法律的角度对会计工作提出了严格的要求，明确了法律责任，使会计工作真正做到"有法可依，违法必究"。

全面依法治国，是国家治理领域一场广泛而深刻的变革。会计工作是市场经济活动的重要基础。也是经济管理的重要组成部分。会计工作的规范化、法治化是市场经济对会计工作的必然要求。加强会计法治建设，依法开展会计工作，实施会计监管，是市场经济正常运行的根本保障。

会计诚信不只是一个概念，也不仅仅是会计所遵循的职业道德，它离不开整个社会诚信的构建，涉及社会、文化的方方面面。会计诚信也不只是一个人、一个公司的小问题，而是会影响社会经济健康运行与国家发展兴衰的大问题。我们应践行社会主义核心价值观，把国家、社会、公民的价值要求融为一体，提高个人的爱国、敬业、诚信、友善修养，自觉把小我融入大我，不断追求国家的富强、民主、文明、和谐和社会的自由、平等、公正、法治，将社会主义核心价值观内化为精神追求、外化为自觉行动。实现国之富强，可以从会计诚信做起。

复 习 思 考

1. 什么是财务报告？它由哪些内容构成？
2. 什么是资产负债表？它采用何种格式列示？
3. 利润表有哪几种格式？利润表的各项目如何填列？
4. 什么是现金流量表？其结构是怎样的？
5. 所有者权益变动表包括哪些项目？
6. 财务报表附注有什么作用？哪些内容应在附注中披露？

在 线 自 测

自学自测　　扫描此码

实 战 演 练

实训一：

（一）实训目的：练习资产负债表账户期末余额的计算。

（二）实训资料：甲企业202×年12月31日结账后有关科目余额如表11-8所示。

表 11-8 甲企业 202×年 12 月 31 日结账后有关科目余额 单位：万元

科目名称	借方余额	贷方余额
应收账款	30 020	
预收账款		50 200
应付账款		9 200
预付账款	18 030	

（三）实训要求：

根据上述资料，计算资产负债表中应收账款、应付账款、预付账款、预收账款项目的金额。

实训二：

（一）实训目的：练习利润表账户期末余额的计算及利润表的编制。

（二）实训资料：乙企业截至 202×年 12 月 31 日有关科目发生额如表 11-9 所示。

表 11-9 乙企业截至 202×年 12 月 31 日有关科目发生额 单位：万元

科目名称	借方发生额	贷方发生额
主营业务收入		3 000
主营业务成本	1 600	
其他业务收入		200
其他业务成本	150	
税金及附加	90	
销售费用	50	
管理费用	180	
财务费用	20	
投资收益		90
营业外收入		90
营业外支出	40	
所得税费用	300	

（三）实训要求：根据上述资料，编制乙企业 202×年度利润表。

实训三：

（一）实训目的：练习相关经济业务的会计处理及利润表的编制。

（二）实训资料：

202×年 11 月，甲企业发生以下经济业务。

1. 收到投资者投入的资本金 20 000 元，存入银行。

2. 用银行存款缴纳所得税 38 000 元，增值税 31 800 元。

3. 职工李刚出差，预借差旅费 1 900 元，以现金支付。

4. 向银行借入三个月期限借款 80 000 元。

5. 用银行存款购入机器一台，价值 46 000 元，运费 1 000 元，保险费 500 元，运达企业交付使用。

6. 购入甲材料 1 800 千克，单价 22 元，乙材料 2 200 千克，单价 25 元，增值税按买价 13%计算，用银行存款支付货款及税金，材料未到。

7. 收到以上材料，用银行存款支付 1 600 元运费及 200 元搬卸费，验收入库。（运费及搬卸费按材料重量比例分摊，下同）

8. 预付给星光工厂 6 000 元货款，用银行存款支付。

9. 用银行存款偿还前欠光明工厂的货款 27 000 元。

10. 领用甲材料 35 000 元用于生产 A 产品，乙材料 40 000 元用于生产 B 产品。

11. 用银行存款购入需要安装的机器一台，买价 80 000 元，增值税按买价 13%计算，运达企业进行安装。

12. 销售 C 产品 1 000 件，每件售价 120 元，增值税按售价 13%计算，款项收到已存入银行。

13. 企业收到对方单位违约赔偿的款项 13 800 元，经批准转为营业外收入。

14. 用现金支付罚款支出 80 元。

15. 从银行提取现金 3 600 元。

16. 用现金 2 600 元发放职工福利费。

17. 收回应收大华工厂的货款 8 600 元，存入银行。

18. 领用材料：生产 A 产品耗用甲材料 27 000 元、乙材料 12 000 元；生产 B 产品耗用甲材料 32 000 元、乙材料 18 000 元；基本生产车间机物料耗用甲材料 5 000 元；安装机器耗用乙材料 800 元。

19. 从银行提取现金 96 000 元，准备发放工资。

20. 用现金 96 000 元发放工资。

21. 购入甲材料 2 000 千克，单价 21.50 元，乙材料 3 000 千克，单价 26 元，运费 2 000 元，增值税按买价 13%计算，搬卸费 300 元，材料运达企业，已验收入库，款项暂欠东方工厂。

22. 用银行存款支付广告费 2 600 元。

23. 用银行存款支付水电费，其中，车间耗用 1 800 元，管理部门耗用 700 元。

24. 李刚出差归来，报销差旅费 1 050 元，冲销原借款，余额以现金退回。

25. 用银行存款支付机器安装费 500 元，机器安装完毕，交付使用。

26. 用银行存款偿还短期借款 20 000 元。

27. 销售给远东公司 C 产品 5 000 件，单位售价 120 元，D 产品 3 000 件，单位售价 90 元，增值税按售价 13%计算，款项尚未收到。

28. 用银行存款支付销售运费 800 元。

29. 收到投资者投入的旧机器一台，对方提供机器原值 60 000 元，累计折旧 2 700 元，经投资各方确认作价 62 000 元。

30. 用现金支付办公费，其中，车间 120 元，管理部门 200 元。

31. 月末分配工资，其中，生产 A 产品工人工资 35 000 元，生产 B 产品工人工资 25 000 元，车间管理人员、技术人员工资 12 000 元，行政管理人员工资 15 000 元，销售人员工资 9 000 元。

32. 提取本月的折旧费，车间负担 11 800 元，行政管理部门负担 5 900 元。

33. 按照 C 产品销售收入的 5% 计算应交消费税。

34. 结转已销 C、D 产品的销售成本，其中，C 产品的单位成本 78 元，D 产品的单位成本 70 元。

35. 结转本月购入材料的采购成本。

36. 归集本月发生的制造费用，按照 A、B 产品生产工时比例进行分配结转，A 产品生产工时为 22 000 小时，B 产品生产工时为 18 000 小时。

37. 本月 A、B 产品全部完工，产品分别为 1 000 件和 2 000 件，结转完工产品成本。

38. 归集本月各损益账户的发生额，计算本月实现利润总额，并按利润总额的 25% 计算应交所得税。（假设本月无纳税调整事项）

39. 结转各损益账户发生额到"本年利润"账户。

（三）实训要求：

1. 根据以上经济业务编制会计分录。

2. 编制如表 11-10 所示的利润表。

表 11-10　利润表

编制单位：　　　　　　　　　　202×年 11 月　　　　　　　　　　单位：元

项　　目	本月数	本年累计数
一、营业收入		
减：营业成本		
税金及附加		
销售费用		
管理费用		
财务费用		
资产减值损失		
加：信用减值损失		
投资收益（-损失）		
二、营业利润		
加：营业外收入		
减：营业外支出		
三、利润总额		
减：所得税费用		
四、净利润		

12 第十二章
Chapter 12 会计工作组织与管理

>>> **知识目标**

了解会计工作组织的概念和意义；熟悉会计人员职业道德的基本内容，掌握会计人员的职责和权限；明确会计岗位的设置；熟悉会计法规制度的构成；明确会计档案的范围及保管期限；掌握会计工作交接的有关规定。

>>> **技能目标**

能根据会计主体的实际情况选择会计工作组织形式，设置会计岗位；能自觉运用会计职业道德约束会计行为；能恰当地履行会计人员的职责；能正确地进行会计交接工作。

引导案例

小张和小刘是应届会计专业本科毕业生，同时应聘甲公司的会计职位。财务经理对小张和小刘的面试表现都十分满意，真是难以抉择。在等待通知期间，小张和小刘分别接到甲公司财务经理的来电："公司出纳休产假三个月，你愿意在担任会计期间兼任出纳吗？"小张说："没问题，年轻人应该在实际工作中多锻炼。"小刘说："不合适吧，会计人员不能兼任出纳，经理还是另做安排吧。"

问题：你认为甲公司最终会录用谁？为什么？

第一节　　会计工作组织概述

一、会计工作组织的定义

会计工作是经济管理工作的重要基础，会计工作管理体制则是完成会计工作任务、保证会计工作质量的前提条件。完善会计工作管理体制，不但有利于组织本单位的会计工作，而且有利于国家宏观调控工作的顺利进行，有利于发展社会主义市场经济。所谓会计工作管理体制，是指各级、各部门、各单位对会计工作进行指导、组织和管理的职责分工和管理办法。

它主要包括三个方面的内容：会计工作领导体制、会计人员管理体制和会计制度与规范的制定。

所谓的会计工作组织，就是对会计机构的设置、会计人员的配备和会计业务的操作等各项工作的统筹安排。任何单位必须按照《中华人民共和国会计法》的规定，统一组织会计工作，同时也要根据本单位的经营管理特点和实际业务情况，采取相应的形式来科学地组织会计工作，做到既保证会计工作的质量，又节约人力、物力的消耗，从而取得最佳的工作效果。

二、组织会计工作的意义

会计是一项复杂、细致的综合性经济管理活动，会计工作又是一项系统的工作，有系统就必然存在系统的组织和管理。只有对系统的各个组成部分进行科学、有效的组织和管理，使系统中的各个部分互相协调、合理有序，才能保证系统的正常运行。科学地组织会计工作，对于顺利完成会计的各项任务，保证实现会计目标，充分发挥会计的职能作用，促进国民经济健康、有序发展等方面都具有十分重要的意义。

▶ 1. 有利于保证会计工作质量，提高会计工作效率

会计反映的是再生产过程中各个阶段以货币表现的经济活动。具体来说，对于各项以货币表现的经济活动及财务收支，会计都要通过凭证、账簿、报表进行连续的记录、计算、分类、汇总、分析、检查。全部过程包括一系列的程序，以及需要履行的各种手续。各程序及手续之间环环相扣、紧密相连，在任何一个环节上出现差错，都必然会使整个核算结果不正确或任务不能及时完成，进而影响整个会计核算工作的质量和效率。如果没有一整套合理的工作制度和程序，就不能科学有效地组织会计工作，更谈不上提高工作效率了。因此，企业必须结合会计工作的特点，科学地组织会计工作，认真制定并严格执行会计法规和会计制度。只有这样，才能保证会计工作正常、高效地运行，圆满完成各项会计任务。

▶ 2. 有利于提高企业整体管理水平

会计工作不但与宏观经济，如国家财政、税收、金融等密切相关，而且与各单位内部的计划、统计等工作密切相关。会计工作是企业单位整个经济管理工作的一个重要组成部分，它既具有独立性，又与其他管理工作存在相互制约、相互促进的关系。会计工作一方面能够促进其他经济管理工作，另一方面也需要其他经济管理工作的配合。会计工作必须首先符合国家的宏观经济政策，要与之保持一致，同时又要与各单位的计划、统计工作保持协调。因此，只有科学地组织会计工作，才能处理好会计同其他经济管理工作之间的关系，做到相互促进、密切配合，从而全面完成会计任务。

▶ 3. 有利于加强企业内部经济责任制

实行内部经济责任制是经济管理的有效形式。会计是经济管理的重要组成部分，与经济责任制有着密切的关系，在贯彻经济责任制方面发挥重要作用。实行内部经济责任制要依靠会计的各项职能，包括科学的经济预测、正确的经济决策，以及业绩考评等。科学地组织会计工作，可以促使企业单位内部各有关部门提高经营管理水平，提高经济效益，从而取得最佳经济效果。

▶ 4. 有利于维护财经法纪

会计工作是一项错综复杂的系统性工作，具有很强的政策性和原则性。会计核算必须如

实地反映各单位的经济活动和财务收支。另外，通过会计的监督职能，可以贯彻执行国家相关经济政策、方针、财经法令和制度。因此，科学地组织会计工作，各单位可以更好地维护财经法纪，贯彻经济工作的方针政策，为建立良好的社会经济秩序打下基础。

三、会计工作组织的原则

会计工作组织应遵循的原则是指组织会计工作必须遵守的一般管理规律，是做好会计工作、提高会计工作质量和效率必须遵守的原则。要组织会计工作，应遵守以下原则。

▶ 1. 遵守国家的统一规定

遵守国家的统一规定是组织和处理会计工作的首要要求。为了充分发挥会计的作用，国家对会计工作的重要方面都做了统一的规定，组织会计工作必须按照会计工作的统一要求，严格遵守国家的有关规定。只有按照统一要求组织会计工作，才能发挥会计工作维护社会主义市场经济秩序、加强经济管理、提高经济效益的作用。因此，各企业、事业、机关团体等单位制定本企业、本单位的会计制度时，必须严格遵守《中华人民共和国会计法》的法律规定，符合《企业会计准则》的政策要求，并严格遵守会计制度的各项规定。这样才能保证为国民经济宏观调控提供准确、有用、及时的经济数据。

▶ 2. 适应本单位经营管理的特点

每个会计单位的经济活动各有其特点，既要符合《中华人民共和国会计法》对会计工作的统一要求，也要根据各会计主体经营管理的特点组织会计工作。适应各单位行业特点、规模大小、经营特色，做出切合实际的安排并制定具体实施办法。只有这样，才能使会计真正成为经济管理工作的一个组成部分。

▶ 3. 加强内部控制

为了保护社会主义财产的安全完整，维护投资者、债权人及其他企业利害关系人的利益，在组织财务会计工作中，应执行内部控制，建立内部牵制制度。凡经济活动中涉及财物和货币资金的收付、结算及登记的任何一项工作，都应由两人或两人以上分工掌管，以加强工作人员之间的相互核对、相互牵制，防止差错和舞弊行为。

▶ 4. 正确处理同其他经济管理工作的关系

会计工作是一项综合性很强的经济管理工作，与其他经济管理工作有着十分密切的联系。会计工作只有与其他经济管理工作紧密配合，才能完成会计对经济活动的反映和监督，从而顺利地完成会计的任务。

▶ 5. 保证工作质量和工作效率，节约人力、物力、财力

会计工作十分复杂，如果组织不当，就会导致重复劳动和资源浪费。设计各种会计账簿、会计凭证、会计报表的格式，选择会计核算程序，制定监督管理措施，设置会计机构和配备会计人员等，都要符合精简节约的原则，既要保证工作质量和工作效率，又要节约人力、财力、物力。

第二节　　会计机构与会计人员

《中华人民共和国会计法》规定，各单位应当根据会计业务的需要，设置会计机构，或

者在有关机构中设置会计人员并指定会计主管人员；不具备设置条件的，应当委托经批准设立从事会计代理记账业务的中介机构代理记账。建立健全会计机构、合理配备会计人员是各单位做好会计工作、充分发挥会计职能作用的重要保证。

一、会计机构的设置

会计机构是指各企事业单位内部直接从事和组织领导会计工作的职能部门。建立健全各单位的会计机构是在空间上保证会计工作正常进行，充分发挥会计管理职能作用的重要条件。《会计基础工作规范》规定，各单位应当根据会计业务的需要设置会计机构；不具备单独设置会计机构条件的，应当在有关机构中设置会计岗位并配备专职会计人员。通常情况下，由各单位根据会计业务的需要自主决定是否设置会计机构，这一原则与有关法律规定和企业制度改革的要求是一致的。是否设置会计机构，主要取决于本单位会计业务的实际需要，即是否能保证本单位会计工作的正常进行。如果一个单位既没有设置会计机构，也没有配备专职会计人员，则应当根据财政部发布的《代理记账管理办法》的要求，委托会计师事务所或者持有代理记账许可证书的其他代理记账机构进行代理记账，以使单位的会计工作能够有序地进行，不影响单位正常的经营管理工作。

《中华人民共和国会计法》第七条规定："国务院财政部门主管全国的会计工作。县级以上地方各级人民政府财政部门管理本行政区域内的会计工作。"

由财政部设立会计司主管全国的会计工作。会计司主要职责是在财政部的领导下，拟定全国性的会计法令，研究、制定改进会计工作的措施和总体规划，颁发会计工作的各项规章制度，管理报批国外会计公司在我国设立的常驻代表机构，会同有关部门制定并实施全国会计人员专业技术职称考评制度等。

地方财政部门、企业主管部门一般设财务会计局、处等，主管本地区或本系统所属企业的会计工作。其主要职责是：根据财政部的统一规定，制定适合本地区、本系统的会计规章制度；负责组织、领导和监督所属企业的会计工作；审核、分析、批复所属企业的财务会计报告，并编制本地区、本系统的汇总会计报表；了解和检查所属企业的会计工作情况；负责本地区、本系统会计人员的业务培训，以及会同有关部门评聘会计人员技术职称等。同时，基层企事业单位的主管部门在会计业务上受同级财政部门的指导和监督。

《中华人民共和国会计法》第三十四条规定："各单位应当根据会计业务的需要，设置会计机构，或者在有关机构中设置会计人员并指定会计主管人员；不具备设置条件的，应当委托经批准设立从事会计代理记账业务的中介机构代理记账。"《中华人民共和国会计法》的这一规定是对会计机构设置所做出的具体要求，这里包含两层含义。

（1）基层企事业单位一般应设置会计处、科、股等会计机构，在厂长、经理或单位行政领导人的直接领导下，负责组织、领导和从事会计工作。规模太小或业务量过少的单位可以不单独设置会计机构，但要配备专职会计工作人员或指定专人负责会计工作。大中型企业要设置总会计师主管本单位的经济核算和经营管理工作，直接领导本单位的财务会计工作，并且直接对厂长、经理负责。此外，单位的仓库等部门，也要根据工作的需要，设置专职的核算人员或指定专人负责业务核算工作。各部门的会计核算人员，在业务上都要接受总会计师或会计部门负责人的指导和监督。

（2）对于不具备设置会计机构条件的单位，应由代理记账业务的机构完成其会计工作。根据《代理记账管理办法》的规定，在我国从事代理记账业务的机构，应至少有三名持有会计从业资格证书的专职人员，同时聘用一定数量相同条件的兼职从业人员。主管代理记账业务的负责人必须具有会计师以上专业技术资格。代理记账机构要有健全的代理记账业务规范和财务会计管理制度。代理记账业务的机构，除会计师事务所外，必须申请代理记账资格并经过县级以上财政部门审查批准，并领取由财政部统一印制的"代理记账许可证书"，才能从事代理记账业务。

二、会计人员

会计人员是指从事会计工作的人员。《中华人民共和国会计法》第三十六条规定："会计人员应当具备从事会计工作所需要的专业能力。"

（一）会计人员的专业技术资格

会计人员的专业技术资格分为初级会计资格、中级会计资格和高级会计资格三个级别。初、中级会计资格实行全国统一考试，即"以考代评"，高级会计资格实行考试与评审相结合的评价办法。

报名参加初级、中级和高级会计资格考试的人员，应当具备的基本条件如下。

（1）遵守《中华人民共和国会计法》和国家统一的会计制度等法律法规。

（2）具备良好的职业道德，无严重违反财经纪律的行为。

（3）热爱会计工作，具备相应的会计专业知识和业务技能。

▶ 1. 初级会计资格

报名参加初级会计资格考试的人员，除具备上述参加会计资格考试人员基本条件外，还应具备教育部认可的高中毕业（含高中、中专、职高和技校）及以上学历。初级会计资格考试于每年5月中旬举行，考试科目为《初级会计实务》和《经济法基础》，采用计算机无纸化考试，当年一次性通过两科方能取得初级会计资格。

▶ 2. 中级会计资格

报名参加中级会计资格考试的人员，除具备上述参加会计资格考试人员基本条件外，还应具备下列条件之一。

（1）取得大学专科学历，从事会计工作满5年。

（2）取得大学本科学历或学士学位，从事会计工作满4年。

（3）取得双学士学位或研究生班毕业，从事会计工作满2年。

（4）取得硕士学位，从事会计工作满1年。

（5）取得博士学位。

考试科目为《中级会计实务》《财务管理》《经济法》，采用计算机无纸化考试，单科成绩滚动计算，两年内通过全部科目可取得中级会计资格。

▶ 3. 高级会计资格

参加高级会计资格考试的人员，除具备上述参加会计资格考试人员基本条件外，还应具备下列条件之一。

（1）具备大学专科学历，取得会计师职称后，从事与会计师职责相关工作满10年。

（2）具备硕士学位，或第二学士学位，或研究生班毕业，或大学本科学历或学士学位，取得会计师职称后，从事与会计师职责相关工作满5年。

（3）具备博士学位，取得会计师职称后，从事与会计师职责相关工作满2年。

考试科目为《高级会计实务》，采用开卷笔试方式。考试合格后，可以按规定提交材料参加评审。评审通过后取得高级会计师资格。

（二）会计人员的专业技术职务

只有取得相应的会计专业技术资格，才能应聘相应的会计专业职务。根据《会计专业职务试行条例》第三条的规定，会计专业技术职务分为高级会计师、会计师、助理会计师、会计员。高级会计师为高级职务，会计师为中级职务，助理会计师、会计员为初级职务。

除了政治素质和职业道德要求外，《会计专业职务试行条例》第七条至第十一条明确规定了各级专业技术职务的任职条件。

（1）会计员的基本条件：①初步掌握财务会计知识和技能。②熟悉并能遵照执行有关会计法规和财务会计制度。③能担负一个岗位的财务会计工作。④大学专科或中等专业学校毕业，在财务会计工作岗位上见习一年期满。

（2）助理会计师的基本条件：①掌握一般的财务会计基础理论和专业知识。②熟悉并能正确执行有关的财经方针、政策和财务会计法规、制度。③能担负一个方面或某个重要岗位的财务会计工作。④取得硕士学位，或取得第二学士学位或研究生班结业证书，具备履行助理会计师职责的能力；大学本科毕业，在财务会计工作岗位上见习1年期满；大学专科毕业并担任会计员职务2年以上；或中等专业学校毕业并担任会计员职务4年以上。

（3）会计师的基本条件：①较系统地掌握财务会计基础理论和专业知识。②掌握并能正确贯彻执行有关的财经方针、政策和财务会计法规、制度。③具有一定的财务会计工作经验，能担负一个单位或管理一个地区、一个部门、一个系统某个方面的财务会计工作。④取得博士学位，并具有履行会计师职责的能力；取得硕士学位并担任助理会计师职务2年左右；取得第二学士学位或研究生班结业证书，并担任助理会计师职务2~3年；大学本科或大学专科毕业并担任助理会计师职务4年以上。⑤掌握一门外语。

（4）高级会计师的基本条件：①较系统地掌握经济、财务会计理论和专业知识。②具有较高的政策水平和丰富的财务会计工作经验，能担负一个地区、一个部门或一个系统的财务会计管理工作。③取得博士学位，并担任会计师职务2~3年；取得硕士学位、第二学士学位或研究生班结业证书，或大学本科毕业并担任会计师职务5年以上。④较熟练地掌握一门外语。

需要说明的是，"注册会计师"不是会计专业技术职务，而是一种执业资格。注册会计师是指由会计师事务所统一接受委托，依法独立执行审计业务、会计咨询业务和会计服务业务的人员。注册会计师并不直接从事会计工作，而是对企业、事业单位的会计工作提供审计业务、会计咨询业务和会计服务业务。其工作机构称为"会计师事务所"。根据《中华人民共和国注册会计师法》的规定，申请担任注册会计师的人员，须具备高等专科以上（包括高等专科）学历，经全国统一考试合格（实行单科成绩滚动计算的方法，5年之内通过"会计""财务成本管理""审计""经济法""税法""公司战略与风险管理"6科考试，再在5年内通过"职业能力综合测试"），由财政部门批准注册，并加入一个会计师事务所，才能从事注册会计师工作。

（三）会计人员专业技术职务的评聘

通过全国统一考试取得初级或中级会计专业技术资格的会计人员，已具备担任相应级别会计专业技术职务的任职资格。用人单位可根据工作需要和德才兼备的原则，从获得会计专业技术资格的会计人员中择优聘任。对于已取得中级会计资格并符合国家有关规定的会计人员，可聘任会计师职务；对于已取得初级会计资格的人员，若具备大专学历且担任会计员职务满2年或中专毕业且担任会计员职务满5年，并符合国家有关规定的，可聘任助理会计师职务。

（四）会计人员的职责与权限

会计人员取得专业技术职务任职资格并被聘为相应专业技术职务后，就要认真履行会计人员的职责并行使会计人员的权限。

▶ 1. 会计人员的职责

会计人员的职责就是认真履行会计职能——核算和管理。由于《中华人民共和国会计法》特别强调了"会计核算"和"会计管理"中的"会计监督"，因此，可以把会计人员的职责归纳为进行会计核算、参与会计管理、实行会计监督三部分。

（1）进行会计核算，是指对企业已经发生的交易或者事项，主要以价值量的形式进行计量和报告。会计人员应及时地提供真实、可靠的会计信息，如实反映企业的财务状况、经营成果和现金流量情况，满足会计信息使用者对会计信息的需要。进行会计核算是会计人员最基本的职责。

（2）参与会计管理，是指利用会计核算提供的信息，对企业的经济活动进行事前、事中和事后的管理。事前管理是指预测经济前景、参与经济决策、规划经济目标；事中管理是指控制经营过程；事后管理是指分析经济状况、考核经营业绩。会计管理主要是利用会计核算提供的价值指标进行的价值管理，即利用资产、负债、所有者权益、收入、费用、利润等价值指标组织、管理企业的经济活动。

（3）实行会计监督，是指会计人员对本单位的各项经济业务和会计手续的合法性、合理性和合规性进行事前、事中、事后的检查和督促。对于不真实、不合理的原始凭证，应不予受理；对于记载不准确、不完整的原始凭证，应予以退回；对于账实不符的项目，应按规定进行处理；对于违反国家统一规定的财政制度、财务规定的事项，应不予受理。

▶ 2. 会计人员的权限

为保障会计人员的工作职责得以顺利履行，《中华人民共和国会计法》及其他相关法规在明确了会计人员职责的同时，也赋予了会计人员相应的权限，主要包括以下五个方面。

（1）会计人员有权拒绝办理违法的会计事项。对于违反会计法规的会计事项，会计人员有权拒绝办理，或者按照职权予以纠正。对于本单位有关部门违反会计法规的情况，会计人员有权拒绝付款、拒绝报销或拒绝执行，并及时向本单位领导或上级有关部门报告。

（2）会计人员有权要求本单位有关部门、人员认真执行国家批准的计划、预算，遵守会计法规。

（3）会计人员有权参与本单位编制计划、制定定额、对外签订经济合同的工作，并可以参加有关生产、经营管理会议和业务会议，并以会计人员特有的专业地位对企业的财务收支和经济效益方面的情况提出自己的意见。

（4）会计人员有权监督本单位有关部门的财务收支、资金使用和财产保管、收发、计量、检验等情况。

（5）会计人员因依法行使职权而遭到打击报复时，可以向有关部门提出申诉。

会计人员依法行使职权是受法律保护的。《中华人民共和国会计法》第四十三条规定，单位负责人对依法履行职责、抵制违反本法规定行为的会计人员以降级、撤职、调离工作岗位、解聘或者开除等方式实行打击报复的，依法给予处分；构成犯罪的，依法追究刑事责任。对受打击报复的会计人员，应当恢复其名誉和原有职务、级别。

（五）会计职业道德

为了更好地履行会计人员的职责和权力，会计人员必须具备职业道德。《中华人民共和国会计法》第三十七条规定，会计人员应当遵守职业道德，提高业务素质，严格遵守国家有关保密规定，对会计人员的教育和培训工作应当加强。会计人员的职业道德，简称会计职业道德，是指会计人员在会计工作中应遵循的，体现会计职业特征的，调整会计职业关系的职业行为准则和规范。我国会计职业道德的主要内容可以概括为以下八个方面：爱岗敬业、诚实守信、廉洁自律、客观公正、坚持准则、提高技能、参与管理和强化服务。

▶ 1. 爱岗敬业

爱岗敬业是会计职业道德的基本要求，是每个会计人员是否具有职业道德的首要标准。爱岗就是热爱自己的工作岗位，热爱本职工作，安心本职岗位，忠于职守。敬业就是用严肃恭敬的态度，认真地对待本职工作，将身心与本职工作融为一体。爱岗和敬业互为前提、相互支持、相辅相成。"爱"由"敬"起，"敬"由"爱"生。爱岗是敬业的基石，敬业是爱岗的升华。

▶ 2. 诚实守信

诚实守信，简称"诚信"，是会计职业道德的根本，也是每个会计人员在职业活动中处理人与人之间关系的道德准则。诚实是指言行跟内心思想一致，不弄虚作假，不欺上瞒下，做老实人，说老实话，办老实事。守信就是要遵守所做出的承诺，讲信用，重信用，信守诺言，保守秘密。诚实守信要求会计人员提供的会计信息真实可靠，不做假账；执业谨慎，信誉至上；保守企业秘密，不为利益所诱惑。

▶ 3. 廉洁自律

廉洁自律是中华民族的传统美德，也是会计职业道德的重要内容之一。廉洁就是不收受贿赂，不贪污钱财。自律就是按照一定标准，约束、控制自己的言行和思想的过程。会计工作的特点决定了廉洁自律是会计职业道德的内在要求，是会计人员的行为准则。自律是廉洁的保证，廉洁是自律的基础。不自律就做不到廉洁，不廉洁就谈不上自律。廉洁自律要求会计人员树立正确的人生观和价值观——公私分明，不贪不占；遵纪守法，抵制行业不正之风；清正廉洁，加强自律。

▶ 4. 客观公正

客观公正是会计人员必须具备的行为品德，是会计职业道德的灵魂。客观是指会计人员必须以实际发生的交易或者事项为依据，如实反映企业的财务状况、经营成果和现金流量情况。公正是指会计人员应该具备正直、诚实的品质，不偏不倚地对待有关利益各方。客观公正不仅是一种工作态度，更是会计人员追求的一种境界。客观公正要求会计人员端正态度，提高技能；依法办事，遵守法规；实事求是，不偏不倚。会计人员从业应保持独立性。

▶ **5. 坚持准则**

坚持准则是指会计人员在处理业务过程中严格按照会计法规办事，不为主观或他人意志左右。这里的"准则"不仅指会计准则，还指"会计法规"。坚持准则要求会计人员熟悉准则，提高遵守准则的能力；执行准则，提高会计人员依照准则办事的能力；坚持准则，提高会计人员正确运用准则的能力，不唯情，不唯钱，只唯法。

▶ **6. 提高技能**

提高技能是指会计人员在实际工作中应通过自学、培训和实践等合理的学习途径，不断提高会计理论水平、会计实务能力、职业判断能力、自动更新知识的能力、提供会计信息的能力、沟通交流能力、职业经验等，达到并维持足够的专业胜任能力的活动。提高技能要求会计人员增强提高专业技能的自觉性和紧迫感；勤学苦练，刻苦钻研；不断进取，提高业务水平。

▶ **7. 参与管理**

参与管理是指会计人员通过确认、计量、报告等会计核算程序向企业管理者提供财务会计信息，为管理活动提供合理化建议，为管理者当参谋，为管理活动服务。参与管理要求会计人员在做好本职工作的同时，努力钻研相关业务；全面熟悉本单位经营活动和业务流程，主动提出合理化建议，协助管理者进行决策，积极参与管理。

▶ **8. 强化服务**

强化服务是指会计人员在提供服务的过程中，要具有强烈的服务意识、文明的服务态度和优良的服务质量，以提高服务对象的满意度。强化服务是会计工作的宗旨，也是行业文明的标志。强化服务要求会计人员树立服务意识，履行会计职能；提高服务质量，不断开拓创新；努力维护和提升会计职业的良好社会形象。

（六）会计人员继续教育

《中华人民共和国会计法》第三十七条规定，对会计人员的教育和培训工作应当加强。会计人员继续教育是会计管理工作的一个组成部分，是会计队伍建设的重要内容。《会计人员继续教育暂行规定》对继续教育的对象、层次、内容、形式、时间、检查与考核等做了具体规定。

▶ **1. 会计人员继续教育的基本原则**

（1）以人为本，按需施教。

（2）突出重点，提高能力。

（3）加强指导，创新机制。

▶ **2. 会计人员继续教育的管理体制**

（1）财政部负责全国会计人员继续教育的管理，制定全国会计人员继续教育规划、制度，拟定全国会计人员继续教育工作重点，组织开发、评估、推荐全国会计人员继续教育重点教材，组织全国会计人员继续教育师资培训，指导、督促各地区和有关部门会计人员继续教育工作的开展。

（2）各省、自治区、直辖市、计划单列市财政厅（局）负责本地区会计人员继续教育的组织管理工作。

▶ 3. 会计人员继续教育的学分管理

会计人员参加继续教育采取学分制管理制度，每年参加继续教育取得的学分不得少于24学分。会计人员参加继续教育取得的学分在全国范围内有效。

▶ 4. 会计人员继续教育的内容

会计人员继续教育的主要内容包括会计理论、政策法规、业务知识、技能训练和职业道德等。

▶ 5. 会计人员继续教育的主要形式

（1）参加县级以上地方人民政府财政部门、中央主管单位、新疆生产建设兵团财务局（以下简称继续教育管理部门）组织的会计人员继续教育师资培训、会计脱产培训、远程网络化会计培训。

（2）参加继续教育管理部门公布的会计人员继续教育机构组织的会计脱产培训、远程网络化会计培训。

（3）参加继续教育管理部门公布的会计人员所在单位组织的会计脱产培训、远程网络化会计培训。

（4）参加财政部组织的全国会计领军人才培训。

（5）参加财政部组织的大中型企事业单位总会计师素质提升工程培训。

（6）参加省级财政部门、中央主管单位、新疆生产建设兵团财务局组织的高端会计人才培训。

（7）参加中国注册会计师继续教育培训。

（8）参加继续教育管理部门组织的其他形式培训。会计人员可以自愿选择参加上述规定的继续教育形式。

三、会计工作岗位责任制

▶ 1. 会计工作岗位责任制的内容

会计工作岗位责任制是指在会计机构内部，按照会计工作的内容和业务量以及会计人员的配备情况，将会计工作划分为若干相对独立的工作岗位，并规定每个岗位的职责与权限，建立相应的责任制度。

组织健全的单位，还要建立会计工作岗位责任制。每一项会计工作都定人定岗，有专人负责。会计人员之间既相互协作配合，又相互监督促进，以提高工作效率，确保按质、按量、按期完成任务。以企业为例，会计工作岗位的主要责任如下。

（1）会计主管岗位，具体负责本单位的会计工作，组织制定本单位会计制度和编制各项计划，参与企业经营管理，负责向企业领导和上级部门报告财务状况和经营成果并完成各项上缴任务。

（2）出纳岗位，办理现金收付和银行结算业务，并登记有关日记账，保管库存现金、有价证券、有关印章和空白票据。

（3）固定资产核算岗位，负责固定资产明细核算、编制有关报表、计算固定资产折旧，会同有关部门拟定固定资产核算与管理办法，参与编制固定资产更新改造和大修理计划，参与固定资产清查盘点。

（4）材料物资核算岗位，负责材料物资明细核算和有关往来结算业务，审查材料物资采购计划，控制采购费用，会同有关部门拟定材料物资核算与管理办法，编制材料物资计划成本目录，制定材料物资消耗定额，参与库存材料物资清查盘点。

（5）工资核算岗位，负责工资费用的核算，监督工资基金的使用。

（6）成本核算岗位，负责产品成本管理与核算工作，编制成本计划与相关报表，协助管理在产品与自制半成品。

▶ 2. 设置会计工作岗位的原则

建立岗位责任制，定人员、定岗位，明确分工，各司其职，有利于会计工作程序化、规范化，有利于落实责任和会计人员钻研分管的业务，有利于提高工作效率和工作质量。设置会计工作岗位，一般应遵守以下几项原则。

（1）会计工作岗位可以一人一岗、一人多岗或者一岗多人，但应当符合内部牵制制度的要求，出纳人员不得兼管稽核、会计档案保管和收入、费用、债权债务账目的登记工作。

（2）会计工作岗位应当有计划地进行轮换，以促进会计人员全面熟悉业务，不断提高业务素质。

（3）会计工作岗位的设置由各单位根据会计业务的实际需要确定。会计工作岗位一般可设：总会计师，即会计机构负责人或者会计主管人员；出纳，即负责财产物资核算、工资核算、成本费用核算、财务成果核算、资金核算、往来结算、总账报表、稽核、会计档案管理等。而开展会计电算化和管理会计的单位，则可以根据需要设置相应工作岗位，也可以与其他工作岗位相结合。

四、总会计师的设置

《中华人民共和国会计法》第三十四条规定："国有的和国有资产占控股地位或者主导地位的大、中型企业必须设置总会计师。总会计师的任职资格、任免程序、职责权限由国务院规定。"大、中型企业是我国国民经济的支柱，是国家财政收入的主要来源。由于大、中型企业一般生产经营规模大，在经济核算组织、资金调配等方面要求高，有必要设置主管经济核算和财务会计工作的总会计师，协助单位负责人做好单位的经营管理工作。其他单位可以根据业务需要，视情况自行决定是否设置总会计师。1990年12月发布、2011年修订的《总会计师条例》对总会计师的定位：总会计师是单位行政领导成员，协助单位主要行政领导人工作，直接对单位主要行政领导人负责。凡设置总会计师的单位，在单位行政领导成员中，不设与总会计师职权重叠的副职。

总会计师是企业厂级行政领导成员，应由具有会计师、高级会计师专业技术职称的人员担任。总会计师作为单位财务会计的主要负责人，全面负责本单位的财务会计管理和经济核算，参与本单位的重大经营决策活动，是单位负责人的参谋和助手。

▶ 1. 总会计师的地位和任职条件

按照《总会计师条例》的规定，担任总会计师，应当具备以下条件：一是坚持社会主义方向，积极为社会主义建设和改革开放服务；二是坚持原则、廉洁奉公；三是取得会计师专业技术资格后，主管一个单位或者单位内部一个重要方面的财务会计工作的时间不少于 3年；四是要有较高的理论政策水平，熟悉国家财经法律、法规、方针、政策和制度，掌握现代化管理的有关知识；五是具备本行业的基本业务知识，熟悉行业情况，有较强的组织领导能力；六是身体健康，能胜任本职工作。

▶ 2. 总会计师的职责和权限

总会计师的职责主要包括两个方面：一是由总会计师负责组织的工作，包括编制和执行预算、财务收支计划、信贷计划，拟订资金筹措和使用方案，开辟财源，有效地使用资金；进行成本费用预测、计划、控制、核算、分析和考核，督促本单位有关部门降低消耗、节约费用、提高经济效益；建立健全经济核算制度，利用财务会计资料进行经济活动分析；负责对本单位财会机构的设置和会计人员的配备、会计专业职务的设置和聘任提出方案；组织会计人员的业务培训和考核；支持会计人员依法行使职权等。二是由总会计师协助、参与的工作。总会计师协助单位主要行政领导人对企业的生产经营、行政事业单位的业务发展以及基本建设投资等问题作出决策；参与新产品开发、技术改造、科技研究、商品（劳务）价格和工资奖金等方案的制定；参与重大经济合同和经济协议的研究、审查。

总会计师有以下权限：一是对违法违纪行为的制止和纠正权，即对违反国家财经法律、法规、方针、政策、制度和有可能在经济上造成损失、浪费的行为，有权制止或者纠正。制止或者纠正无效时，提请单位主要行政领导人处理。二是有权组织本单位各职能部门、直属基层组织的经济核算、财务会计和成本管理方面的工作。三是对单位财务收支工作具备审批签署权。四是有对本单位会计人员的管理权，包括本单位会计机构设置、会计人员配备、晋升、调动、考核、奖惩等。

第三节　会计档案管理及会计工作交接

一、会计档案管理

▶ 1. 会计档案的定义

会计档案是指会计凭证、会计账簿和会计报表等会计核算专业资料，它是记录和反映经济业务的重要史料和证据。各单位的预算、计划、制度等文件材料属于文书档案，不属于会计档案。会计凭证类会计档案一般包括原始凭证、记账凭证、汇总凭证和银行存款余额调节表等；会计账簿类会计档案一般包括总账、日记账、明细账、辅助账等；财务会计报告类会计档案一般包括月度、季度、半年度、年度会计报表及相关文字分析材料等；其他类会计档案一般包括会计移交清册、会计档案保管清册、会计档案销毁清册等。会计档案是各单位的重要档案之一，也是国家档案的重要组成部分。各单位必须加强对会计档案管理的领导，建立和健全会计档案的立卷、归档、保管、调阅和销毁等管理制度，切实把会计档案管好。

▶ 2. 会计档案的整理

各单位会计部门应当按照归档要求负责整理本单位每年形成的会计档案，将会计档案立卷或装订。

（1）会计凭证的整理。会计部门在记账之后，应每天或每月定期对会计凭证加以分类整理，按照顺序编号，粘贴原始凭证，折叠整齐后，加具封面、封底装订成册，并在装订线上加贴封签。封面上应写明单位名称、年度、月份、记账凭证的种类、起讫日期、起讫号数以及记账凭证和原始凭证的张数，并在封签外骑缝加盖会计主管的印章。重要的原始凭证，以及需要随时查阅和退回的单据，应另编目录，单独登记保管。如果记账凭证所附的原始凭证数量过多，也可以单独装订保管，但应在封面上注明所属记账凭证的日期、编号、种类，同时在有关的记账凭证上注明"附件另附"和原始凭证的名称、编号。

（2）会计账簿的整理。在年度终了时，各单位的会计人员应将已更换的订本账簿、活页账簿、卡片账簿以及必要的备查账簿连同账簿使用登记表装订成册，加具封面，统一编号，由有关人员签章后，一起归档保管。

（3）会计报表的整理。同会计凭证以及会计账簿一样，会计报表也是重要的会计档案。在年度终了后，各单位的会计人员应将全年编制的会计报表按时间先后顺序整理并装订成册，加具封面后，归档保管。

▶ 3. 会计档案的保管及借阅

会计年度终了后，本单位会计部门可暂保管当年形成的会计档案一年。保管期满之后，原则上应由会计部门编制清册，移交本单位的档案部门保管；未设立档案部门的，应当在会计部门内部指定专人保管。对于会计档案，各单位必须科学管理、妥善保管，做到档案存放有序，查找档案方便快捷。

会计档案归档后，调阅会计档案，应履行一定的手续。应设置"调阅登记簿"，详细登记相关事项，如调阅日期、调阅人、调阅理由、归还日期等。本单位人员调阅会计档案，需经会计主管人员同意。外单位人员调阅会计档案，要有正式介绍信，经单位领导批准。档案原件原则上不得外借，如有特殊需要，须报经上级主管单位批准，并应限期归还。调阅人员未经批准不得擅自摘录或复制有关数字。出现需要影印复制会计档案等特殊情况的，须经本单位领导批准，并将会计档案影印复制的情况在"调阅登记簿"上作详细记录。

▶ 4. 会计档案的保管期限和销毁

会计档案保存期限和销毁，由国务院财政部门会同有关部门制定。企业和其他组织会计档案保管期限分为永久和定期两类，定期保管期限分为 10 年和 30 年，具体见表 12-1。

保管期满后，需要销毁时，必须严格执行会计档案保管的规定，任何人不得随意销毁。未了事项的原始凭证，如保管期已满但未结清的债权债务的原始凭证，不得销毁，应当单独立卷，直到未了事项完结时为止；其他会计档案需要销毁时，应由单位档案管理机构提出销毁意见，会同会计机构共同检查，开列清单，报经批准后，由档案部门和财务会计部门共同派员监销。各级主管部门销毁会计凭证时，还应有同级财政部门、审计部门派员参加监销。各级财政部门销毁会计凭证时，由同级审计机关派员监销。在销毁会计凭证前，监督销毁人员应认真清点核对，在销毁清册上签名盖章，并由本单位负责人报告监销过程。

表 12-1 企业和其他组织会计档案保管期限表

序号	档案名称	保管期限	备注
一	会计凭证类		
1	原始凭证	30 年	
2	记账凭证	30 年	
3	汇总凭证	30 年	
二	会计账簿类		
4	总账	30 年	
5	明细账	30 年	
6	日记账	30 年	
7	固定资产卡片		固定资产报废清理后保管 5 年
8	辅助账簿	30 年	
三	财务报告类		包括各级主管部门
9	月、季度、半年财务报告	10 年	包括文字分析
10	年度财务报告（决算）	永久	包括文字分析
四	其他类		
11	会计移交清册	30 年	
12	会计档案保管清册	永久	
13	会计档案销毁清册	永久	
14	银行余额调节表	10 年	
15	银行对账单	10 年	

二、会计工作交接

《中华人民共和国会计法》对会计人员工作交接问题作出了明确规定，要求"会计人员调动工作或者离职，必须与接管人员办清交接手续"。

▶ 1. 履行会计工作交接手续的意义

会计人员调动工作或者离职时，应与接管人员履行交接手续，这是会计人员的职责，也是会计人员做好会计工作的基本要求。

（1）进行会计交接工作，是划清责任的有效措施。会计工作交接，按规定必须进行账目核对、财产清查等工作，一旦出现问题可以划清移交人员和接管人员的责任。

（2）做好会计交接工作，可以防止因会计人员变动而发生业务不清、工作混乱的现象，有利于发现工作中的弊端。

（3）做好会计交接工作，可以保证会计工作的连续性，保证会计工作的顺利进行。

▶ 2. 需要办理会计工作交接的情形

依据《中华人民共和国会计法》的规定，会计人员在调动工作或离职时必须办理会计工作交接。依据《会计基础工作规范》的规定，除以上情况需要办理会计工作交接外，会计人员在临时离职或由于其他原因暂时不能工作时，也应办理会计工作交接。

▶ 3. 会计工作交接的基本程序

会计工作交接大致可分为交接前准备、移交点收与监交、移交点收后事项处理三个阶段。

（1）交接前准备。会计人员必须将本人所经管的会计工作全部移交接管人员，才能办理调动或者离职。根据规定，会计人员在办理交接之前必须做好以下准备工作：一是已经受理的经济业务尚未填制会计凭证的，应当填制完毕；二是尚未登记账目的会计凭证应当登记完毕，结出余额，并在最后一笔余额后加盖经办人印章；三是整理应该移交的各项资料，对未了事项和遗留问题要写出书面说明材料；四是编制移交清册，列明移交凭证、账簿、会计报表、公章、现金、有价证券、支票簿、发票、文件、其他会计资料和物品等内容；实行会计电算化的单位，从事该项工作的移交人员应在移交清册上列明会计软件及密码、会计软件数据盘、磁带等内容；五是会计机构负责人（会计主管人员）移交时，应将财务会计工作、重大财务收支问题和会计人员的情况等向接管人员介绍清楚。

（2）移交点收与监交。

①移交点收。移交人员在办理移交时，要按移交清册逐项移交；接管人员要逐项核对点收。

- 现金、有价证券要根据会计账簿有关记录进行点交，现金、有价证券必须与会计账簿记录保持一致，当面点交，不得短缺。不一致时移交人员必须在规定期限内查清。

- 会计凭证、会计账簿、会计报表和其他资料必须完整无缺。如有短缺，必须查清原因，并在移交清册中注明，由移交人员负责。

- 银行存款账户余额要与银行对账单核对，如不一致，有未达账项等情况，应当编制银行存款余额调节表调节相符。各种财产物资和债权债务的明细账户余额与总账有关账户余额核对相符。对主要实物要实地盘点，对余额较大的往来账户要与往来单位、个人核对。

- 移交人员经管的票据、印章和其他实物等，必须交接清楚。移交人员从事会计电算化工作的，要对有关电子数据在实际操作状态下进行交接确认，有关数字正确无误后，方可交接。

- 会计机构负责人、会计主管人员移交时，还必须将全部财务会计工作、重大财务收支和会计人员的情况等向接管人员详细介绍。对需要移交的遗留问题应当写出书面材料。

还需要说明的是，会计人员临时离职或者因病不能工作且需要接替或者代理的，必须由有关负责人指定有关人员接替或者代理，并办理交接手续。由于其他特殊原因不能亲自办理移交的，经单位领导人批准，可由移交人员委托他人代办移交，但委托人应当对所移交的会计凭证、会计账簿、会计报表和其他有关资料的合法性、真实性承担法律责任。

②移交监交。为了明确责任，会计人员办理工作交接时，必须有专人负责监交。一般会计人员交接，由单位会计机构负责人、会计主管人员负责监交；会计机构负责人、会计主管人员交接，由单位领导人负责监交，必要时可由上级主管部门派人会同监交。

（3）移交点收后事项处理。移交点收有关财物、会计资料，会计工作交接完毕后，交接双方和监交人员要在移交清册上签名或者盖章，并应在移交清册上注明：单位名称，交接日期，交接双方和监交人员的职务、姓名，移交清册页数以及需要说明的问题和意见等。接管人员应继续使用移交前的账簿，不得擅自另立账簿，以保证会计记录前后衔接，内容完整。移交清册填制一式三份，交接双方各持一份，存档一份。移交人员对所移交的会计凭证、会计账簿、会计报表和其他有关资料的合法性、真实性承担法律责任。

第四节　　会计法规体系

会计法规通常指对会计工作产生约束和影响的，由国家和地方立法机关、中央和地方各级政府和行政部门制定、颁布的法律、条例、准则、章程、制度、规定、办法、实施细则等规范文件的总称。这些法律、条例、准则、章程、制度、规定、办法、实施细则等，是贯彻国家有关方针、政策和加强会计工作的重要工具，是处理会计工作的规范。

一、会计法规的调整对象

会计法规作为经济法规的重要组成部分，其调整对象是经济关系中的会计法律关系。会计法律关系是指国家机关、社会团体、公司、企业、事业单位和其他组织在会计活动中形成和发生的，受会计法规约束的经济关系。与其他经济关系相比，会计法律关系具有只产生和存在于会计活动之中、与货币计量和资金运动密不可分的特点。

二、会计法规体系的构成

改革开放之后，1978—1992 年，我国的一些会计法规相继建立。1985 年 1 月颁布的《中华人民共和国会计法》是我国会计法规建设的一个重要里程碑。1993 年以后，我国会计法规建设进入完善时期。1993 年 12 月和 1999 年 10 月两次修订的《中华人民共和国会计法》标志着我国会计法规建设的进一步完善。在此基础上，一系列会计法规陆续发布，形成了与国际惯例趋同的比较完善的会计法规体系。

我国会计法规体系按制定机关和效力的不同，分为四个层次。

（一）会计法律

会计法律是指调整我国经济生活中会计关系的法律总规范，是由国家最高权力机关——全国人民代表大会及其常务委员会制定，以中华人民共和国主席令的形式颁布的会计法规。会计法律的名称一般为"中华人民共和国××法"等。会计法律主要有：

（1）1993 年 10 月 31 日第八届全国人民代表大会常务委员会第四次会议通过的《中华人民共和国注册会计师法》。

（2）2024 年 6 月 28 日第十四届全国人民代表大会常务委员会第十次会议修正的《中华人民共和国会计法》。

其中，《中华人民共和国会计法》是会计法律体系中权威性最高、最具法律效力的法律规范，是会计法规体系的根基，也是会计工作的"母法"，会计行政法规、会计部门规章和规范性文件不能与之相抵触。

其他与会计相关的如《中华人民共和国企业所得税法》《中华人民共和国公司法》《中华人民共和国民法典》《中华人民共和国税收征收管理法》等法律中的许多有关条款，也属于会计法律体系的内容。

（二）会计行政法规

会计行政法规是指调整我国经济生活中某些方面会计关系的、由国家最高行政机关——国务院制定，以中华人民共和国国务院令发布实施的会计法规。会计行政法规的一般名称为："××条例"等。属于这个层次的会计法规有：

（1）1990年12月31日国务院颁布的《总会计师条例》。

（2）2000年6月21日国务院颁布的《企业财务会计报告条例》。

（3）2017年10月30日国务院第191次常务会议通过的自2017年11月9日起施行的《中华人民共和国增值税暂行条例》。

（三）会计部门规章

会计部门规章是指由国务院所辖各部、委、局、署、行等行政部门制定并发布实施的会计法规。会计部门规章的名称一般为："××准则""××制度""××办法""××规范""××规定""××实施细则"等。属于这个层次的会计法规所占的比例最大，且涉及面最广，具有及时性、灵活性和针对性强的特点。属于这个层次的会计法规主要有：

（1）以财政部令发布实施的会计法规。例如，2014年7月23日修订的《企业会计准则——基本准则》等。

（2）以财政部文件形式印发的会计法规。例如，2013年8月16日发布的《企业产品成本核算制度（试行）》、2016年12月3日发布的《增值税会计处理规定》、2017年3月15日发布的《关于取消、调整部分政府性基金有关政策的通知》等。

（3）由国务院所辖其他各部、委、局、署、行等行政部门单独发布实施或与财政部联合发布实施的与会计有关的法规。

例如，2010年4月15日财政部会同中国证监会、审计署、银监会、保监会制定颁布的《企业内部控制应用指引第1号——组织架构》等18项应用指引、《企业内部控制评价指引》和《企业内部控制审计指引》，以及2015年9月17日财政部、国家税务总局发布的《关于进一步完善固定资产加速折旧企业所得税政策的通知》等。

（四）地方性会计法规、规章

地方性法规、规章是指由省、自治区、直辖市人民代表大会及其常务委员会或者由省、自治区、直辖市人民政府及其所属部门根据会计法律、会计行政法规和会计部门规章的规定，结合本地实际情况制定、在各自的行政区域内实施的地方性与会计有关的法规、规章。

三、《中华人民共和国会计法》

《中华人民共和国会计法》于1985年1月21日经第六届全国人大常委会通过公布，在1993年12月29日、2017年11月4日和2024年6月28日经过三次修正。修正后的《中华人民共和国会计法》对于规范会计行为，保证会计资料真实、完整，充分发挥会计工作在加强经济管理和财务管理、提高经济效益、维护社会主义市场经济秩序方面，都有十分重要的意义。修正后的《中华人民共和国会计法》共六章，包括总则、会计核算、会计监督、会计机构和会计人员、法律责任、附则等，共五十一条内容。

四、企业会计准则体系

中国企业会计准则体系，由《企业会计准则——基本准则》（以下简称《基本准则》）、"企业会计准则（具体准则）"（以下简称《具体准则》）和《企业会计准则——应用指南》（以下简称《应用指南》）三个部分构成。其中，《基本准则》是纲，在整个准则体系中起统驭作用；《具体准则》是目，是依据基本准则原则要求对有关业务或报告做出的具体规定；《应用指南》是补充，是对具体准则的操作指引。企业会计准则体系涵盖各类企业各项经济业务，在立足国情的基础上大量借鉴了国际会计准则的内容体系。它的出台和全面实施改变了我国会计制度与会计准则并存、分行业制定会计制度的格局，标志着与国际会计准则趋同的中国会计准则体系正式建立，这在我国会计发展史上将成为新的里程碑。

（一）《基本准则》

基本准则是会计核算的一般要求和广泛遵循的原则，是具体会计准则制定的依据。通常所说的企业会计准则即指《基本准则》。

《基本准则》的具体内容包括总则、会计信息质量要求、资产、负债、所有者权益、收入、费用、利润、会计计量、财务会计报告、附则，共11章，其中总则作为主旨。

下面详细讲解总则、会计信息质量要求、会计要素的确认、会计要素的计量、财务会计报告。

▶ 1. 总则

总则明确了《基本准则》的制定目的、适用范围和作用；明确了财务报告的目标；提出了七项会计核算的基本前提。

▶ 2. 会计信息质量要求

会计信息质量要求是对企业财务报告中所提供会计信息质量的基本要求，是使财务报告中所提供会计信息对投资者等使用者决策有用应具备的基本特征。会计信息质量要求包括可靠性、相关性、可理解性、可比性、实质重于形式、重要性、谨慎性和及时性，称为会计信息质量的八项要求。

▶ 3. 会计要素的确认

《基本准则》具体规定了资产、负债、所有者权益、收入、费用、利润这六大会计要素的定义（特征）和确认标准。

▶ 4. 会计要素的计量

会计要素的计量包含计量单位和计量属性两方面的内容，但由于计量单位已经列入总则之中，所以在会计要素计量的相关条款中主要规定计量属性。从会计角度来看，计量属性反映的是会计要素金额的确定基础，主要包括历史成本、重置成本、可变现净值、现值和公允价值等。在各种会计要素计量属性中，历史成本通常反映的是资产或者负债过去的价值，而重置成本、可变现净值、现值以及公允价值通常反映的是资产或者负债的现时成本或者现时价值，是与历史成本相对应的计量属性。会计要素计量属性的正确选择和有效运用是提高会计信息质量的重要基础。

▶ 5. 财务会计报告

财务会计报告分别就各会计要素的概念、分类、计价原则、核算要求等进行了规定，对财务会计报告反映的内容、编制要求、合并财务报表、报表附注的内容也进行了规定。

（二）《具体准则》

《具体准则》就具体交易或者事项的会计处理方法和程序做出了具体规定。至2017年4月，已经颁布、实施的具体会计准则有42项，覆盖工商企业、金融、保险、农业等众多领域。具体准则目录如表 12-2 所示。

表 12-2 具体准则目录

1. 企业会计准则第1号——存货	15. 企业会计准则第15号——建造合同（现已废止）	29. 企业会计准则第29号——资产负债表日后事项
2. 企业会计准则第 2 号——长期股权投资	16. 企业会计准则第16号——政府补助	30. 企业会计准则第30号——财务报表列报
3. 企业会计准则第 3 号——投资性房地产	17. 企业会计准则第17号——借款费用	31. 企业会计准则第31号——现金流量表
4. 企业会计准则第 4 号——固定资产	18. 企业会计准则第18号——所得税	32. 企业会计准则第32号——中期财务报告
5. 企业会计准则第 5 号——生物资产	19. 企业会计准则第19号——外币折算	33. 企业会计准则第33号——合并财务报表
6. 企业会计准则第 6 号——无形资产	20. 企业会计准则第20号——企业合并	34. 企业会计准则第34号——每股收益
7. 企业会计准则第 7 号——非货币性资产交换	21. 企业会计准则第21号——租赁	35. 企业会计准则第35号——分部报告
8. 企业会计准则第 8 号——资产减值	22. 企业会计准则第22号——金融工具确认和计量	36. 企业会计准则第36号——关联方披露
9. 企业会计准则第 9 号——职工薪酬	23. 企业会计准则第23号——金融资产转移	37. 企业会计准则第37号——金融工具列报
10. 企业会计准则第 10 号——企业年金基金	24. 企业会计准则第24号——套期会计	38. 企业会计准则第38号——首次执行企业会计准则
11. 企业会计准则第 11 号——股份支付	25. 企业会计准则第25号——保险合同	39. 企业会计准则第39号——公允价值计量
12. 企业会计准则第 12 号——债务重组	26. 企业会计准则第 26 号——再保险合同	40. 企业会计准则第40号——合营安排
13. 企业会计准则第 13 号——或有事项	27. 企业会计准则第27号——石油天然气开采	41. 企业会计准则第41号——在其他主体中权益的披露
14. 企业会计准则第 14 号——收入	28. 企业会计准则第 28 号——会计政策、会计估计变更和差错更正	42. 企业会计准则第42号——持有待售的非流动资产、处置组和终止经营

（三）《应用指南》

《应用指南》是对具体准则的补充和操作指引，并在附录中根据会计准则规定了 162 个会计科目及其主要账务处理。附录中的会计科目和主要账务处理不再涉及会计确认、计量和报告的内容，改变了我国以前的会计制度主要是以会计科目和会计报表形式加以规定，涵盖会计确认和计量的内容，将会计确认、计量和报告融为一体的传统做法。

拓展阅读

爱岗敬业、工匠精神

做好会计工作的出发点是什么？是爱岗敬业。会计作为一种职业，其爱岗就体现在热爱财务工作，在任何时候和任何场合下都要做到忠于职守、尽职尽责。敬业即是自爱自强，会计人员如果没有敬业精神，就做不到刻苦耐劳、兢兢业业。会计是专业性非常强的工作，要求会计从业者努力钻研业务知识，不断提升自我。不刻苦钻研业务，其知识和技能就难以适应会计工作的要求，就不具备与其职务相称的业务素质和能力，更谈不上维护企业利益，为企业承担责任。

谈到爱岗敬业，就不得不说"工匠精神"。工匠精神的基本内涵除了敬业以外，还有精益、专注和创新。它是一种职业精神，是职业道德、职业能力、职业品质的体现。工匠精神落在个人层面，就是一种认真精神、敬业精神。一个人只有对自己的职业精益求精，才能体现出人生价值。

"工匠精神"一词，最早出自著名企业家、教育家聂圣哲。他曾呼吁："中国制造"是世界给予中国的最好礼物，要珍惜这个练兵的机会，决不能轻易丢失。"中国制造"熟能生巧后，就可以过渡到"中国精造"。"中国精造"稳定了，就不怕没有"中国创造"。

随着国家产业战略和教育战略的调整，人们的求学观念、就业观念以及单位的用人观念都会随之转变，"工匠精神"将成为普遍追求，除了"匠士"，还会有更多的"士"脱颖而出，这当中必然包括会计人士。相信有着"工匠精神"的会计人士将照亮中国由"会计大国"向"会计强国"迈进的时代征程。

复 习 思 考

1. 组织会计工作的意义和要求有哪些？
2. 国家对会计机构的设置有何要求？会计人员的职责有哪些？
3. 会计档案的管理有哪些内容？会计工作交接有哪些要求？

在 线 自 测

自学自测  扫描此码

实 战 演 练

一、实训目的：练习会计工作交接书的编写。

二、实训资料：移交人吴某因工作调动，经厂财务科决定，将其担任的存货核算会计岗位工作于 2024 年 8 月 1 日移交给王某。监交人为郭某，总会计师为纪某。移交前，吴某负责的工作及涉及的会计资料如下。

1. 已受理的存货核算业务会计凭证。

2. 负责登记的账簿：材料采购明细账 3 本，应付购货款明细账 1 本，应付包装物料押金明细账 1 本，包装物明细账 1 本，材料计划价格目录 1 本。

3. 采购材料经济合同登记簿中已履行的合同与未履行的合同。

4. 保管期内材料采购入库单和出库单的存根。

5. 农牧机械制造厂材料采购合同专用章一枚。

三、实训要求：根据上述资料编制存货核算会计岗位会计工作交接书。

参 考 文 献

[1]　中华人民共和国财政部. 企业会计准则 2006[S]. 北京： 经济科学出版社，2006.

[2]　中华人民共和国财政部. 企业会计准则——应用指南 2006[M]. 北京： 中国财政经济出版社，2006.

[3]　财政部会计资格评价中心. 初级会计实务[M]. 北京：中国财政经济出版社，2012.

[4]　张劲松，谭旭红. 基础会计学[M]. 北京：科学出版社，2008.

[5]　李端生. 基础会计学[M]. 北京：中国财政经济出版社，2012.

[6]　李占国. 基础会计学专项实训与习题集[M]. 北京：高等教育出版社，2010.

[7]　吴国萍. 基础会计学[M]. 上海：上海财经大学出版社，2011.

[8]　王吉凤，孙力. 基础会计[M]. 北京：机械工业出版社，2010.

[9]　崔智敏，陈爱玲. 会计学基础[M]. 北京：中国人民大学出版社，2010.

[10]　陈立军. 中级财务会计[M]. 2 版. 大连：东北财经大学出版社，2015.

教师服务

感谢您选用清华大学出版社的教材！为了更好地服务教学，我们为授课教师提供本书的教学辅助资源，以及本学科重点教材信息。请您扫码获取。

≫ 教辅获取

本书教辅资源，授课教师扫码获取

≫ 样书赠送

会计学类重点教材，教师扫码获取样书

清华大学出版社

E-mail: tupfuwu@163.com
电话：010-83470332 / 83470142
地址：北京市海淀区双清路学研大厦 B 座 509

网址：https://www.tup.com.cn/
传真：8610-83470107
邮编：100084